INTRODUCTION AU DROIT DES MARCHÉS PUBLICS DU CAMEROUN

Collection « Études africaines »

dirigée par Denis Pryen et son équipe

Forte de plus de mille titres publiés à ce jour, la collection « Études africaines » fait peau neuve. Elle présentera toujours les essais généraux qui ont fait son succès, mais se déclinera désormais également par séries thématiques : droit, économie, politique, sociologie, etc.

Dernières parutions

Federica Burini, *Cartographie participative et aménagement du territoire en Afrique subsaharienne*, 2022.
Abbé Nestor SALUMU NDALIBANDU, *La philosophie au service de la société en Afrique, Le cas de la RDC*, 2022.
Abbé Nestor SALUMU NDALIBANDU, *La responsabilité sociale du philosophe face à la guerre en Afrique, Enjeux et perspectives*, 2022.
Gilbert GERMAIN, *Non à un plan Marshall pour l'Afrique subsaharienne*, 2022.
Azza BCHIR, *La tragédie de la performativité*, 2022.
Laurent TAGNE, *Les TIC dans le système éducatif camerounais. Cas de l'enseignement secondaire,* 2022.
Guila THIAM, *Les médias africains à l'heure de la rupture. Vers un grand rétablissement*, 2022.
André NIKWIGIZE, *Ethnisme et tragédies au Burundi, De l'identité nationale à l'identité ethnique*, 2022.
Léandre Serge MOYEN, *L'impossible État fédéral africain. Les droits fondamentaux à l'épreuve des identités culturelles nationales*, 2022.
Charlie MBALLA (dir.), *L'Etat dans les Afriques. Etat des lieux en Afrique subsaharienne,* 2022.
El Hadji Malick NDIAYE, *Ce que les GAFAM font aux médias africains. Enjeux socioéconomiques, éditoriaux et politiques de l'infomédiation*, 2022.
Yves-Alexandre CHOUALA, Patrice BIGOMBÉ LOGO et Delmas TSAFACK (dir.), *Le Cameroun et les grandes puissances. Trajectoires et dynamiques de coopération*, 2022.

Paul René JOUONANG

INTRODUCTION AU DROIT DES MARCHÉS PUBLICS DU CAMEROUN

Préface de Spener YAWAGA

L'Harmattan

***

5-7, rue de l'École-Polytechnique – 75005 Paris
www.editions-harmattan.fr
ISBN : 978-2-343-25133-2
EAN : 9782343251332

DEDICACE

A

Maman,

Anne TCHATCHOUANG,

Mon Egérie.

REMERCIEMENTS

Faire un livre est une véritable aventure qui ne commence pas seulement avec l'auteur et finit avec lui ; c'est aussi l'aventure de tous ceux-là même qui, étant dans le champ de l'action, inconsciemment ou en toute connaissance de cause, participent par leurs actions [ou leur inaction] au déroulement et à la bonne construction de l'ouvrage.

Il est de tradition de remercier tous ceux qui ont ainsi apporté une contribution significative à la réalisation d'une œuvre. Je ne vais pas ici commencer à citer nommément les personnes concernées au risque d'en oublier certaines. Mais je suis convaincu que chacun saura se reconnaître à travers ces lignes.

Que ce soit l'ami, le parent, le collaborateur, le praticien des marchés publics ou l'enseignant qui, au détour d'une phrase, a inspiré en moi certaines des idées développées dans cet ouvrage ; que ce soit le président ou le membre de la commission de passation des marchés publics qui, perdu dans la multitude des textes, s'en est retourné vers moi pour demander conseil, ou celui-là qui, ne voulant pas faire paraître son ignorance de la réglementation des marchés publics, s'est malheureusement davantage enfoncé profondément dans les dysfonctionnements, m'obligeant à mûrir davantage ma réflexion pour élaborer mon rapport sur ses faits et méfaits ; qu'il s'agisse du séminariste ou de l'étudiant qui, m'interrompant dans le cours de mon exposé pour m'interroger sur un sujet de marchés publics que je n'avais pas jusqu'ici abordé moi-même, m'amenant ainsi à replonger dans les recherches pour trouver la solution appropriée…

Cet ouvrage est en réalité une sorte de synthèse de tout cela, et je ne saurais dès lors prétendre en être l'unique artisan.

Je remercie donc toutes ces personnes, mes *« coauteurs »* sans qui rien de tout ceci n'aurait jailli.

Pitoaré, Maroua,
Septembre 2021.

LISTE DES ABREVIATIONS

AAO : Avis d'appel d'offres

AC : Autorité contractante

AFD : Agence française de développement

AMI : Appel à manifestation d'intérêt

AMP : Accord de l'OMC sur les marchés publics

AO : Appel d'offres

AOIO : Appel d'offres international ouvert

AOIR : Appel d'offres international restreint

AONO : Appel d'offres national ouvert

AONR : Appel d'offres national restreint

ARMP : Agence de régulation des marchés publics

BIP : Budget d'investissement public

BIRD : Banque internationale pour la reconstruction et le développement

BM : Banque mondiale

CA : Conseil d'administration

CCAG : Cahiers des clauses administratives générales

CCAP : Cahiers des clauses administratives particulières

CCCM : Commission centrale de contrôle des marchés

CCPM : Commission centrale de passation des marchés

CDPM : Commission départementale de passation des marchés

CE : Conseil d'Etat

CER : Comité d'examen des recours

CGI : Code général des impôts

CIPM : Commission interne de passation des marchés

CNPS : Caisse nationale de prévoyance sociale

CNUDCI : Commission des nations unies pour le droit commercial international

CONAC : Commission nationale anti-corruption

CPM : Commission de passation des marchés

CRPM : Commission régionale de passation des marchés

CS : Cour suprême

CSCM : Commission spécialisée de contrôle des marchés

CSPM : Commission spéciale de passation des marchés

CTD : Collectivité territoriale décentralisée

DAO : Dossier d'appel d'offres

DC : Demande de cotation

DGTC : Direction générale des grands travaux du Cameroun

DSP : Délégation de service public

EPA : Etablissement public administratif

HIMO : Haute intensité en main d'œuvre

JDM : Journal des marchés publics

MINMAP : Ministère des marchés publics

MO : Maître d'ouvrage

MOD : Maître d'ouvrage délégué

OCDE : Organisation de coopération et de développement économique

OI : Observateur indépendant

OMC : Organisation mondiale du commerce

Ord. : Ordonnance

PCA : Président du conseil d'administration

PIB : Produit intérieur brut

PME : Petite et moyenne entreprise

RGAO : Règlement général de l'appel d'offres

RPAO : Règlement particulier de l'appel d'offres

SCAO : Sous-commission d'analyse des offres

SIGAM : Structure interne de gestion administrative des marchés

SPI : Services et prestations intellectuelles

SOMMAIRE

Préface 17

Introduction 21

PREMIERE PARTIE : GENERALITES SUR LES MARCHES PUBLICS CAMEROUNAIS 25

Chapitre I : La notion de marché public 29

Chapitre II : évolution du système camerounais des marchés publics 53

Chapitre III : Les fondements du droit des marchés publics camerounais 85

Chapitre IV : Les sources du droit des marchés publics camerounais 93

Chapitre V : Les principes fondamentaux des marchés publics camerounais 105

DEUXIEME PARTIE : LE DROIT COMMUN DES MARCHES PUBLICS CAMEROUNAIS : LE CODE DES MARCHES PUBLICS 133

TITRE I : LES CADRES ORGANIQUES DES MARCHES PUBLICS 137

Chapitre VI : Les organes centraux du système du droit commun des marchés publics camerounais 141

Chapitre VII : Les organes de passation des marchés publics 149

Chapitre VIII : Les organes de contrôle des marchés publics. 159

Chapitre IX : L'exécutant du marché public 175

TITRE II : LES CADRES FORMELS DES MARCHES PUBLICS 187

Chapitre X : Typologie des marchés publics 191

Chapitre XI : Les formes de marchés publics 201

Chapitre XII : Les modes de passation des marchés publics .. 215

TROISIEME PARTIE : LE REGIME SPECIFIQUE DES MARCHES DES ENTREPRISES PUBLIQUES 247

TITRE I : LES CADRES ORGANIQUES DES MARCHES DES ENTREPRISESPUBLIQUES 251

Chapitre XIII : Les organes de gestion des marchés des entreprises publiques 255

Chapitre XIV : Les organes de contrôle des marchés des entreprises publiques 263

Chapitre XV : L'exécutant des marchés des entreprises Publiques 269

TITRE II : LES CADRES FORMELS DES MARCHES DES ENTREPRISES PUBLICS 275

Chapitre XVI : Les types de marchés des entreprises Publiques 279

Chapitre XVII : Les formes de marchés des entreprises Publiques 283

Chapitre XVIII : Les procédures de passation des marchés des entreprises publiques 287

Conclusion 299

Bibliographie 303

Réglementation 307

Index thématique 313

Table des matières 317

PREFACE

Le système des marchés publics camerounais est jonché de nombreux écueils qui font aujourd'hui de lui l'un des secteurs de l'activité étatique dans lesquels les mauvaises pratiques ont le plus cours. Et pourtant, les marchés publics sont perçus comme un instrument essentiel de mise en œuvre des politiques publiques, notamment aux plans économique et social, en ce sens que ce domaine concourt le plus à l'implémentation des projets de développement économique et social d'un pays. En effet, les statistiques montrent que de nos jours, la majorité des dépenses de l'Etat se font au travers des procédures de marchés publics.

Ce faisant, le domaine des marchés publics englobe une multitude d'acteurs que sont notamment le personnel du ministère des marchés publics, celui de l'agence de régulation des marchés publics, les maîtres d'ouvrage, les maîtres d'ouvrage délégués et leurs collaborateurs (chef de service du marché, ingénieur du marché, maître d'œuvre, personnel de la structure interne de gestion administrative des marchés), les commissions de passation des marchés publics, les commissions de contrôle des marchés publics, le comité d'examen des recours, les observateurs indépendants, les experts en charge de l'évaluation des offres, et aussi les opérateurs économiques, cocontractants de l'administration publique. Ces acteurs participent au quotidien à l'implémentation des procédures de passation, d'exécution et de suivi de l'exécution des marchés publics.

Pourtant, paradoxalement, comme l'auteur le relevait déjà en 2014 dans son mémoire rédigé et soutenu en vue de l'obtention du diplôme d'ingénieur facilitateur de développement à l'institut supérieur du Sahel de l'université de Maroua, cette multitude d'acteurs des marchés publics camerounais est caractérisée pour l'essentiel par une méconnaissance des rouages en la matière, et une incompétence certaine qui justifient les nombreux écueils évoqués à l'entame de cette préface. En somme, les mauvaises pratiques et les dysfonctionnements observés lors des opérations de passation et d'exécution des marchés publics sont la résultante, entre autres, du manque de qualification de la plupart des acteurs des marchés publics.

Cette préoccupation du manque de qualification des acteurs des marchés publics au Cameroun est très profonde et ne date pas d'hier. Monsieur Bernard MESSENGUE AVOM ne relevait-il pas déjà en 2013 dans son ouvrage sur la gouvernance des marchés publics au Cameroun, que les qualifications techniques des acteurs des marchés publics ne semblaient pas être une préoccupation du pouvoir réglementaire, et ne se demandait-il pas, à titre d'illustration, comment on pouvait convaincre une personne avisée qu'un professeur de lettres, sorti de l'école normale supérieure, puisse évaluer techniquement des offres relatives à un projet de construction d'une route ou d'un pont ?

C'est dire que les acteurs du domaine des marchés publics au Cameroun n'ont toujours pas le profil adéquat. Ce manque de qualification découle de l'absence d'un cadre de formation de ces acteurs pour qui, généralement, les activités liées aux marchés publics ne sont que subsidiaires de leurs occupations habituelles. En effet, si les médecins sont formés dans les écoles de médecine, les enseignants dans les écoles normales ou les policiers à l'école de police, en ce qui concerne les praticiens des marchés publics, ils ne bénéficient d'aucun cadre formel où ils devraient recevoir une formation en marchés publics. Même si de plus en plus, comme le relève M. Paul René JOUONANG dans l'introduction du présent ouvrage, la matière des marchés publics est progressivement incorporée dans les systèmes de formation académique et professionnelle des institutions universitaires et professionnelles du Cameroun, elle n'est pas jusqu'ici une branche autonome de formation professionnelle, les marchés publics ou la commande publique ne constituant généralement qu'une simple unité d'enseignement.

Cette problématique de la qualification des acteurs des marchés publics aurait pu trouver une issue s'il existait, en dehors du cadre de formation évoqué ci-dessus, des ouvrages de référence pouvant permettre auxdits acteurs de mieux cerner leurs prérogatives et obligations en lien avec les marchés publics. Malheureusement, le domaine des marchés publics au Cameroun reste encore pratiquement vierge de publication d'envergure pouvant guider les praticiens vers de meilleurs processus de passation et d'exécution des marchés publics.

Face à ces insuffisances, *« Introduction au droit des marchés publics du Cameroun »*apparaît comme l'ouvrage de référence attendu qui propose une solution à cet état des choses. Dans un style simple et facilement assimilable, l'auteur offre aux étudiants et aux praticiens des marchés publics, les bases théoriques et pratiques nécessaires pour mieux s'imprégner de la notion de marché public pour les uns, et davantage mettre en œuvre les processus de passation et de suivi de l'exécution des marchés publics pour les autres.

Cet ouvrage qui est le fruit de longues années de recherche, est réalisé sur un sujet qui a fait l'objet, pendant sa rédaction, de plusieurs évolutions et mutations. De la grande réforme du système des marchés publics camerounais de 2011 avec l'institutionnalisation d'un ministère en charge des marchés publics, à celle de 2018 instituant un nouveau code des marchés publics et créant un régime spécifique des marchés des entreprises publiques, l'auteur a dû s'armer de beaucoup de patience et travailler pendant de très longues années pour aboutir à ce chef-d'œuvre, comme je peux à juste titre désigner cet ouvrage. En effet, ainsi qu'il le relève dans la relation de l'évolution du système des marchés publics camerounais, un projet de révision du code des marchés publics de 2004 avait été formulé depuis 2009. Alors que l'on attendait sa mise en application, le pouvoir réglementaire a plutôt opté pour une réforme en profondeur du système à travers quatre décrets dont un en décembre 2011 instituant le ministère des marchés publics et trois en mars 2012 réorganisant en profondeur le système des marchés publics. Ce n'est qu'en 2018 que le nouveau code des marchés publics est publié.

Au détour de chacune de ces réformes, l'auteur a certainement, avec patience, opéré les révisions nécessaires pour conformer l'ouvrage aux nouvelles donnes issues de chaque changement contextuel.

Et pour finir, il promène le lecteur dans une aventure exaltante qui explore dans leurs méandres, les bases et les fondements intrinsèques et incontournables du système camerounais des marchés publics.

Cet ouvrage vient ainsi combler un vide devenu entravant pour le bon fonctionnement du système des marchés publics. L'ouvrage identifie chaque acteur et décrit son rôle dans le processus. Il rappelle dans les détails les formes de marchés publics, leurs types et les différentes modes de passation, ainsi que les étapes de leur exécution. Le rappel constant des dispositions réglementaires permet au lecteur de se familiariser avec les textes qui gouvernent les marchés publics.

Bien plus, avec la réforme intervenue en 2018 et caractérisée par le retrait des entreprises publiques du système du droit commun des marchés publics, M. Paul René JOUONANG restitue chaque entité dans son couloir réglementaire, et distingue de manière exhaustive le droit commun des marchés publics incarné par le code des marchés publics, du régime spécifique des marchés des entreprises publiques qu'organise le décret N° 2018/355 du 12 juin 2018 fixant les règles communes applicables aux marchés des entreprises publiques.

Je ne doute pas que l'étudiant et le praticien des marchés publics, en lisant le fruit de ce travail, trouveront l'intérêt que revêt pour tous les acteurs des marchés publics, l'appropriation des règles régissant le domaine des marchés publics et la conformation de la pratique des marchés publics aux exigences réglementaires.

Spener YAWAGA
Professeur Titulaire,
Doyen de la faculté des sciences juridiques
et politiques de l'université de Maroua

INTRODUCTION

Les marchés publics occupent une place prépondérante dans le développement économique et social de la nation, au regard des sommes importantes qui sont mises en jeu. Il suffit pour s'en convaincre de se reporter aux chiffres publiés par l'agence de régulation des marchés publics (ARMP). En effet, au cours de l'exercice 2018 par exemple, le volume numéraire des marchés publics attribués s'élevait à 879 315 301 034 FCFA sur une enveloppe budgétaire affectée à l'investissement public de l'Etat et ses démembrements provisionnée à 2 112 394 155 444 FCFA[1]. Ainsi, les dépenses publiques via les procédures des marchés publics ont représenté 41,62 % du budget d'investissement public global de l'Etat en 2018. Il s'agit là, en n'en point douter, de sommes colossales qui sont ainsi dépensées au travers des marchés publics.

Et si l'importance des marchés publics dans la gestion de la fortune publique n'est ainsi plus à démontrer, il reste que ces derniers sont réalisés au Cameroun dans le cadre d'une réglementation qui a beaucoup évolué et s'est davantage complexifiée au fil du temps, avec notamment plusieurs réformes dont les plus importantes sont intervenues en 2004 avec la publication d'un code des marchés publics, en 2011 avec l'institutionnalisation du ministère des marchés publics, et enfin en 2018 avec la publication d'un nouveau code des marchés publics[2] et du décret N° 2018/355 du 12 juin 2018 fixant les règles communes applicables aux marchés des entreprises publiques[3].

Cette complexité justifie au premier chef les difficultés rencontrées par les différents acteurs du système des marchés publics camerounais pour la mise en œuvre effective et efficiente des règles de passation et d'exécution des marchés publics.

D'après plusieurs études et enquêtes d'organismes nationaux et internationaux, relayées par différents auteurs des marchés publics, ces difficultés, qui sont la cause de nombreux dysfonctionnements et mauvaises pratiques observés dans le système des marchés publics, ont pour principale origine le manque de qualification des acteurs qui, dans la plupart des cas, ne disposent pas des capacités professionnelles

[1] ARMP, Rapport annuel sur la situation générale des marchés publics au Cameroun, exercice 2018, pp. 27 et 78.

[2] Décret N° 2018/366 du 20 juin 2018.

[3] V. chapitre 2 : L'évolution des marchés publics infra.

et de l'expertise nécessaires pour interpréter la réglementation et appliquer de manière objective les dispositions qui régissent le processus de passation et d'exécution des marchés publics[4].

Afin de remédier à cette insuffisance qui plombe considérablement le système des marchés publics, les pouvoirs publics ont entrepris de faire de la professionnalisation des acteurs des marchés publics, une préoccupation. Ce faisant, la matière des marchés publics est progressivement introduite dans les systèmes de formation académique et professionnelle des institutions universitaires et professionnelles du Cameroun.

Le présent ouvrage se situe dans un cadre général, et se veut un instrument de base pour les pratiquants et les apprenants en marchés publics. Il se présente ainsi comme un manuel destiné à orienter les pratiquants des marchés publics sur leurs rôles et sur les processus de passation, d'exécution et de suivi de l'exécution des marchés publics, et à initier les apprenants qui ont choisi de s'intéresser aux marchés publics en tant qu'unité de formation spécialisée, sur les notions de base nécessaires à une meilleure appréhension du sujet global des marchés publics camerounais.

Afin de mieux cerner l'environnement actuel du système des marchés publics camerounais, il est tenu compte de la réforme intervenue en 2018 qui enlève du champ d'application du code des marchés publics, les marchés passés par les entreprises publiques qui, désormais, font l'objet d'une réglementation particulière. Dès lors, le présent ouvrage est divisé en trois parties :

- La première partie évoque les généralités sur les marchés publics camerounais ;
- La deuxième partie traite du droit commun des marchés publics incarné par le code des marchés publics de 2018 ;
- Enfin, la troisième partie est consacrée au régime spécifique des marchés des entreprises publiques.

Ces trois parties réunies englobent les notions de base du droit des marchés publics du Cameroun.

---

[4] V. Paul René JOUONANG, 2014, Réforme des marchés publics et performance du système, cas des nouveaux acteurs de la passation des marchés publics de la ville de Maroua, *mémoire rédigé et soutenu en vue de l'obtention du diplôme d'ingénieur facilitateur de développement à l'institut supérieur du Sahel de l'université de Maroua, chapitres 2 et 4.*

PREMIERE PARTIE

GENERALITES SUR LES MARCHES PUBLICS

« C'est dans l'effort que l'on trouve la satisfaction et non dans la réussite. Un plein effort est une pleine victoire. »

Mahamat Gandhi

Cette partie traite de la notion de marché public à travers sa définition, ses caractéristiques, son champ d'application et sa distinction avec d'autres contrats publics (Chapitre I) ; une revue de l'évolution du système camerounais des marchés publics depuis l'indépendance jusqu'à la réforme de 2018 (Chapitre II), permettra de mieux cerner les fondements du droit des marchés publics du Cameroun (Chapitre III) ainsi que ses sources (Chapitre IV) et ses principes fondamentaux (Chapitre V).

CHAPITRE I

LA NOTION DE MARCHE PUBLIC

La définition de la notion de marché public (section I) permet d'en déterminer les caractéristiques (section II) et son champ d'application (section III), et enfin de distinguer le contrat de marché public d'autres formes de contrats passés entre l'administration et ses partenaires au développement (section IV).

SECTION I
DEFINITION DU MARCHE PUBLIC

Aux termes de l'article 5 (w) du décret N° 2018/366 du 20 juin 2018 portant code des marchés publics, le marché public est un contrat écrit, passé conformément aux dispositions réglementaires, par lequel un entrepreneur, un fournisseur ou un prestataire de services s'engage envers l'Etat, une collectivité territoriale décentralisée ou un établissement public, soit à réaliser des travaux, soit à fournir des biens ou des services, moyennant un prix.

L'article 5 (n) du décret N° 2018/355 du 12 juin 2018 fixant les règles communes applicables aux marchés des entreprises publiques quant à lui définit le marché d'une entreprise publique comme étant *« un contrat écrit, passé conformément aux dispositions du présent décret, par lequel un entrepreneur, un fournisseur ou un prestataire de services s'engage envers une entreprise publique, soit à réaliser des travaux, soit à fournir des biens ou des services, dans un délai déterminé, moyennant un prix »*[5].

[5] La définition du code des marchés publics issu du décret N° 2018/366 du 20 juin 2018 reprend presque textuellement les dispositions de l'article 5 (a) du décret N° 2004/275 du 24 septembre 2004 portant code des marchés publics (ancien code). L'on notera cependant la suppression de la notion de ***délai*** dans la nouvelle définition. Est-ce à dire que le pouvoir réglementaire n'accorde plus désormais au

Pour Julie HELSON, *« un marché public est un contrat administratif à titre onéreux passé entre une administration publique ou toute autre personne morale entrant dans le champ d'application du règlement sur les marchés publics et un entrepreneur, un fournisseur ou prestataire de services en vue de la réalisation d'un ouvrage, de la fourniture de biens ou encore l'exécution d'une prestation de services. »*[6]

Sylvie BOLLEN, Mathieu LAMBERT et Marie-Laure VAN RILLAER, présentent quant à eux le marché public comme étant *« un contrat à titre onéreux conclu entre un ou plusieurs opérateurs économiques, privés ou publics, et un ou plusieurs pouvoirs adjudicateurs ou entreprises publiques et ayant pour objet l'exécution de travaux, la fourniture de produits ou la prestation de services. »*[7]

De ces différentes définitions, il ressort que le marché public met en présence deux parties : d'une part, l'administration représentée par l'Etat, une collectivité territoriale décentralisée, une entreprise publique ou un établissement public et, d'autre part, une personne de droit public ou privé ayant la qualité d'entrepreneur, de fournisseur ou de prestataire de services[8].

L'article 4, alinéa 3 (a) du code des marchés publics prévoit que *« les dispositions du présent code ne sont pas applicables aux prestations de montant inférieur à 5 millions de francs CFA. »* Dès lors que la commande publique est de montant inférieur à 5 millions, l'administration publique n'est pas astreinte à recourir à l'une des procédures de passation et d'exécution des marchés publics prévues

---

délai d'exécution son importance d'antan ? Non, puisque dans la définition du décret N° 2018/355 du 12 juin 2018 fixant les règles communes applicables aux marchés des entreprises publiques, la notion de délai est maintenue. En outre, le délai d'exécution constitue toujours une exigence du code des marchés publics à travers son article 124 (j) qui impose la mention du délai d'exécution dans le contrat de marché public. En définitive, l'omission de la mention du *délai* dans la définition du code des marchés publics de 2018 semble simplement être un oubli du pouvoir réglementaire.

[6] Julie HELSON, « Modes de passation des marchés publics », *ERAP (Ecole régionale d'administration publique)*, 9 septembre 2008, p. 8.

[7] S. BOLLEN, M. LAMBERT, M.-L. VAN RILLAER, 2013, *Vade-mecum des marchés publics des pouvoirs locaux, édition 2013*, Bruxelles, Politeia/UVCW, pp. 352 et s.

[8] Toutes ces notions sont plus largement développées dans la deuxième partie de l'ouvrage consacrée aux règles de droit commun des marchés publics camerounais.

par la réglementation. Sa commande sera traitée dans le cadre d'un bon de commande[9].

En ce qui concerne les marchés des entreprises publiques, l'article 4, alinéa 2 (a) du décret N° 2018/355 du 12 juin 2018 dispose que *« les dispositions du présent décret ne sont pas applicables aux prestations relevant du domaine des bons de commande dont le montant est fixé par une résolution du conseil d'administration en considération des spécificités de l'entreprise »*. Ainsi, si pour les marchés relevant du code des marchés publics, le seuil des bons de commande est bien précisé (prestations de montant inférieur à 5 millions de francs CFA), le seuil des bons de commande des entreprises publiques par contre est variable et est librement déterminé par le conseil d'administration de chaque entreprise en considération des spécificités de celle-ci.

Le code des marchés publics soumet par ailleurs tout appel à concurrence ou toute consultation à une étude préalable en vue de déterminer aussi exactement que possible la nature et l'étendue des besoins à satisfaire. Ces études doivent définir les spécifications et la consistance des prestations objet du marché, et déboucher soit sur un avant-projet définissant toutes les caractéristiques de l'ouvrage à réaliser ou des fournitures à livrer, soit sur des termes de référence des services concernés[10]. Cette exigence est reprise par le décret 2018/355 du 12 juin 2018 dont l'article 23, alinéa 1 exige que le maître d'ouvrage s'assure avant le lancement de tout appel à concurrence ou toute consultation, de l'existence des études préalables. En effet, c'est en fonction de la définition de ses besoins à travers les études préalables que l'administration ou l'entreprise publique pourra déterminer l'objet du marché, le choix de la procédure à mettre en œuvre et la définition des critères de sélection. La notion de ***besoin*** est essentielle dans un marché public. De fait, l'objet du contrat de marché public est de satisfaire un besoin de l'administration ou de l'entreprise publique.

Mohamed NABIH donne au marché public la définition suivante : *« Un contrat écrit de droit administratif consacrant l'accord de deux*

[9] Il faut faire ici la distinction entre le bon de commande en droit des marchés publics camerounais, des marchés à bon de commande qui, dans d'autres réglementations étrangères (notamment celle française), constituent une forme de passation et d'exécution des marchés publics.

[10] V. articles 54 et s. du code des marchés publics.

volontés contradictoires entre deux personnes dotées de la personnalité juridique, c'est-à-dire titulaires de droits subjectifs et jouissant de la capacité d'exercer des droits et d'être assujetties à des obligations. » Ce contrat doit répondre exclusivement aux besoins de l'administration en matière de fournitures, de services et de travaux. En somme, c'est l'acquisition par une personne publique d'un service ou d'une prestation dont elle est le destinataire[11].

A partir de ces différents paramètres, nous pouvons décliner une définition globale du marché public comme étant **un contrat écrit par lequel une personne physique ou morale de droit public ou privé, en vue de satisfaire un besoin de l'Etat, d'une collectivité territoriale décentralisée, d'un établissement public ou d'une entreprise publique, s'engage soit à réaliser des travaux, soit à fournir des biens ou des services, dans un délai déterminé et moyennant une rémunération dont le montant arrêté est supérieur au seuil du bon de commande**.

De cette définition, les caractéristiques du marché public peuvent être déclinées.

SECTION II
LES CARACTERISTIQUES DU MARCHE PUBLIC

Six caractéristiques principales découlent de la définition du marché public : c'est un contrat administratif, un contrat écrit, un contrat synallagmatique, un contrat *intuitu personae*, un contrat onéreux et un contrat temporel.

§1. Le contrat de marché public est un contrat administratif

Un contrat entre une personne publique et une personne privée est reconnu comme administratif s'il associe le cocontractant de l'administration à la gestion d'un service public, ou lui confère la charge de l'exécution de ce service et qui comporte des clauses exorbitantes du droit commun.

---

[11] Mohamed NABIH, 2014, *Droit des marchés publics, Aspects juridiques, financiers et contentieux*, Konrad-Adenauer-Stiftung e.V., Bureau Maroc,

Ainsi, en règle générale, le contrat administratif obéit à des critères spécifiques qui seuls, lui confèrent ce caractère administratif. Ce sont notamment le critère organique et le critère matériel ; en outre, on reconnaît aux contrats administratifs, l'inclusion de clauses dites exorbitantes de droit commun.

A. Le critère organique dans le contrat de marché public

Le critère organique fait référence à l'organe qui passe le contrat. S'il s'agit d'un organe de l'administration publique, le caractère administratif du contrat est établi.

Le contrat de marché public est en ce sens, conclu par l'Etat, une collectivité territoriale décentralisée, un établissement public ou une entreprise publique qui sont tous des entités de l'administration publique.

B. Le critère matériel dans le contrat de marché public

Le critère matériel concerne l'objet du contrat. Lorsque l'objet du contrat est la satisfaction d'un besoin d'une administration publique, le contrat est nécessairement administratif.

En ce sens, le contrat de marché public est conclu soit pour la réalisation des travaux, soit pour la fourniture des biens ou des services au profit de l'administration publique signataire du contrat. L'objet du contrat de marché public étant ainsi la satisfaction d'un besoin d'une administration publique, celui-ci est par conséquent un contrat administratif.

C. L'existence des clauses exorbitantes de droit commun dans le contrat de marché public

La clause exorbitante constitue également un signe caractéristique du contrat administratif. Une clause est dite exorbitante lorsqu'elle comporte en elle-même un tel déséquilibre entre les parties contractantes (en ce sens qu'elle octroie à l'une des parties des pouvoirs sans les conférer à l'autre), qu'on ne saurait prétendre être dans le cadre d'un contrat au sens ordinaire du terme. Pour Mohamed NABIH, *« cette clause a pour objet de conférer aux parties des droits ou de mettre à leur charge des obligations, étrangères par leur nature à celles qui sont susceptibles d'être librement consenties par quiconque dans le cadre des règles édictées par le code civil ou de commerce. »*[12]

Le contrat de marché public est spécifiquement caractérisé par les nombreuses clauses exorbitantes qui le gouvernent. L'on peut ainsi citer :

- Le pouvoir de modification unilatérale du contrat par l'administration publique signataire,
- Le pouvoir de résiliation unilatérale du contrat même en l'absence de toute faute du cocontractant,
- Le titulaire du contrat de marché public est engagé dès la remise de son offre en tant que soumissionnaire de la consultation, tandis que l'administration publique ne voit sa responsabilité contractuelle engagée que lorsqu'elle a signé et notifié le marché au cocontractant, et parfois même après approbation de l'autorité en charge des marchés publics à travers l'une de ses commissions centrales de contrôle des marchés publics.

Les critères organique et matériel et l'existence de multiples clauses exorbitantes font ainsi du contrat de marché public un contrat inéluctablement administratif.

§2. Le contrat de marché public est un contrat écrit

Au sens des articles 5 (w) du code des marchés publics et 5 (n) du décret N° 2018/355, le marché public ou le marché d'une entreprise publique doit obligatoirement être matérialisé par un écrit. Dès lors, *« l'écrit constitue la pierre angulaire d'un marché public. »*[13]C'est une règle fondamentale du système des marchés publics.

Les articles 123, alinéa 1 du code des marchés publics et 82, alinéa 1 du décret N° 2018/355 vont plus loin pour imposer que le contrat de marché public soit non pas seulement écrit, mais fasse l'objet d'un

---

12 Mohamed NABIH, op. cit., p. 29.

13 Idem, p. 25.

« document unique rédigé recto-verso ». A leur suite, les articles 124 du code des marchés publics et 84, alinéa 1 du décret 2018/355 listent les mentions qui doivent être portées dans le contrat de marché public.

Le caractère écrit imposé au contrat de marché public se justifie à plusieurs titres :

- L'écrit est généralement reconnu en droit comme la mère des preuves. C'est la première expression de la volonté et du consentement des parties au contrat et, compte tenu des intérêts parfois énormes en jeu, il est important que toutes les clauses du contrat de marché public soient expressément formulées dans un acte écrit ;
- Le caractère écrit du contrat de marché public s'inscrit en droite ligne dans les exigences de publicité qui entourent toute la procédure de passation des marchés publics. Ainsi, si la consultation (notamment l'appel d'offres) en matière de marchés publics doit faire l'objet d'une large publicité pour permettre à tous les éventuels candidats de pouvoir y prendre part, le contrat de marché public qui s'ensuit devrait également revêtir un caractère écrit permettant aux personnes intéressées de pouvoir en apprécier le contenu ou la teneur ;
- Enfin, le contrat des marchés publics est très souvent soumis, avant sa mise en œuvre, à certains visas (du comptable assignataire, des services de l'enregistrement...), visas pour lesquels seul un document écrit peut permettre leur matérialisation.

§3. Le contrat de marché public est un contrat synallagmatique

Le contrat de marché public est un contrat synallagmatique dès lors qu'il fait naître des droits et des obligations à la charge de toutes les parties prenantes. Un marché public est un engagement bilatéral, un contrat signé entre deux personnes distinctes dotées chacune de la personnalité juridique, et qui fait naître des droits et des obligations à la charge des deux parties.

Ainsi, dans un contrat de marché public, alors que le cocontractant de l'administration ou de l'entreprise publique est tenu d'exécuter les travaux, de fournir les biens ou les services pour lesquels il s'est engagé et dans les délais prévus, l'administration ou l'entreprise publique quant à elle a l'obligation non seulement de fournir au cocontractant tous les éléments et moyens nécessaires pour l'accomplissement de ses prestations, mais aussi et surtout de payer le prix convenu suivant les modalités arrêtées dans le contrat.

Ce caractère synallagmatique du contrat de marché public donne ainsi la possibilité à chaque partie de se prévaloir de l'inexécution de ses obligations contractuelles par l'autre partie pour refuser d'exécuter ses propres obligations ; de même, tandis que le retard dans l'exécution de ses obligations expose le cocontractant de l'administration ou de l'entreprise publique à des pénalités dites de retard et parfois à la résiliation du marché, le retard dans le paiement des prestations expose l'administration ou l'entreprise publique contractante au paiement en faveur du cocontractant, des intérêts moratoires, et aussi éventuellement à la résiliation du marché pour non-paiement persistant des prestations.

§4. Le contrat de marché public est un contrat *intuitu personae*

Un contrat est dit *intuitu personae* lorsqu'il est conclu en considération de la personne signataire. Dès lors, le signataire a l'obligation d'exécuter personnellement ses charges contractuelles. Le caractère *intuitu personae* du contrat de marché public s'impose tant à l'administration ou l'entreprise publique qu'à son cocontractant, bien que sous certaines réserves.

A. Du point de vue de l'administration ou de l'entreprise publique

Du point de vue de l'administration ou de l'entreprise publique, celle-ci exécute ses responsabilités contractuelles à travers des représentants dont notamment le chef de l'administration publique ou le directeur de l'entreprise publique concernée, signataire du contrat, ainsi que ses collaborateurs que sont le chef de service du marché et l'ingénieur du marché.

Toutefois, certaines obligations contractuelles de l'administration ou l'entreprise publique peuvent être déléguées à d'autres administrations publiques ou même à des entités privées. C'est le cas :

- De la maîtrise d'œuvre qui peut être exercée *« par une personne physique ou une personne morale de droit privé, pour les marchés de travaux et de fournitures d'un montant supérieur à des seuils fixés par un texte particulier de l'autorité chargée des marchés publics. »*[14] ;
- Du paiement du marché public qui peut être, selon le cas, soit effectué directement sur les fonds propres de l'administration publique bénéficiaire des prestations, soit réglé par le trésor public dans le cas notamment des marchés publics exécutés dans le cadre de la consommation du budget d'investissement public.

B. Du point de vue du cocontractant de l'administration ou de l'entreprise publique

Le caractère *intuitu personae* du contrat de marché public se perçoit plus spécifiquement du point de vue du cocontractant de l'administration ou de l'entreprise publique. En effet, le contrat de marché public est conclu à titre personnel par le cocontractant de l'administration ou de l'entreprise publique dont les aptitudes techniques et la capacité financière à exécuter les prestations sollicitées ont déterminé sa sélection à l'issue de l'appel public à concurrence. Il est dès lors tenu d'exécuter personnellement ses obligations contractuelles, et ne peut se faire remplacer par une autre personne.

Il existe cependant des situations dans lesquelles le contrat de marché public peut être exécuté par des personnes autres que le signataire du contrat. Ce sont les cas de décès, de faillite ou de liquidation judiciaire du cocontractant de l'administration ou de l'entreprise publique, ou de sous-traitance[15].

---

[14] Article 151, alinéa 3 du code des marchés publics.

[15] Ces notions sont plus largement développées dans la deuxième et la troisième partie de l'ouvrage.

§5. Le contrat de marché public est un contrat onéreux

Le caractère onéreux du contrat de marché public est affirmé par les articles 5 (w) du code des marchés publics et 5 (n) du décret N° 2018/355 suivant lesquels le cocontractant de l'administration ou de l'entreprise publique s'engage à réaliser les travaux ou à fournir les biens ou les services *« moyennant un prix »*. Ainsi, en contrepartie de l'exécution de ses obligations, le cocontractant de l'administration ou de l'entreprise publique doit en retour percevoir le prix qui a été fixé au moment de la conclusion du contrat.

Le prix du marché doit être impérativement porté dans le contrat de marché public, ainsi que les modalités de son règlement ; de même, le contrat doit porter l'indication de la domiciliation bancaire du cocontractant, précisant le numéro du compte dans lequel les virements tenant lieu de paiement doivent être effectués, conformément aux dispositions des articles 124 (m) du code des marchés publics et 84, alinéa 1 du décret N° 2018/355.

Les prestations de marché public sont donc effectuées en contrepartie d'un prix qui fait du marché public un contrat onéreux.

N.B. : *Le prix du marché public peut être réglé par d'autres moyens que son versement direct. C'est le cas par exemple de l'autorisation donnée au titulaire d'un marché d'édition d'un journal ou d'un bulletin périodique, de percevoir le prix du marché sur les recettes publicitaires produites par le journal ou le bulletin ou encore, dans le cadre d'un marché de curage d'un cours d'eau, l'autorisation donnée au cocontractant de l'administration de vendre le sable ou le gravier tiré du cours d'eau curé pour se payer le prix du marché. Par contre, lorsque la rémunération du cocontractant de l'administration est substantiellement liée aux résultats de l'exploitation d'un service ou d'un ouvrage, le contrat ne peut plus être qualifié de marché public*[16].

---

[16] V. Section IV infra.

§6. Le contrat de marché public est un contrat temporel

Le temps constitue un facteur essentiel dans le système des marchés publics.

L'importance de la durée du contrat de marché public est affirmée par Bernard MESSENGUE AVOM pour qui les marchés publics *« naissent dans le cadre de l'exécution annuelle du budget d'investissement ou de fonctionnement de l'Etat et des autres personnes publiques. En général, ils couvrent d'année en année, un programme d'investissements publics, avec à terme des objectifs macroéconomiques précis. Il est donc impérieux d'enfermer l'opération de marché public dans des délais susceptibles de conduire à la réalisation de ces objectifs, en tenant dûment compte de l'état moyen de l'atmosphère qui n'est pas sans répercussion dans l'exécution des tâches nécessaires. »*[17]

Tout contrat de marché public est ainsi conclu pour une durée bien spécifiée qui ne peut subir de modification qu'à certaines conditions exclusives.

A. Le contrat de marché public est conclu pour une durée précise

Dans un contrat de marché public, l'entrepreneur, le fournisseur ou le prestataire de services doit exécuter ses obligations dans un délai déterminé. C'est pourquoi le code des marchés publics et le décret N° 2018/355 du 12 juin 2018 imposent que le contrat de marché public mentionne entre autres, le délai d'exécution. En dépit de la suppression de la notion de délai dans la définition du marché public par l'article 5 (w) du code des marchés publics, le temps demeure une exigence réglementaire dans le contrat de marché public[18].

Le délai d'exécution du contrat de marché public est en principe celui proposé par le soumissionnaire (devenu attributaire, puis titulaire du marché) lors de sa soumission. Il doit être conforme au délai

---

[17] Bernard MESSENGUE AVOM, 2013, *La gouvernance des marchés publics au Cameroun*, éd. Le Kilimandjaro, Yaoundé, p. 469.

[18] V. article 124 (j) du code des marchés publics.

maximum fixé par l'administration ou l'entreprise publique dans le dossier de consultation.

Le dépassement du délai maximum d'exécution prévu dans le dossier de consultation en phase de passation du marché peut entraîner le rejet de la proposition du soumissionnaire ; de même, le non-respect du délai contractuel en phase d'exécution du marché public peut entraîner des sanctions[19], sauf dans les cas où le retard occasionné est le fait de circonstances étrangères aux parties et susceptibles de justifier le réaménagement du délai initial.

B. La possibilité de réaménagement du délai contractuel

Certaines circonstances indépendantes de la volonté du cocontractant de l'administration ou de l'entreprise publique peuvent entraîner la modification sans sanction du délai d'exécution. Trois situations sont ainsi recensées :

1. La force majeure

Les cahiers des clauses administratives générales (CCAG)[20] applicables respectivement aux marchés de travaux (article 75.1), aux marchés de fournitures (article 56) et aux marchés de services et de prestations intellectuelles (article 41) considèrent la force majeure comme une cause légitime de suspension du délai d'exécution du marché public.

La force majeure est entendue comme un événement normalement imprévisible, insurmontable et d'origine externe, qui ne découle pas de la volonté ou d'une faute des parties, et que ces dernières ne peuvent surmonter en dépit de leur bonne volonté et de leurs diligences.*(**Exemples :**grèves licites, lockouts licites, guerres, blocus,*

---

[19] Le non-respect du délai contractuel peut donner lieu au paiement par le cocontractant des pénalités de retard, et même entraîner la résiliation du marché.

[20] En l'état actuel de la réglementation, les CCAG s'appliquent non seulement aux marchés du système de droit commun des marchés publics, mais aussi aux marchés des entreprises publiques. En effet, aux termes des dispositions de l'article 15, alinéa 2 du décret N° 2018/355 du 12 juin 2018 fixant les règles communes applicables aux marchés des entreprises publiques, *« en attendant l'adoption des documents types spécifiques aux marchés des entreprises publiques, les documents types actuellement en vigueur, notamment, les DAO-types, les cahiers des clauses administratives générales restent applicables ».*

insurrections, émeutes, épidémies, catastrophes naturelles, troubles civils...).

En cas de force majeure, la durée du contrat de marché public est suspendue jusqu'à la fin de l'événement ayant créé la force majeure, à la condition que le cocontractant de l'administration ou de l'entreprise publique notifie dans la quinzaine de la survenance de l'événement, son existence.

2. La prolongation des délais

L'administration ou l'entreprise publique contractante peut, à la demande du cocontractant, accorder par avenant une prolongation du délai contractuel ou un sursis de livraison dans les cas ci-après :

- **Pour les marchés de travaux**, par suite de travaux supplémentaires ou d'autres circonstances quelconques tel que la modification de l'envergure des prestations, l'interruption des prestations à l'initiative du maître d'ouvrage ou du maître d'ouvrage délégué, le retard de mise à disposition du site des travaux par le maître d'ouvrage ou le maître d'ouvrage délégué, le report du démarrage des prestations ou de toute autre circonstance imputable à l'administration ou à l'entreprise publique (article 39, alinéa 1 du CCAG applicable aux travaux) ;
- **Pour les marchés de fournitures**, lorsqu'une cause étrangère à la volonté du fournisseur fait obstacle à l'exécution du marché dans les délais contractuels (article 35, alinéa 1 du CCAG applicable aux marchés de fournitures) ;
- **Pour les marchés de services ou de prestations intellectuelles**, dans le cas où une cause n'engageant pas la responsabilité du cocontractant fait obstacle à l'exécution du marché dans le délai contractuel (article 24, alinéa 1 du CCAG applicable aux marchés de services et de prestations intellectuelles).

En cas de prolongation ou de sursis, le délai ainsi prolongé a, pour l'exécution du marché, les mêmes effets que le délai contractuel initial.

3. L'ajournement des travaux

Dans le cas des marchés de travaux et de fourniture, le maître d'ouvrage ou le maître d'ouvrage délégué peut ordonner l'ajournement des prestations objet du marché avant l'échéance du délai contractuel[21].

Lorsque la durée de l'ajournement dépasse deux (2) mois, le cocontractant a le droit de procéder à la résiliation du marché. Il en est de même en cas d'ajournements successifs dont la durée cumulée dépasse deux (2) mois. Dans les deux cas, l'ajournement ouvre droit au paiement à l'entrepreneur d'une indemnité couvrant les frais du préjudice subi, sauf cas de force majeure ou pour des raisons imputables à ce dernier.

SECTION III
CHAMP D'APPLICATION DU DROIT DES MARCHES PUBLICS

Le champ d'application du droit des marchés publics peut se décliner du point de vue de la matière (champ d'application *ratione materiae*) et du point de vue des personnes à qui s'impose l'application des règles des marchés publics (champ d'application *ratione personae*).

§1. Champ d'application *ratione materiae*

Du point de vue de la matière, c'est l'origine du financement qui détermine le recours ou non aux règles des marchés publics. En effet, aux termes des articles 3, alinéa 1 du code des marchés publics et 3 du décret N° 2018/355 du 12 juin 2018 fixant les règles communes applicables aux marchés des entreprises publiques, la réglementation des marchés publics s'applique à tout marché public financé ou cofinancé par le budget de l'Etat ou d'une entreprise publique, sur fonds d'aide extérieure, bilatérale ou multilatérale, sur emprunt avalisé par l'Etat, ou par le budget d'un établissement public ou d'une collectivité territoriale décentralisée.

---

[21] Article 66 du CCAG applicable aux marchés de travaux ; Article 37 du CCAG applicable aux marchés de fournitures.

Il découle de ces dispositions que le champ d'application *ratione materiae* du droit des marchés publics s'étend à tout projet dont le financement est issu soit du budget de l'Etat, d'une administration ou d'une entreprise publique, soit d'un fonds d'aide bilatéral ou multilatéral, soit enfin d'un emprunt.

L'intérêt de l'étude du champ d'application du droit des marchés publics est davantage révélé quand il faut aborder la question des personnes à qui s'impose la réglementation des marchés publics.

§2. Champ d'application *ratione personae*

Le code des marchés publics énonce six catégories principales de personnes soumises aux règles communes des marchés publics. Le décret N° 2018/355 du 12 juin quant à lui soumet les entreprises publiques aux règles des marchés publics qu'il fixe. A côté de ces principaux assujettis, d'autres personnes doivent obéir aux règles des marchés publics dans des conditions et circonstances particulières.

A. Les principales personnes soumises aux règles des marchés publics

Il s'agit de l'Etat, des établissements publics, des entreprises publiques, des collectivités territoriales décentralisées, des missions diplomatiques et consulaires, des responsables des centrales d'achat et des chefs de projets bénéficiant d'un financement extérieur.

1. L'Etat

L'État est la première personne publique, c'est aussi le premier utilisateur des deniers publics. Par Etat, il faut entendre les administrations centrales et leurs services déconcentrés.

- **Les administrations centrales**

Sont compris dans cette catégorie, les institutions de souveraineté de l'Etat (assemblée nationale, sénat, conseil économique et social, cour suprême), et l'ensemble des départements ministériels. Ceux-ci procèdent par eux-mêmes à la passation et au suivi de l'exécution de leurs marchés publics. A cet effet, ils disposent en leur sein, des commissions de passation des marchés qui les appuient dans les processus des marchés publics.

- **Les services déconcentrés de l'Etat**

Il s'agit des démembrements des services de l'Etat au niveau local. Ce sont ainsi les délégations régionales, départementales ou d'arrondissement. Ils suivent l'exécution des marchés qui sont attribués à leur profit soit par leurs administrations centrales, soit par les maîtres d'ouvrage délégués que sont les gouverneurs et les préfets.

2. Les établissements publics

Il s'agit des établissements publics à compétence nationale, quel que soit leur caractère : administratif, commercial ou industriel. Ils recouvrent :

- Les établissements publics nationaux à caractère administratif *(**Exemples :** ARSEL, ARMP, FNE)*,
- Les établissements publics à caractère culturel *(**Exemples :** bibliothèque nationale, musée national)*,
- Les établissements publics à caractère scientifique et technique *(**Exemples :** IRAD, IRGM)*,
- Les établissements publics à caractère académique et professionnel *(**Exemples :** les universités)*,
- Les établissements publics à caractère sanitaire et social *(**Exemples :** CNPS, hôpitaux généraux)*,
- Les chambres consulaires *(**Exemples :** chambre de commerce ; chambre d'agriculture)*.

Les établissements publics auprès desquels sont placées des commissions de passation des marchés procèdent par eux-mêmes à la passation et au suivi de l'exécution de leurs marchés publics. A défaut, s'ils ne disposent pas en leur sein d'une commission de passation des marchés, ils suivent l'exécution des marchés passés à leur bénéfice par les autorités contractantes compétentes.

3. Les entreprises publiques

L'entreprise publique est définie par l'article 5 (h) du décret N° 2018/355 du 12 juin 2018 fixant les règles communes applicables aux marchés des entreprises publiques comme étant une *« unité économique dotée de l'autonomie juridique et financière, exerçant une activité industrielle et/ou commerciale, et dont le capital est détenu entièrement ou majoritairement par l'Etat ou une personne morale de droit public. »*

Pour les entreprises publiques dont le capital est entièrement détenu par l'Etat ou une personne morale de droit public, celles-ci sont entièrement soumises aux règles des marchés publics fixées par le décret N° 2018/355 du 12 juin 2018 ; en ce qui concerne les sociétés d'économie mixte, elles sont soumises aux règles des marchés publics issues du décret précité uniquement lorsqu'elles agissent pour le compte d'une administration publique.

Les entreprises publiques procèdent par elles-mêmes à la passation et au suivi de l'exécution de leurs marchés publics à travers le conseil d'administration, le maître d'ouvrage, la commission interne de passation des marchés et la structure interne de gestion administrative des marchés.

4. Les collectivités territoriales décentralisées

Aux termes de l'article 55 de la constitution du Cameroun, « *les collectivités territoriales décentralisées de la République sont les régions et les communes. Tout autre type de collectivité territoriale décentralisée est créé par la loi.* » Au bénéfice de cette disposition, plusieurs communautés urbaines ont été créées dans certaines grandes agglomérations. Dès lors, les collectivités territoriales décentralisées sont actuellement au Cameroun, les régions, les communautés urbaines et les communes. Elles sont soumises aux règles des marchés publics.

A ce titre, pour les collectivités territoriales décentralisées auprès desquelles sont placées des commissions de passation des marchés, elles passent les marchés et suivent leur exécution pour les projets inscrits dans leurs budgets propres ou ceux relevant des ressources transférées par l'Etat dans le cadre de la mise en œuvre de la décentralisation[22]. Quant aux collectivités territoriales décentralisées

[22]Aux termes de l'article 51, alinéa 1 de la constitution, l'Etat transfert aux régions, dans les conditions fixées par la loi, les compétences dans les matières nécessaires à leur développement économique, social, sanitaire, éducatif, culturel et sportif. En application de cette disposition, le titre III de la loi N° 2004/018 du 22 juillet 2004 fixant les règles applicables aux communes, transfère aux CTD diverses compétences relevant du développement économique (action économique, environnement et gestion des ressources naturelles, planification, aménagement du territoire, urbanisme et habitat), du développement sanitaire et social (santé de la

non pourvues de commissions de passation des marchés, elles suivent l'exécution des marchés passés à leur bénéfice par les autorités contractantes compétentes.

5. Les missions diplomatiques et consulaires

Aux termes de l'article 7, alinéa 2 du code des marchés publics, les chefs des missions diplomatiques et consulaires du Cameroun à l'étranger sont des maîtres d'ouvrage délégués, et de ce fait, sont soumis aux règles des marchés publics. Pour les dispositions particulières applicables aux marchés passés par ces maîtres d'ouvrage délégués, l'article 3, alinéa 3 du code des marchés publics renvoie à un texte particulier de l'autorité chargée des marchés publics.

6. Les responsables des centrales d'achat

Concept nouveau introduit par le code des marchés publics de 2018, les centrales d'achat sont des structures de droit public ou de droit privé qui acquièrent des fournitures ou des services destinés aux autorités contractantes. Conformément à l'article 7, alinéa 3 du code des marchés publics, *« la création, l'organisation et le fonctionnement des centrales d'achat font l'objet d'un texte particulier de l'autorité en charge des marchés publics. »*

7. Les chefs de projets bénéficiant d'un financement extérieur

Les aides, prêts et dons des bailleurs de fonds multilatéraux sont généralement utilisés dans le cadre de projets et programmes mis en place à cet effet ; de même, la mise en œuvre de l'action de l'Etat implique très souvent la création de projets et programmes spécifiques (Ex. : Projet de développement rural intégré Chari-Logone [PDRI-CL], Programme d'appui à la sécurisation et à la gestion intégrée des ressources agropastorales [PASGIRAP], Projet de construction du barrage hydro-électrique de Memve'ele, Programme d'amélioration du revenu familial et rural dans les Provinces septentrionales [PARFAR], Programme national de développement participatif [PNDP]...).

---

population et action sociale) et du développement éducatif, sportif et culturel (éducation, alphabétisation et formation professionnelle, jeunesse, sports et loisirs, culture et promotion des langues nationales).

Les chefs de ces projets sont soumis aux règles édictées par la réglementation camerounaise des marchés publics. Toutefois, pour les marchés conclus dans le cadre des conventions internationales ou de financement signés par l'Etat avec les partenaires techniques et financiers, le recours à cette réglementation n'est possible que si les dispositions de celle-ci ne sont pas contraires aux stipulations desdites conventions. Dans ce cas, ce sont ces dernières qui doivent être appliquées[23].

B. Les autres personnes soumises aux règles des marchés publics

Les personnes de droit privé sont également assujetties aux règles édictées par le code des marchés publics dans les cas suivants :

- Lorsqu'elles agissent pour le compte de l'Etat ou de ses démembrements ;
- Lorsque le marché à passer bénéficie du concours financier ou de la garantie de l'Etat ou d'une personne morale de droit public[24].

Le marché public ainsi défini et caractérisé, contrat de commande public certes, doit cependant être distingué d'autres contrats publics.

SECTION IV
MARCHE PUBLIC ET AUTRES CONTRATS PUBLICS

La commande publique ne se limite pas aux seuls marchés publics. En effet, tous les contrats qui portent sur l'exécution des travaux ou la fourniture de biens et services au profit des administrations publiques ne sont pas toujours des marchés publics. Par ailleurs, certains contrats conclus par l'administration publique peuvent avoir pour finalité non pas la satisfaction de ses besoins propres, mais la subvention de projets dont elle n'a pas l'initiative. De tels contrats ne sont pas

---

[23] Article 4, alinéa 1 du code des marchés publics et du décret N° 2018/355 du 12 juin 2018.

[24] Article 3, alinéa 2 (a) et (b) du code des marchés publics.

soumis au même régime juridique et doivent dès lors être distingués du contrat de marché public. Ce sont notamment les conventions de délégation de services publics, les subventions et les contrats de partenariat.

§1. Les marchés publics se distinguent des délégations de services publics

Avant la réforme de 2018, les délégations de services publics (DSP) obéissaient aux règles édictées par le code des marchés publics de 2004 dont l'article 5 (c) en donnait du reste la définition suivante : *« la délégation de services publics est la délégation de la gestion d'un service public à un tiers dont la rémunération est substantiellement liée au résultat de l'exploitation du service. Elle est soumise au régime des marchés publics. »* L'article 41 de l'ancien code des marchés publics précisait davantage que *« l'Etat, les collectivités territoriales décentralisées, les établissements publics ou entreprises du secteur public ou parapublic, peuvent déléguer la gestion d'un service public à un délégataire de droit privé appelé concessionnaire, dont la rémunération est substantiellement liée aux résultats de l'exploitation du service. Les délégations comprennent les régies intéressées, affermages, l'opération de réseaux ainsi que les concessions de service public, qu'elles incluent ou non l'exécution d'ouvrages publics. »*

Les délégations des services publics étaient ainsi assimilées aux marchés publics, mais cette assimilation se limitait exclusivement au processus de conclusion des conventions de délégation des services publics dès lors que l'article 42 du même texte soumettait la conclusion des conventions de délégation des services publics à une mise en concurrence suivant la procédure d'appel d'offres restreint telle qu'organisée par l'ancien code des marchés publics (article 12). Ainsi, bien que conclues suivant les règles des marchés publics, les délégations des services publics constituaient des conventions distinctes des contrats de marchés publics.

La réforme de 2018 vient conforter cette différenciation puisqu'elle exclut implicitement les délégations des services publics du champ d'application des règles des marchés publics. En effet, aucune mention des délégations des services publics n'est plus faite dans les textes de la réforme, tant en ce qui concerne leur définition que s'agissant de leur processus de conclusion.

Les délégations de services publics sont ainsi complètement distinctes des marchés publics. En effet, trois éléments cumulatifs permettent d'identifier une délégation de service public :

- L'instrument juridique : une convention entre une personne publique et une entreprise ;
- L'objet de la convention : l'exploitation d'un service public ;
- L'élément financier : une rémunération substantiellement liée aux résultats de l'exploitation.

La différence fondamentale entre un contrat de marché public et une délégation de service public résulte dans le mode de rémunération. Pour un marché public, le paiement est intégral et immédiat et effectué par l'acheteur public. Pour une délégation de service public, la rémunération est tirée de l'exploitation du service.

L'élément financier constitue ainsi le critère essentiel de différenciation des délégations de services publics avec les marchés publics : Le caractère onéreux du marché public évoqué plus haut impose le versement au cocontractant de l'administration ou de l'entreprise publique, en contrepartie des travaux effectivement réalisés ou des biens ou services réellement fournis, d'un prix dont le montant a été fixé dès la conclusion du contrat de marché public ; par contre, s'agissant du délégataire de service public, il est rémunéré en fonction des résultats de l'exploitation du service mis en concession. Sa rémunération est donc substantiellement liée aux résultats de l'exploitation, le contrat faisant peser sur lui une part significative du risque d'exploitation ; le délégataire gère *« à ses risques et périls »* le service public qu'il a la charge d'exploiter, au point où le conseil d'Etat français a estimé que *« le critère du risque est un élément intrinsèque du critère financier »*[25] dans la convention de délégation de service public.

[25] CE, 7 novembre 2008, département de la Vendée, n° 291794.

§2. Les marchés publics se distinguent des subventions

Une subvention est définie comme une somme versée à fonds perdu par l'Etat, une collectivité locale, un organisme ou un mécène à une collectivité publique, une entreprise, un groupement, une association ou un individu, pour lui permettre d'entreprendre ou de poursuivre une activité d'intérêt général[26]. Il s'agit ainsi d'une aide financière attribuée par l'Etat ou par une institution publique ou privée à une collectivité ou à une personne, pour favoriser la mise en œuvre ou l'achèvement d'une œuvre d'intérêt général.

La subvention fait généralement l'objet de la conclusion d'une convention, notamment lorsqu'elle intervient à l'issue d'un appel à projets. Dans ce cas, l'administration ou l'organisme qui octroie la subvention se limite, après appel à projets ou à subvention, à identifier les initiatives et les projets d'opérateurs qui favorisent la mise en place de la politique publique poursuivie.

Deux critères distinguent la subvention du marché public : l'initiative du projet et l'absence de contrepartie directe.

A. L'initiative du projet

Dans le cadre d'un marché public, c'est l'administration ou l'entreprise publique qui, à la suite de l'expression d'un besoin qu'elle a elle-même défini, sollicite les services d'un entrepreneur, d'un fournisseur ou d'un prestataire de services pour répondre à ce besoin.

Par contre, dans le cadre de la subvention, c'est la personne bénéficiaire de la subvention qui initie et définit les modalités de mise en œuvre de son projet, la subvention n'étant destinée qu'à soutenir financièrement soit la mise en œuvre complète du projet, soit son achèvement lorsque la personne initiatrice a déjà entrepris sa mise en œuvre.

---

[26] Dictionnaire Hachette, édition 2010, p. 1544.

B. L'absence de contrepartie directe

Dans la subvention, l'administration ou la personne qui octroie la subvention, n'attend aucune contrepartie de la part de la personne bénéficiaire. *A contrario*, dans le cadre d'un marché public, l'administration ou l'entreprise publique qui finance le marché attend en retour du cocontractant, l'exécution des travaux ou la fourniture des biens ou services sollicités. Bien plus, sous réserve des cas d'avance, le financement n'est débloqué qu'après que le contractant de l'administration ou de l'entreprise publique ait exécuté la contrepartie attendue.

§3. Les marchés publics se distinguent des contrats de partenariat

Aux termes de l'article 2, alinéa 2 de la loi n° 2006/012 du 29 décembre 2006 fixant le régime général des contrats de partenariat, *« le contrat de partenariat est un contrat par lequel l'Etat ou l'un de ses démembrements confie à un tiers, pour une période déterminée, en fonction de la durée d'amortissement des investissements ou des modalités de financement retenues, la responsabilité de tout ou partie des phases suivantes d'un projet d'investissement :*

- *La conception des ouvrages ou équipements nécessaires au service public ;*
- *Le financement ;*
- *La construction ;*
- *La transformation des ouvrages ou des équipements ;*
- *L'entretien ou la maintenance ;*
- *L'exploitation ou la gestion. »*

Le contrat de partenariat se distingue du contrat de marché public sur deux points particuliers : la rémunération du cocontractant de l'administration ou de l'entreprise publique et la gestion de l'objet du contrat.

A. Quant à la rémunération

Dans le contrat de marché public, le cocontractant de l'administration ou de l'entreprise publique est rémunéré en contrepartie des travaux réalisés ou des biens ou services fournis. La rémunération ici est fortement liée au résultat obtenu par le cocontractant dans l'exécution de ses obligations.

Le contrat de partenariat par contre autorise une rémunération du cocontractant pendant toute la durée du contrat, rémunération qui n'est pas tributaire de l'exploitation de l'ouvrage, mais peut être plutôt liée à des objectifs de performance assignés au cocontractant.

B. Quant à la gestion de l'ouvrage

Conformément à l'article 3 de la loi n° 2006/012 précitée, dans le contrat de partenariat, le cocontractant de l'administration ou de l'entreprise publique assure la maîtrise d'ouvrage des travaux à réaliser. Il est le maître du jeu dans la réalisation des travaux dont il en assure le suivi de l'exécution et *« peut* [même] *se voir confier tout ou partie de la conception des ouvrages. »* Dans les conditions fixées au contrat de partenariat, le cocontractant peut assurer le financement ainsi que l'exploitation ou la gestion du projet.

Par contre, dans le contrat de marché public, le cocontractant de l'administration ou de l'entreprise publique assure un rôle de simple exécutant. Il est rémunéré en contrepartie de la réalisation des travaux ou de la fourniture des biens pour lesquels il a contracté, sous la supervision de l'administration ou de l'entreprise publique, et sa mission prend fin dès que ses obligations sont accomplies.

CHAPITRE II

EVOLUTION DU SYSTEME DES MARCHES PUBLICS CAMEROUNAIS

Le système des marchés publics a suivi au Cameroun, depuis l'indépendance jusqu'à nos jours, un processus ponctué par de multiples réformes, ceci en raison de l'importance que revêtent les marchés publics dans le développement socio-économique du pays. Ces réformes peuvent se résumer en six étapes principales à savoir : l'héritage colonial (section I), la concentration organique des marchés publics (section II), la déconcentration progressive (section III), la codification du système en 2004 (section IV), la résurrection du ministère des marchés publics de 2011 (section V) et enfin, la refondation du système des marchés publics de 2018 (section VI). Un accent tout particulier sera mis sur cette dernière réforme dont le contenu constitue l'essentiel du droit actuel des marchés publics camerounais.

SECTION I
L'HERITAGE COLONIAL

Avant l'autonomie du Cameroun, le domaine des marchés publics est jonché d'une panoplie de textes épars, dont chacun fixe des règles propres à un aspect particulier du système des marchés publics. Il n'y a pas en effet une codification unique des règles et normes applicables au domaine des marchés publics.

A la veille de l'accession à l'autonomie, le Cameroun hérite de deux textes fondamentaux en matière des marchés publics :

- L'arrêté N° 289 du 05 mars 1958 promulguant le décret N° 58-15 du 08 janvier 1958 relatif au règlement des marchés de l'Etat et des établissements publics nationaux non soumis aux lois et usages du commerce passés ou exécutés dans les territoires d'Outre-mer. Ce texte fixe certaines modalités d'exécution financière des marchés sus-évoqués ;

- L'arrêté N° 243 du 26 juin 1958 portant modification des arrêtés N° 193 du 03 juin 1947 et 89 du 26 mars 1952 fixant l'organisation et le fonctionnement de la direction des travaux publics et des transports quant à lui, opère simplement une restructuration des départements territoriaux.

Ces textes, qui sont en réalité un prolongement des règles coloniales antérieures, ont la particularité de confirmer la tendance amorcée par celles-ci à savoir, réglementer chacun un aspect isolé du domaine des marchés publics, sans aborder de manière globale, dans un document unique, les règles et normes régissant le système des marchés publics dans son ensemble.

Après l'accession du pays à l'autonomie interne élargie et la levée de la tutelle différée[27], le secteur des marchés publics a évolué vers une véritable autonomisation matérialisée par deux textes, tout de même encore marqués des empreintes du système colonial :

- Le décret N° 59-144 du 14 août 1959 fixant les règles applicables aux marchés passés au nom de l'Etat et des établissements publics nationaux non soumis aux lois et usages du commerce ;
- Le décret N° 59-161 du 19 septembre 1959 régissant les marchés passés par les communes, les syndicats de communes et les établissements publics communaux de bienfaisance ou d'assistance dans l'Etat du Cameroun.

Avec une entrée en vigueur différée au 1er janvier 1960, ces textes instituent une dualité du régime juridique du système camerounais des marchés publics.

[27] Ordonnance N° 58-1375 du 30 décembre 1958 portant statut du Cameroun.

SECTION II
LA CONCENTRATION ORGANIQUE DES MARCHES PUBLICS

En 1970, le législateur camerounais amorce une unification des textes sur les marchés publics, notamment par le décret N° 70/DF/530 du 29 octobre 1970 portant réglementation des marchés publics, modifié et complété par le décret N° 75/513 du 5 juillet 1975.Ce texte marque un véritable tournant dans le système des marchés publics au Cameroun. En effet, non seulement il supprime la dualité observée depuis l'autonomie interne dans la réglementation des marchés publics en amorçant une centralisation des organes, mais aussi, il impose aux collectivités publiques le respect de règles unifiées de passation, d'exécution et de contrôle de l'exécution des marchés publics. Le texte institue plusieurs organes de passation des marchés publics, dont principalement, la commission nationale des marchés dont le secrétariat est assuré par un secrétaire permanent nommé par le président de la république, marquant ainsi la volonté de l'exécutif de garder la tutelle sur le système des marchés publics camerounais.

Le décret N° 70/DF/530 marque aussi une rupture quasi totale avec l'ancien système des marchés publics. Cette rupture est davantage exprimée par l'abrogation des décrets N° 59-144 du 14 août 1959 et 59-161 du 19 septembre 1959 qui consacraient la dualité du système camerounais des marchés publics.

La concentration des organes du système des marchés publics camerounais va se poursuivre avec les décrets N° 78/487 du 9 novembre 1978 portant création de la direction centrale des marchés (modifié par les décrets N° 80/273 du 18 juillet 1980 et 82/331 du 19 juillet 1982), et N° 79/035 du 2 février 1979 portant réglementation des marchés publics (modifié par les décrets N° 80/272 du 18 juillet 1980, 81/151 du 13 avril 1981 et 82/12 du 8 janvier 1982). Ces textes centralisent la gestion des marchés publics auprès de la direction centrale des marchés qui, au sein du secrétariat général de la présidence de la république, assure désormais entre autres le secrétariat de la commission centrale des marchés. A côté de la direction centrale des marchés publics, le décret N° 80/273 du 18 juillet 1980 crée les services provinciaux des marchés publics pour appuyer les actions de celle-ci aux niveaux locaux.

Au cours de cette seconde phase de l'évolution postcoloniale du système camerounais des marchés publics, la gestion des marchés publics est, comme évoqué plus haut, centralisée au niveau de la présidence de la république, plus spécifiquement au secrétariat général de la présidence de la république. Le secrétaire général de la présidence de la république exerce en effet les prérogatives d'autorité en charge des marchés publics. A ce titre :

- Il prononce l'exclusion temporaire ou définitive aux marchés publics, des prestataires indélicats,
- Il décide de la passation des marchés suivant la procédure exceptionnelle de gré à gré,
- A l'issue de l'examen des offres par la direction centrale des marchés publics, il procède à la sélection de l'offre la plus avantageuse,
- Il prononce la résiliation des marchés.

Cette concentration des marchés publics entre les mains du secrétaire général de la présidence de la république va prendre fin en 1984, avec le décret N° 84-29 du 04 février 1984 portant organisation du gouvernement.

SECTION III
LA DECENTRALISATION DU SYSTEME DES MARCHES PUBLICS

A partir de 1984, le pouvoir constituant va amorcer la décentralisation du système des marchés publics qui va transiter par son institutionnalisation, ponctuée par une autre tentative de centralisation, avant de se terminer par la déconcentration des organes des marchés publics.

§1. L'institutionnalisation du système camerounais des marchés publics

A la faveur de la réorganisation du gouvernement du 04 février 1984, il est créé un département ministériel consacré aux marchés publics : le ministère de l'informatique et des marchés publics. Administration centrale des marchés publics, le ministère de l'informatique et des marchés publics, dans son volet consacré aux marchés publics, est désormais l'organe principal du système. A ce titre, il *« veille à l'organisation et au bon fonctionnement des marchés publics »*[28]. Ce département ministériel est rattaché à la présidence de la république par le décret N° 85/1172 du 24 août 1985 modifiant le décret N° 84-29 du 04 février 1984, qui en précise les prérogatives en ce qui concerne les marchés publics à savoir : « *Participer au montage financier des marchés publics en liaison avec les ministres intéressés ; procéder au lancement des appels d'offres et à la passation des marchés et en contrôler l'exécution sur le terrain en liaison avec les ministres intéressés ; procéder à la passation des marchés publics en liaison avec les ministres intéressés. »*[29]

Ce dispositif est à nouveau modifié par deux importants décrets de 1986 et 1987.

Le décret N° 86/903 du 18 juillet 1986 portant réglementation des marchés publics, modifié par le décret N° 87/395 du 18 mars 1987, qui abroge dans toutes ses dispositions contraires le décret N° 79/035 du 2 février 1979 portant réglementation des marchés publics, apporte plusieurs innovations dans le système camerounais des marchés publics. C'est ainsi qu'il renforce les mesures disciplinaires à l'égard des auteurs des atteintes à la réglementation des marchés publics (malversations notamment), intègre les marchés d'études dans les marchés spéciaux, institue désormais trois types de commissions des marchés publics (la commission nationale, les commissions provinciales et les commissions spéciales).

Pour M. Bernard MESSENGUE AVOM, *« Ce texte, pris dans un environnement économique particulièrement difficile, vise essentiellement à alléger la procédure de passation des marchés publics, à préserver l'équilibre des ressources budgétaires, et à réduire le coût des projets d'investissement public. »*[30]

---

[28] Article 6 du décret N° 84-29 du 04 février 1984 portant organisation du gouvernement.

[29] Article 6 (17) du décret N° 85/1172 du 24 août 1985 modifiant le décret N° 84-29 du 04 février 1984 portant organisation du gouvernement.

[30] Bernard MESSENGUE AVOM, op. cit., p. 42.

§2. L'ébauche de centralisation du système

La réorganisation du gouvernement par le décret N° 88/772 du 16 mai 1988 voit disparaître le ministère de l'informatique et des marchés publics. Ses prérogatives liées aux marchés publics seront quelques mois plus tard confiées à la direction générale des grands travaux du Cameroun (DGTC)[31]. La création de la DGTC semble marquer la volonté du pouvoir public de centraliser une fois de plus la gestion des marchés publics. A cet effet, la DGTC est placée sous la tutelle du Premier ministre qui, après la disparition du ministère de l'informatique et des marchés publics, assume les prérogatives d'autorité en charge des marchés publics. Les prérogatives exorbitantes qui lui sont confiées réduisent considérablement les pouvoirs des maîtres d'ouvrage et maîtres d'ouvrage délégués que sont notamment les ministres et les gouverneurs, *« suscitant de ce fait une forte hostilité »*[32] de leur part. Cette hostilité ébranle considérablement le fonctionnement du système des marchés publics, et déteint fortement sur la réalisation des grands projets d'investissement, ce qui conduit le pouvoir public à repenser ses orientations en matière de marchés publics, et à opérer une réforme dès 1990.

En effet, à la faveur du décret N° 90/952 du 29 mai 1990 définissant les domaines de compétence des ministres chargés de missions à la présidence de la république, il est institué un ministre chargé de missions, responsable des marchés publics à qui il incombe désormais non seulement de veiller à l'organisation et au bon fonctionnement des marchés publics, mais surtout de superviser la DGTC. Ces efforts de réaménagement du système des marchés publics camerounais ne résolvent point malheureusement la question de marginalisation des maîtres d'ouvrage et des maîtres d'ouvrage délégués dont l'hostilité demeure persistante et continue de déteindre sur la consommation effective des crédits publics.

Face à ces difficultés contextuelles, le pouvoir public va changer d'orientation. Ce revirement est amorcé par la suppression de la

---

[31] Décret N° 88/1671 du 8 novembre 1988 portant création et fixant les attributions, l'organisation et les règles de fonctionnement de la DGTC ; décret N° 93/307 du 18 novembre 1993 portant réorganisation de la DGTC.

[32] Jacques BIAKAN, 2011, *Droit des marchés publics au Cameroun : Contribution à l'étude des contrats publics*, Edition l'Harmattan, Paris, p. 15.

fonction de ministre chargé de missions à la présidence de la république, responsable des marchés publics dès 1992[33], et va se poursuivre à travers une réforme en profondeur caractérisée principalement par une orientation vers une déconcentration effective du système.

§3. La déconcentration organique du système des marchés publics

La nouvelle orientation du pouvoir public camerounais en matière de marchés publics est annoncée par deux importants décrets de 1995. Le décret N° 95/101 du 9 juin 1995 portant réglementation des marchés publics expose clairement la volonté du pouvoir d'orienter le système des marchés publics vers une décentralisation poussée. Ce texte octroie aux maîtres d'ouvrage et aux maîtres d'ouvrage délégués d'importantes prérogatives et *« des marges de manœuvre importantes. »*[34] Ils deviennent les véritables maîtres du jeu en matière de passation et d'exécution des marchés publics, et leur prépondérance n'est limitée qu'en ce qui concerne les grands projets et travaux d'une importante envergure financière dont la direction et le contrôle relèvent exclusivement de la DGTC. Cette prédominance des maîtres d'ouvrage et des maîtres d'ouvrage délégués est davantage renforcée par le second décret N° 95/102 du 9 juin 1995 portant attribution, organisation et fonctionnement des commissions des marchés publics qui leur octroie d'énormes pouvoirs dont notamment celui de signer les marchés passés par les commissions de passation des marchés placées auprès d'eux.

Toutefois, cette autre réforme du système des marchés publics camerounais a donné d'exorbitants pouvoirs aux maîtres d'ouvrage et aux Maîtres d'ouvrage délégués, en omettant d'encadrer le système de moyens de contrôle nécessaires. Cette quasi-liberté de manœuvre a

---

[33] Le décret N° 92/070 du 09 avril 1992 portant réorganisation de la présidence de la république ainsi ceux N° 92/245 du 26 novembre 1992 portant réorganisations du gouvernement et N° 92/246 du 26 novembre 1992 modifiant et complétant certaines dispositions du décret N° 92/070 du 09 avril 1992 portant réorganisation de la présidence de la république, ne mentionnent aucune disposition concernant le ministre chargé de missions à la présidence de la république, responsable des marchés publics.

[34] Jacques BIAKAN, op. cit.

pour conséquence, tout comme du temps du règne de la DGTC, de freiner la mise en œuvre effective des projets.

Pour remédier ce manquement et améliorer l'efficacité du système, le pouvoir réglementaire va, à travers le décret N° 2000/155 du 30 juin 2000 modifiant et complétant certaines dispositions du décret N° 95/101 du 9 juin 1995 portant réglementation des marchés publics, renforcer les contrôles *a priori* et *a posteriori* des marchés publics, notamment à travers :

- L'institution d'un observateur indépendant recruté sur appel d'offres par l'autorité chargée des marchés publics et qui *« participe aux travaux de la commission des marchés compétente en qualité d'observateur, ainsi qu'aux travaux de la sous-commission d'analyse »*[35] et rend compte à l'autorité chargée des marchés publics et celle signataire du marché, des dysfonctionnements observés ;
- La mise en place des audits *a posteriori « réalisés annuellement par des auditeurs indépendants de réputation internationale, couvrant tous les marchés supérieurs à 500 millions de francs CFA et 25 % des marchés compris entre 30 millions de francs CFA et 500 millions de francs CFA, choisis de façon aléatoire par un expert indépendant. »*[36]

Par ailleurs, à la faveur du décret N° 2001/048 du 23 février 2001 portant création, organisation et fonctionnement de l'agence de régulation des marchés publics (ARMP), la DGTC est supprimée au profit de l'ARMP qui, placée sous la tutelle de la présidence de la république (et non plus du Premier ministre comme la défunte DGTC), *« a pour mission d'assurer la régulation, le suivi et l'évaluation du système des marchés publics. »*[37]

La décentralisation du système des marchés publics camerounais se poursuit ensuite à travers le décret N° 2002/030 du 28 janvier 2002

---

[35] Article 6 (4) (nouveau) du décret N° 2000/155 du 30 juin 2000 modifiant et complétant certaines dispositions du décret N° 95/101 du 9 juin 1995 portant réglementation des marchés publics.

[36] Article 68 (1) (nouveau) du décret N° 2000/155 du 30 juin 2000 modifiant et complétant certaines dispositions du décret N° 95/101 du 9 juin 1995 portant réglementation des marchés publics.

[37] Article 3 du décret N° 2001/048 du 23 février 2001 portant création, organisation et fonctionnement de l'agence de régulation des marchés publics.

portant création, organisation et fonctionnement des commissions des marchés publics qui, dans le souci d'une accentuation de cette décentralisation, fait également des préfets de département, des maîtres d'ouvrage délégués, et renforce les pouvoirs des maîtres d'ouvrage et des maîtres d'ouvrage délégués qui désormais, non seulement proposent les présidents des commissions de passation des marchés, mais aussi sont fortement représentés dans lesdites commissions par un membre (pour les maîtres d'ouvrage délégués) et deux membres (pour les maîtres d'ouvrage), ainsi que le secrétaire de la commission qu'ils désignent sans contrainte ; de même, ce sont leurs représentants respectifs qui président les travaux des sous-commissions d'analyse.

En outre, ce texte renforce les mesures de contrôle de la passation des marchés publics en instituant, outre l'observateur indépendant qu'il maintient pour assister aux séances des commissions et sessions des sous-commissions d'analyse des offres[38], des commissions spécialisées de contrôle des marchés (CSCM) qui, placées auprès du Premier ministre qui demeure autorité en charge des marchés publics, sont *« chargées du contrôle a priori des procédures de passation des marchés publics initiées et conduites par les maîtres d'ouvrage ou les maîtres d'ouvrage délégués. »*[39]

Les décrets N° 95/101 du 9 juin 1995, N° 95/102 du 9 juin 1995, N° 2000/155 du 30 juin 2000, N° 2001/048 du 23 février 2001 et N° 2002/030 du 28 janvier 2002 marquent les premières étapes d'une véritable refondation du système camerounais des marchés publics telle qu'exigée entre autres par les bailleurs de fonds. Cette refondation va aboutir à la codification des marchés publics camerounais en 2004.

---

[38] Article 16 du décret N° 2002/030 du 28 janvier 2002 portant création, organisation et fonctionnement des commissions des marchés publics.

[39] Article 19 (1) du décret N° 2002/030 du 28 janvier 2002 portant création, organisation et fonctionnement des commissions des marchés publics.

SECTION IV
LA CODIFICATION DES MARCHES PUBLICS DE 2004

Le décret N° 2004/275 du 24 septembre 2004 portant code des marchés publics est sans nul doute l'un des textes les plus importants de l'histoire des marchés publics camerounais. En effet, c'est la concrétisation de la refondation du système des marchés publics amorcée notamment par le décret N° 95/101 du 9 juin 1995 portant réglementation des marchés publics. Pour la première fois, toutes les règles qui régissent le système des marchés publics camerounais sont réunies dans un seul texte réglementaire, le code des marchés publics.

Ce texte qui abroge tous les textes antérieurs *« portant réglementation des marchés publics, création, attribution, organisation et fonctionnement des commissions des marchés publics... »*[40], tout en maintenant les règles générales de passation et d'exécution des marchés publics déjà existantes avec davantage d'éclaircissements, conforte la prépondérance des maîtres d'ouvrage et des maîtres d'ouvrage délégués, ainsi que parallèlement les mécanismes de contrôle de la passation et de l'exécution des marchés publics.

§1. La prépondérance des maîtres d'ouvrage et des maîtres d'ouvrage délégués

Le code des marchés publics de 2004 renforce davantage la prépondérance des maîtres d'ouvrage et des maîtres d'ouvrage délégués dans leur champ d'application et maintient leurs prérogatives exorbitantes.

A. Elargissement du champ d'application des maîtres d'ouvrage et des maîtres d'ouvrage délégués

L'article 5, alinéa 5 (f) du code des marchés publics étend la notion de maîtres d'ouvrage délégués non seulement aux gouverneurs de

[40] Article 165 du code des marchés publics.

province et préfets de département[41], mais aussi désormais aux chefs de missions diplomatiques du Cameroun à l'étranger et aux chefs de projets bénéficiant de financements extérieurs.

B. Maintien des prérogatives exorbitantes des maîtres d'ouvrage et des maîtres d'ouvrage délégués

Les prérogatives exorbitantes reconnues aux maîtres d'ouvrage et aux maîtres d'ouvrage délégués par le décret N° 2002/030 du 28 janvier 2002 précité sont maintenues par le code des marchés publics. Ainsi, les maîtres d'ouvrage et les maîtres d'ouvrage délégués proposent les présidents des commissions de passation des marchés, et sont largement représentés dans lesdites commissions par un membre (pour les maîtres d'ouvrage délégués) et deux membres (pour les maîtres d'ouvrage), et par le secrétaire de la commission qu'ils désignent, et dans les sous-commissions d'analyse par le président qui est exclusivement leur représentant.

§2. Le renforcement des mesures de contrôle

Les mesures de contrôle édictées par la réglementation antérieure s'étant avérées disproportionnées au regard des marges de manœuvre précédemment laissées aux maîtres d'ouvrage et aux maîtres d'ouvrage délégués, le code des marchés publics procède à un renforcement desdites mesures par :

- L'institution des études préalables obligatoires avant tout appel à concurrence[42] ;
- L'obligation de publication des avis d'appel d'offres en langues française ***et*** anglaise *« par insertion dans le Journal des marchés publics* (JDM) *édité par l'organisme chargé de la régulation des marchés publics ou toute autre publication habilitée »*[43] ;
- Le renforcement de la composition des commissions spécialisées de contrôle des marchés ;

[41] Article 3, alinéa 1 (b) du décret N° 2002/030 du 28 juin 2002 portant création, organisation et fonctionnement des commissions des marchés publics.
[42] Article 6, alinéa 1 du code des marchés publics.
[43] Article 20 du code des marchés publics.

- L'exigence de la présence de l'observateur indépendant pour valider une séance de la commission de passation des marchés ;
- L'obligation faite aux maîtres d'ouvrage et aux maîtres d'ouvrage délégués de transmettre à la commission spécialisée de contrôle des marchés compétente, les copies des offres financières des soumissionnaires.

Le code des marchés publics, perçu comme l'aboutissement de la refondation du système des marchés publics camerounais, connaît toutefois des difficultés dans sa mise en œuvre, difficultés liées à plusieurs aléas qui entourent son implémentation, parmi lesquelles notamment :

- La non-maîtrise ou la mauvaise appropriation des règles de passation et de contrôle de l'exécution des marchés publics par les différents acteurs, entraînant de ce fait l'absence d'études préalables ou des études préalables mal montées et ne reflétant pas la réalité, avec pour corollaires, *« les quantités mal estimées [...] ; les caractéristiques des ouvrages mal définies [...] ; l'attribution du marché à une entreprise non en règle vis-à-vis des impôts et de la caisse nationale de prévoyance sociale ; l'attribution à une entreprise ne remplissant pas les capacités techniques et financières requises... »*[44] ;
- La mal gouvernance caractérisée par les multiples faits de corruption qui entourent la passation et l'exécution des marchés publics, et qui entraînent immanquablement des évaluations orientées des offres et partant, des attributions n'ayant aucun rapport avec la réalité des offres présentées ;
- La non-sanction systématique des agents indélicats du système et des entreprises prestataires défaillantes malgré l'arsenal des mesures répressives mises en place par le code des marchés publics, entraînant des éternelles récidives ;
- Les lenteurs excessives dans les formalités de paiement des prestataires, conduisant au désengagement de ceux-ci et partant, à l'absence récurrente de soumissions à l'occasion de nombreux appels à concurrence…

---

[44] Bernard MESSENGUE AVOM, op. cit., p. 51.

Les nombreuses failles ainsi caractérielles du système des marchés camerounais au lendemain de sa codification ont poussé le pouvoir public à repenser dès 2009, une autre réforme cette fois du code des marchés publics. A cet effet, un atelier national sur la révision dudit code s'est tenu en juin 2009, réunissant tous les acteurs majeurs et des experts internationaux spécialisés dans le domaine des marchés publics. De cet atelier, est issu un projet de nouveau code des marchés publics dont l'adoption et la publication attendues ont été supplantées par trois décrets du 08 mars 2012.

SECTION V
LE REVIREMENT INSTITUTIONNEL DE 2011

A la faveur du remaniement ministériel du 09 décembre 2011[45], le président de la République opère un nouveau et très important revirement institutionnel du système des marchés publics par la résurrection d'un ministère uniquement consacré aux marchés publics, le ministère des marchés publics (MINMAP). Ce redéploiement d'une institution des marchés publics est accompagné de plusieurs autres mesures dont principalement la redéfinition des notions et des rôles des acteurs de la passation et du contrôle de l'exécution des marchés publics, et le renforcement du contrôle dans les marchés publics.

§1. La ré-institution d'un ministère chargé des marchés publics

Pour mémoire, c'est en 1992 que disparaît implicitement le poste de ministre chargé de missions à la présidence de la république, responsable des marchés publics et partant, un organe central uniquement consacré à la gestion des marchés publics au Cameroun[46]. Vingt (20) ans après, le décret N° 2011/408 du 9 décembre 2011 réinstaure un ministère des marchés publics doté d'énormes pouvoirs en matière de marchés publics.

Certains observateurs estiment que cet avènement ne devrait pas être qualifié de fondamental, car *« le décret du 9 décembre 2011 réintroduit simplement ce département ministériel dans le paysage camerounais des marchés publics, à telle enseigne que si l'on peut*

---

[45] Décret N° 2011/408 du 09 décembre 2011 portant organisation du gouvernement.

[46] Cf. Section 3, §2 supra.

légitimement considérer ce ministère comme une nouveauté ou "nouveau-né", il ne s'agit en réalité que d'une renaissance, mieux d'une résurrection. »[47]

Au contraire, l'avènement du MINMAP constitue une véritable révolution du système camerounais des marchés publics à plusieurs titres :

D'abord, pour la première fois, il s'agit d'une véritable institution consacrée *uniquement* aux marchés publics, contrairement au défunt ministère de l'informatique et des marchés publics (1984) qui cumulait les prérogatives liées à l'informatique d'une part et aux marchés publics d'autre part[48] ;

Il s'agit ensuite, bien que délégué à la présidence de la république, d'un véritable ministère doté d'une autonomie de fonctionnement et de toutes les structures propres aux départements ministériels dont notamment des services déconcentrés, et non plus seulement un ministre chargé de mission à la présidence de la république, responsable des marchés publics[49] ;

Enfin, le MINMAP détient d'énormes prérogatives qui s'étendent sur l'ensemble du processus, depuis la préparation[50] jusqu'à l'exécution[51] en passant par la passation[52] des marchés publics. En

---

[47] Bernard MESSENGUE AVOM, op. Cit., p. 63.

[48] Cf. Section 3, §1 supra.

[49] Cf. Section 3, §2 supra.

[50] Outre la participation au montage financier des marchés publics dévolue à la direction générale des marchés des infrastructures et celle des marchés des approvisionnements et services du MINMAP (cf. articles 1, alinéa 2, 27, alinéa 1 et 31, alinéa 1 du décret N° 2012/075 du 8 mars 2012 portant organisation du MINMAP), à travers la cellule d'analyse et d'élaboration des programmes, la division de la programmation et du suivi des marchés publics du MINMAP a entre autres pour missions, *« l'élaboration du journal de programmation des marchés publics, l'organisation des conférences de programmation des marchés publics en liaison avec les ministères et les administrations concernées (...), la vérification et la mise en cohérence des plans de passation des marchés présentés par les ministères et les administrations concernées avec les programmes d'actions ministériels validés par le gouvernement et/ou les programmes d'actions validés par les instances compétentes »*(cf. article 39, alinéa 1 du décret N° 2012/075). Les mêmes pouvoirs sont étendus aux délégués régionaux et aux délégués départementaux des marchés publics (cf. article 57, alinéa 1 et 65, alinéa 1 du décret N° 2012/075).

[51] Dans le cadre de ses prérogatives de contrôle de l'exécution des marchés publics instituées par l'article 1, alinéa 1 du décret N° 2012/075, la direction générale de

outre, non seulement le ministre des marchés publics désigne les présidents des commissions de passation des marchés publics sans obligation de proposition préalable des maîtres d'ouvrage et des maîtres d'ouvrage délégués, et nomme les secrétaires en lieu et place des maîtres d'ouvrage et des maîtres d'ouvrage délégués comme par le passé, mais aussi il est désormais la seule autorité habilitée à recevoir et à solutionner les recours en matière de passation et d'exécution des marchés publics, les maîtres d'ouvrage et les maîtres d'ouvrage délégués n'ayant plus d'autorité dans ce domaine, et l'Agence de régulation des marchés publics n'étant sollicitée à ce stade que pour donner un avis technique sur les fondements des recours.

Eu égard à ces énormes prérogatives qui n'ont rien à voir avec celles détenues jadis par le ministre de l'informatique et des marchés publics et le ministre chargé de mission à la présidence de la république, responsable des marchés publics, le retour du ministère des marchés publics, au-delà d'une simple résurrection, constitue une véritable révolution dans le système des marchés publics camerounais.

§2. La redistribution des rôles des acteurs des marchés publics

La réforme institutionnelle du système des marchés publics camerounais de 2011 concerne également les acteurs des marchés publics. Les décrets N° 2012/075 du 8 mars 2012 portant organisation du ministère des marchés publics, 2012/074 du 8 mars 2012 portant création, organisation et fonctionnement des commissions de

---

contrôles des marchés publics du MINMAP est notamment chargée du contrôle de la réalisation physique des marchés publics par les brigades centrales de contrôle des marchés. Elle est représentée dans les services déconcentrés du MINMAP par les brigades régionales et départementales de contrôle des marchés publics (cf. articles 34, alinéa 1, 64, alinéa 1 et 69, alinéa 1 du décret N° 2012/075).

[52] Le MINMAP, à travers ses directions générales des marchés des infrastructures, des approvisionnements généraux et des services et prestations intellectuelles, procède à la passation des marchés publics non seulement pour les projets initiés par le MINMAP, mais aussi pour ceux initiés par les autres administrations publiques dont le coût prévisionnel est supérieur à un seuil déterminé en fonction de la nature du projet. De même, les délégués régionaux et départementaux des marchés publics passent les marchés initiés aux niveaux locaux pour le compte des administrations centrales, ainsi que ceux initiés par les exécutifs des collectivités territoriales décentralisées de leur ressort de compétence qui ne disposent pas de commission de passation des marchés publics (cf. articles 1, alinéa 2, 27, alinéa 1, 31, alinéa 1, 57, alinéa 1et 65, alinéa 1 du décret N° 2012/075).

passation des marchés publics et 2012/076 du 8 mars 2012 modifiant et complétant le décret N° 2001/048 du 23 février 2001 portant création, organisation et fonctionnement de l'agence de régulation des marchés publics, viennent en effet redonner une nouvelle définition des acteurs des marchés publics et de leurs rôles respectifs à travers notamment :

A. La suppression de la qualité de maîtres d'ouvrage délégués aux gouverneurs et préfets

Si la définition attribuée aux notions de maîtres d'ouvrage et maîtres d'ouvrage délégués demeure inchangée dans la réforme, par contre, celle-ci voit disparaître les prérogatives de maîtres d'ouvrage délégués reconnues par le passé aux gouverneurs de région et préfets de département, qui n'ont plus aucun rôle explicite dans tout le processus de passation et d'exécution des marchés publics, sauf celui éventuel de gestionnaire de certains crédits délégués. Les seuls maîtres d'ouvrage délégués qui demeurent à la faveur de la réforme sont les chefs de missions diplomatiques du Cameroun à l'étranger et certains chefs de projets.

B. L'institution de nouvelles autorités contractantes

Outre les maîtres d'ouvrage et les maîtres d'ouvrage délégués auprès desquels sont créées des commissions de passation des marchés, la réforme consacre les délégués régionaux et départementaux des marchés publics dans les prérogatives d'autorités contractantes. A ce titre, ils lancent les appels d'offres et attribuent les marchés initiés par les chefs des services déconcentrés régionaux ainsi que les chefs des administrations publiques, des exécutifs des collectivités territoriales décentralisées et des projets auprès desquels il n'est pas créé de commission de passation des marchés. Que ce soit les maîtres d'ouvrage, les maîtres d'ouvrage délégués ou les délégués des marchés publics, ceux-ci ne passent les marchés que dans la limite des seuils de compétence bien définis.

C. Le redéploiement des commissions de passation des marchés

Le décret N° 2012/074 du 08 mars 2012 portant création, organisation et fonctionnement des commissions de passation des marchés publics qui abroge *« toutes les dispositions antérieures contraires, notamment celles du décret N° 2004/275 du 24 septembre 2004 portant code des marchés publics »*[53], en supprimant les commissions de passation des marchés existantes, déploie de nouvelles commissions regroupées en quatre catégories :

- Les commissions centrales de passation des marchés (CCPM) placées auprès du ministre chargé des marchés publics ;
- Les commissions ministérielles de passation des marchés (CMPM) placées auprès des chefs des départements ministériels et certaines administrations publiques ;
- Les commissions locales de passation des marchés placées auprès des responsables des services déconcentrés du ministère des marchés publics, classées en deux sous-catégories : les commissions régionales de passation des marchés (CRPM) et les commissions départementales de passation des marchés (CDPM) ;
- Les commissions internes de passation des marchés publics (CIPM) créés auprès des établissements publics et des entreprises du secteur public et parapublic, des collectivités territoriales décentralisées et de certains projets.

Ce décret réaffirme la volonté du pouvoir public d'assurer véritablement la mainmise du ministère des marchés publics sur l'ensemble du système des marchés publics, dès lors qu'il détient la prérogative exclusive de créer les commissions de passation des marchés et d'en nommer les présidents et les secrétaires ; en outre, il est représenté au sein de toutes les commissions par un membre dont la présence est obligatoire pour qu'une séance soit valablement tenue[54].

---

[53] Article 44 du décret N° 2012/074.

[54]Aux termes de l'article 23, alinéa 1 du décret N° 2012/074, *« La commission de passation des marchés ne peut valablement délibérer qu'en présence de son*

D. La reformulation des rôles de l'agence de régulation des marchés publics

Le décret N° 2012/076 du 08 mars 2012 modifiant et complétant les articles 3, 19, 22 et 23 du décret N° 2001/048 du 23 février 2001 portant création, organisation et fonctionnement de l'agence de régulation des marchés publics redéfinit les missions de cet organe de régulation qui peut désormais, dans ses missions de régulation, prendre des sanctions en cas de violation des règles de procédure ou examiner les requêtes à la demande du ministère des marchés publics et y donner suite[55].

S'agissant des ressources de l'agence de régulation des marchés publics, l'article 19 (nouveau) du décret N° 2012/076 lui en accorde trois nouvelles à savoir : les frais d'acquisition des dossiers de consultation, les droits de régulation des marchés publics et les produits des amendes et pénalités relatives aux marchés publics.

A côté de ces modifications substantielles du paysage des marchés publics, la réforme initiée en 2011 et poursuivie par les décrets du 08 mars 2012 apporte d'autres changements majeurs parmi lesquels :

- Le relèvement du montant de la lettre-commande dont le plafond est désormais fixé à cinquante millions (50 000 000) de francs CFA et non plus trente millions (30 000 000) de francs CFA comme par le passé ;
- Le rétrécissement des délais de procédure ;
- Le visa préalable du ministre chargé des marchés publics sur les marchés dont le montant atteint un certain seuil en fonction de la nature des prestations ;
- Le relèvement du seuil de compétence de l'observateur indépendant qui prend part désormais aux séances des commissions de passation des marchés et sessions de sous-commissions d'analyse des offres uniquement pour les projets dont le coût prévisionnel est égal ou supérieur à cinquante millions (50 000 000) de francs CFA et non plus trente millions (30 000 000) de francs CFA comme par le passé. Il faut préciser

---

président, de deux (2) membres au moins, ***dont le représentant du ministère en charge des marchés publics****, et du secrétaire. »*

[55] Article 3, alinéa 1 (nouveau) du décret N° 2012/76.

en outre que, à la faveur de la réforme, son absence n'est plus de nature à invalider systématiquement la séance de la commission ou la session de la sous-commission[56].

§3. Le réaménagement des dispositifs de contrôle des marchés publics

A travers les textes de la réforme, le pouvoir public renforce largement les dispositifs de contrôle des marchés publics, tout en allégeant la prépondérance de certains acteurs du contrôle.

A. Le renforcement des dispositifs de contrôle des marchés publics

Plusieurs mesures issues de la réforme viennent renforcer les dispositifs de contrôle, notamment :

- **L'institution au sein du ministère des marchés publics d'une direction générale de contrôle des marchés publics ainsi que des brigades de contrôle aux niveaux régionaux et départementaux**, chargées du contrôle de la réalisation physique des marchés publics, ainsi que de la détection et de la prévention de la fraude et de la corruption dans les marchés publics[57] ;
- **Le renforcement des pouvoirs de l'agence de régulation des marchés publics** qui peut désormais prendre des mesures de sanction en cas de violation avérée de la réglementation des marchés publics[58] ;
- **L'obligation du visa préalable du ministre des marchés publics**, avant signature, sur les marchés passés par les autres autorités contractantes et dont le montant atteint un certain seuil déterminé en fonction de la nature des prestations[59].

---

[56] V. §3 infra.
[57] Cf. articles 34, alinéa 1, 64, alinéa 1 et 69, alinéa 1 du décret N° 2012/075.
[58] V. §2 (D) supra.
[59] Cf. article 31, alinéa 1 (nouveau), du décret N° 2013/271 du 05 août 2013 modifiant et complétant certaines dispositions du décret n° 2012/074 du 08 mars

B. L'allègement du contrôle *a priori* des marchés publics

En dehors des pouvoirs de sanction désormais reconnus à l'agence de régulation des marchés publics, la réforme allège le contrôle *a priori* des marchés publics dans un double volet essentiellement :

- **La suppression implicite des commissions spécialisées de contrôle des marchés :** Le décret N° 2012/074 du 08 mars 2012 portant création, organisation et fonctionnement des commissions de passation des marchés sonne implicitement le glas des commissions spécialisées de contrôle des marchés jadis placées auprès de l'autorité chargée des marchés publics (Premier ministre) en vue du contrôle *a priori* des procédures de passation des marchés publics. Cette suppression peut toutefois s'expliquer par la nouvelle configuration du système qui accorde désormais au ministère des marchés publics d'immenses marges d'action parmi lesquelles la passation des marchés qui étaient soumis au contrôle des commissions spécialisées de contrôle des marchés ;
- **L'allègement du champ d'action et la suppression de la prépondérance de l'observateur indépendant :** Aux termes de l'article 32 du décret N° 2012/074, l'observateur indépendant assiste aux séances des commissions et sessions des sous-commissions *« pour les marchés dont le montant cumulé des lots est supérieur à cinquante (50) millions de francs CFA… »* Cette disposition réduit ainsi le champ d'action de l'observateur indépendant qui observait jadis les marchés de montant égal ou supérieur à trente (30) millions de francs CFA[60], laissant ainsi une plus grande marge de manœuvre aux autorités contractantes. En outre, la prépondérance reconnue à l'observateur indépendant par le code des marchés publics[61] est supprimée à la faveur de la réforme. Désormais, les commissions des marchés publics et les sous-commissions d'analyse des offres peuvent

---

2012 portant création, organisation et fonctionnement des commissions de passation des marchés publics.

[60] Cf. article 150, alinéa 1 du décret N° 2004/275 du 24 septembre 2004 portant code des marchés publics.

[61] Aux termes de l'article 122, alinéa 1 du code des marchés publics de 2004, *« la commission de passation des marchés ne peut valablement délibérer qu'en présence de son président, de deux (2) membres au moins et du secrétaire.* ***En outre, elle ne peut siéger et délibérer qu'en présence de l'observateur indépendant. »***

siéger hors la présence de l'observateur indépendant, dès lors que le décret N° 2012/074 ne fait plus explicitement de sa présence, une condition exclusive de validation de leurs travaux[62].

La grande réforme du système des marchés publics camerounais ainsi mise en branle depuis 2012 a connu de nombreuses difficultés de mise en œuvre notamment en raison de multiples aléas rencontrés dans son implémentation, dont notamment :

- Le conflit de responsabilités observé entre le ministère des marchés publics et le Premier ministre. En effet, ce dernier demeurait implicitement autorité en charge des marchés publics en vertu de l'article 160 du code des marchés publics en vigueur qu'aucun texte n'avait jusqu'alors abrogé, alors même que le décret 2012/074 du 08 mars 2012 portant création, organisation et fonctionnement des commissions de passation des marchés publics conférait plutôt au ministre délégué à la présidence de la république, chargé des marchés publics l'essentiel des prérogatives de l'autorité en charge des marchés publics, avec le risque, au regard de ses autres prérogatives, de se retrouver juge et partie, notamment dans les situations où il serait appelé en sa qualité d'autorité en charge des marchés publics, à trancher des différends auxquels il est lui-même partie prenante en qualité d'autorité contractante ou de maître d'ouvrage ;
- Les multiples et récurrents conflits de compétence observés entre l'agence de régulation des marchés publics, désormais nantie des pouvoirs de sanction des procédures au même titre que le ministre des marchés publics, et ce dernier contraint de voir certaines des prérogatives qui devraient lui être exclusivement réservées, exercées par ARMP.

Ces multiples aléas justifient sans doute le second revirement institutionnel intervenu en 2018 dans le paysage des marchés publics camerounais.

---

[62] Aux termes de l'article 23, alinéa 1 du décret N° 2012/074, *« la commission de passation des marchés ne peut valablement délibérer qu'en présence de son président, de deux (2) membres au moins,* ***dont le représentant du ministère en charge des marchés publics****, et du secrétaire. »*

SECTION VI
LA REFONDATION DU SYSTEME DES MARCHES PUBLICS DE 2018

Pour mémoire, une révision du code des marchés publics de 2004 fut engagée et pratiquement parachevée en 2009. Mais alors que sa mise en application était vivement attendue, le pouvoir réglementaire lui substituait une réforme des marchés publics à travers les décrets du 08 mars 2012, réforme qui consacrait principalement la résurrection du ministère des marchés publics désormais nanti d'exorbitants pouvoirs en matière de passation et de contrôle de l'exécution des marchés publics[63]. Un peu plus de six ans après, à la faveur du décret N° 2018/366 du 20 juin 2018, le pouvoir réglementaire amorce un nouveau revirement à travers la publication du nouveau code des marchés publics mis en sommeil depuis sa formalisation en 2009. Bien avant la publication de ce nouveau code, le décret N° 2018/355 du 12 juin 2018 sort les entreprises publiques du champ d'application du code des marchés publics pour leur consacrer des règles communes et particulières de passation et d'exécution de leurs marchés publics.

La réforme de 2018 est une fois de plus, tout comme celle de 2011, un avènement majeur du système des marchés publics camerounais. Elle remodèle presque complètement le visage du système, notamment en ce qui concerne les champs d'application, les rôles des différents acteurs du système et les dispositifs de contrôle et de sanctions.

§1. Le réaménagement du champ d'application des règles des marchés publics

Ce réaménagement est matérialisé par la fixation des règles communes applicables aux marchés des entreprises publiques qui sortent désormais du champ d'application du code des marchés publics, et l'élargissement du champ d'application dudit code.

---

[63] V. Section 5 supra.

A. La fixation des règles communes applicables aux marchés des entreprises publiques

Par son décret N° 2018/355 du 12 juin 2018, le pouvoir réglementaire a institué des règles communes applicables aux marchés des entreprises publiques. Désormais, les marchés des entreprises publiques ne relèvent plus du champ d'application du code des marchés publics dont l'article 4, alinéa 3 (d) précise que *« les dispositions du présent code ne sont pas applicables aux marchés passés par les entreprises publiques. »* Ceci est réaffirmé par l'article 119, alinéa 1 de la loi N° 2017/011 du 12 juillet 2017 portant statut général des entreprises publiques d'après lequel *« les entreprises publiques ne sont pas assujetties aux dispositions du code des marchés publics. »*

Ainsi, les entreprises publiques n'obéissent plus désormais au droit commun des marchés publics incarné par le code des marchés publics, mais sont régies par des règles particulières de préparation, de passation et de contrôle de l'exécution de leurs marchés publics.

B. L'élargissement du champ d'application de la réglementation des marchés publics

Le champ d'application de la réglementation des marchés publics est élargi à travers l'introduction de la demande de cotation et de la procédure de recrutement des consultants individuels dans le code des marchés publics et le décret N° 2018/355 du 12 juin 2018 fixant les règles communes applicables aux marchés des entreprises publiques, leur extension à de nouvelles entités et l'introduction de nouveaux concepts dans le système des marchés publics.

1. L'introduction des procédures de demande de cotation et de recrutement des consultants individuels dans le code des marchés publics et le décret N° 2018/355 du 12 juin 2018 fixant les règles communes applicables aux marchés des entreprises publiques

Jadis réglementées par des textes particuliers[64], les procédures de demande de cotation et de recrutement des consultants individuels sont désormais intégrées dans le code des marchés publics (articles 112 et 113 pour la demande de cotation et article 117 pour le recrutement des consultants individuels) ainsi que dans le décret N° 2018/355 du 12 juin 2018 fixant les règles communes applicables aux marchés des entreprises publiques (articles 65 à 69 pour la demande de cotation et articles 70 à 72 pour le recrutement des consultants individuels.)[65]

2. L'extension des règles des marchés publics à de nouvelles entités

Le code des marchés publics s'impose désormais de manière formelle aux personnes de droit privé lorsqu'elles agissent pour le compte de l'Etat et ses démembrements d'une part ou, d'autre part, lorsque les projets concernés bénéficient du concours financier ou de la garantie de l'Etat ou d'une personne de droit public[66]. Il y a lieu de préciser qu'il s'agit de la clarification d'une situation qui prêtait à confusion avec l'ancien code, et entraînait très souvent une mauvaise interprétation. Le nouveau code vient ainsi lever cette équivoque.

Les stipulations du code des marchés publics s'imposent également désormais aux marchés publics passés entre les personnes morales de droit public[67].

---

[64] Arrêtés N° 022/CAB/PM du 22 février 2011 fixant les modalités de recrutement des consultants individuels et N° 023/CAB/PM du 22 février 2011 fixant les modalités d'application de la demande de cotation.

[65] C'est ici une fois de plus l'expression de la volonté du pouvoir réglementaire d'uniformiser toutes les règles des marchés publics autour d'un texte unique pour en faciliter l'implémentation.

[66] Article 3, alinéa 2 (a) et (b) du code des marchés publics.

[67] Article 3, alinéa 2 (c) du code des marchés publics.

3. L'introduction de nouveaux concepts dans le système des marchés publics

La nouvelle réglementation des marchés publics introduit dans le paysage des marchés publics plusieurs concepts nouveaux :

- **Les structures internes de gestion administrative des marchés publics** sont placées auprès des maîtres d'ouvrage et des maîtres d'ouvrage délégués *« pour une assistance dans l'exécution de leurs attributions »*[68]
- **La coordination de commandes** qui permet à un pouvoir adjudicateur de coordonner les achats de ses services qui disposent d'un budget propre. Il est possible d'y recourir aussi bien pour la conclusion d'un marché public que pour la conclusion d'un accord-cadre ;
- **Le groupement de commandes** qui permet désormais aux personnes morales de droit public et/ou de droit privé de se regrouper pour procéder à une consultation unique de mise en concurrence et d'achats ;
- **Les centrales d'achat** qui sont des structures de droit public ou de droit privé soumises aux dispositions du code des marchés publics et qui acquièrent des fournitures ou des services destinés aux autorités contractantes ;
- **Les marchés de conception-réalisation** qui sont, aux termes de l'article 64 du code, des marchés de travaux qui permettent au maître d'ouvrage ou au maître d'ouvrage délégué de confier à un groupement d'opérateurs économiques ou, pour les seuls ouvrages d'infrastructures, à un seul opérateur économique, une mission portant à la fois sur la réalisation des études et l'exécution des travaux ;
- **Les accords-cadres** qui sont des marchés conclus par un ou plusieurs maîtres d'ouvrage ou maîtres d'ouvrage délégués avec un ou plusieurs prestataires ayant pour objet d'établir les règles relatives aux bons de commande à émettre, ou les dispositions régissant les marchés à commandes subséquentes à passer au cours d'une période

[68] Article 8 du code des marchés publics ; article 17 du décret N° 2018/355.

donnée, notamment en ce qui concerne les prix, et le cas échéant, les quantités envisagées[69] ;

- **Les marchés réservés** aux artisans, aux petites et moyennes entreprises nationales, aux organismes communautaires à la base et aux organisations de la société civile (article 70 du code des marchés publics et 30 du décret N° 2018/355) ;
- **Les appels d'offres en deux étapes** lorsque le maître d'ouvrage ou le maître d'ouvrage délégué souhaite baser son choix sur les critères de performance, de contrainte d'exploitation et de coût économique en lieu et place de simples spécifications techniques détaillées et qu'il peut justifier de ne pas être en mesure de définir les moyens permettant de satisfaire ses besoins et/ou d'évaluer les solutions techniques ou financières disponibles (article 81, alinéa 1 du code des marchés publics). Le recours à l'appel d'offres en deux étapes n'est toutefois possible qu'après autorisation préalable du ministre chargé des marchés publics lors des opérations de programmation[70] ;
- Enfin, les marchés de services sont désormais classés en **marchés de services quantifiables***« pour lesquels les services ne font pas nécessairement appel à une conception, et ne se traduisent pas par un résultat physiquement mesurable »*[71], et en **marchés de services non quantifiables** *« pour lesquels les prestations revêtent un caractère principalement intellectuel »*[72].

[69] Articles 65, alinéa 2 du code des marchés publics et 27, alinéa 2 du décret N° 2018/355.

[70] Article 83, alinéa 2 du code des marchés publics.

[71] Article 63, alinéa 1 du code des marchés publics.

[72] Le code des marchés publics place ce paragraphe entre ses articles 63 et 65, sans lui attribuer un article en particulier. Il s'agit là d'une erreur ou d'une omission qu'il convient de corriger (en l'intégrant par exemple dans l'article 63) pour donner au texte l'harmonisation nécessaire pour sa bonne compréhension ; article 26, alinéas 2 et 3 du décret N° 2018/355.

§2. La redistribution des rôles des différents acteurs du système des marchés publics

Tout comme pour la réforme de 2011, la nouvelle réglementation des marchés publics procède à une redistribution des rôles en fonction des secteurs d'activité (passation, contrôle de l'exécution, régulation des marchés publics).

A. La désignation formelle et sans équivoque de l'autorité chargée des marchés publics et la consécration de la toute-puissance du conseil d'administration dans le système des marchés des entreprises publiques

Pour mémoire, un conflit de responsabilité était observé entre le ministre des marchés publics et le Premier ministre quant à savoir lequel des deux exerçait les prérogatives d'autorité en charge des marchés publics, dès lors qu'aucun texte n'avait abrogé l'article 160 de l'ancien code qui confiait au Premier ministre ces prérogatives alors même que paradoxalement, le décret N° 2012/074 du 08 mars 2012 octroyait au ministre des marchés publics une grande partie des prérogatives d'autorité chargée des marchés publics.

L'article 50 du nouveau code des marchés publics consacre désormais clairement et sans équivoque le ministre chargé des marchés publics comme autorité chargée des marchés publics.

Dans le système des marchés des entreprises publiques, le décret N° 2018/355 octroi au conseil d'administration d'exorbitantes prérogatives qui sont assimilées pratiquement à celles de l'autorité des marchés publics dans le système du droit commun des marchés publics.

B. La redéfinition des prérogatives de l'agence de régulation des marchés publics

Le décret N° 2012/076 du 08 mars 2012 conférait à l'agence de régulation des marchés publics le pouvoir de procéder à des actes de sanction des procédures. Cette disposition constituait l'un des motifs des conflits de compétence observés entre l'ARMP et le ministère des marchés publics, le pouvoir de sanction en matière des marchés publics relevant du domaine exclusif de l'autorité en charge des marchés publics. Le nouveau code des marchés publics vient lever cette équivoque en supprimant à l'agence de régulation des marchés publics cette possibilité de sanction.

Par contre, le code des marchés publics charge désormais l'agence de régulation des marchés publics d'agréer les experts dans le domaine des marchés publics, prérogatives jusque-là détenues par le ministre des marchés publics ; dans le même sens, c'est désormais l'agence de régulation des marchés publics qui diligente les recours en matière de marchés publics, à travers le comité chargé de l'examen des recours des soumissionnaires créé auprès d'elle par l'article 49 du code des marchés publics.

C. La suppression des prérogatives d'autorités contractantes au ministre des marchés publics et aux délégués régionaux et départementaux des marchés publics

Le nouveau code des marchés publics enlève la qualité d'autorité contractante au ministre des marchés publics qui ne passe plus que les marchés pour lesquels il est lui-même maître d'Ouvrage, ainsi qu'aux délégués régionaux et départementaux des marchés publics.

D. La réintégration des gouverneurs et des préfets dans leurs prérogatives de maîtres d'ouvrage délégués

L'article 5 (t) du code des marchés publics réintègre les gouverneurs de région et les préfets de département dans leurs prérogatives de maîtres d'ouvrage délégués perdues à l'occasion de la réforme du 08 mars 2012. Ils passent les marchés relevant des crédits délégués au niveau régional pour les gouverneurs, et ceux relevant des crédits délégués au niveau départemental et les marchés des collectivités territoriales décentralisées ne disposant pas de commissions de passation des marchés publics en ce qui concerne les préfets[73].

[73] Article 10 (b) et (c) du code des marchés publics.

E. Le réaménagement des commissions de passation des marchés

La principale innovation de la réforme des marchés publics de 2018 est ici la disparition implicite des commissions centrales de passation des marchés. Aussi, les gouverneurs et les préfets héritent désormais respectivement des commissions régionales et des commissions départementales de passation des marchés publics.

D'importantes modifications sont également observées quant à la composition et au fonctionnement des commissions de passation des marchés :

- La composition de chaque commission de passation des marchés est constatée par décision du maître d'ouvrage ou du maître d'ouvrage délégué selon le cas, et non plus par le ministre chargé des marchés publics ;
- Les présidents des commissions internes de passation des marchés sont librement nommés par le ministre en charge des marchés publics, tandis que ceux des commissions régionales et départementales des marchés publics sont certes nommés par le ministre des marchés publics, mais sur proposition des gouverneurs et des préfets concernés ;
- Les secrétaires des commissions de passation des marchés sont désormais désignés par les maîtres d'ouvrage ou les maîtres d'ouvrage délégués concernés, et parmi le personnel de la structure interne de gestion administrative des marchés exclusivement, en ce qui concerne les maîtres d'ouvrage relevant des départements ministériels et assimilés, des établissements publics et des collectivités territoriales décentralisées[74] ;
- S'agissant des commissions de passation des marchés des entreprises publiques, elles sont constituées d'un président, de

[74] Les articles 12, alinéa 1 et 13, alinéa 1 du code des marchés publics n'imposent pas, en ce qui concerne les commissions régionales et départementales des marchés publics, que les secrétaires soient issus de la structure interne de gestion administrative des marchés publics. Dès lors, il semble que le pouvoir constituant a ainsi laissé l'entière liberté aux gouverneurs et aux préfets de choisir les secrétaires de leurs commissions de passation des marchés qui peuvent même ne pas appartenir à leurs services.

quatre membres et d'un secrétaire tous désignés par le conseil d'administration.

§3. Le réaménagement des dispositifs de contrôle de l'exécution des marchés publics

La réforme du système des marchés publics de 2018 apporte trois principales innovations dans le processus de contrôle des marchés publics : la création des commissions centrales de contrôle des marchés et le renforcement de la prépondérance de l'observateur indépendant dans le système du droit commun des marchés publics, et la suppression de l'observateur indépendant dans le système des marchés des entreprises publiques.

A. L'entrée en jeu des commissions centrales de contrôle des marchés publics

Pour mémoire, l'avènement du ministère des marchés publics avait vu disparaître à la faveur des décrets du 08 mars 2012, les commissions spécialisées de contrôle des marchés publics jadis placées auprès du premier ministre alors autorité chargée des marchés publics.

Le nouveau code des marchés publics vient instituer auprès du ministre chargé des marchés publics cette fois-ci, des commissions centrales de contrôle des marchés publics qui *« sont chargées du contrôle a priori des procédures de passation des marchés publics relevant de leurs compétences initiées par les maîtres d'ouvrage ou les maîtres d'ouvrage délégués. »*[75] Il s'agit des projets qui jadis relevaient des seuils de compétence des défuntes commissions centrales de passation des marchés, et pour lesquels les maîtres d'ouvrage et les maîtres d'ouvrage délégués doivent recueillir l'avis de la commission centrale de contrôle des marchés compétente aux stades de l'examen et adoption du dossier d'appel d'offres, de l'attribution, de l'examen des projets de marchés de gré à gré et de l'examen des projets d'avenants le cas échéant.

---

[75] Article 24, alinéa 1 du code des marchés publics.

B. Le renforcement de la prépondérance de l'observateur indépendant dans le système du droit commun des marchés publics

Le nouveau code des marchés publics renforce la prépondérance de l'observateur indépendant. En effet, désormais, sa présence, lorsqu'il a été régulièrement convoqué, est obligatoire pour que le quorum requis pour que la commission puisse valablement siéger soit atteint, sauf lorsqu'on est en phase d'ouverture des plis où la présence du président et du secrétaire suffit.

En outre, alors que par le passé, le ministre chargé des marchés publics ou l'autorité compétente devaient simplement tenir compte, autant que possible, des recommandations du rapport de l'observateur indépendant dans le processus d'attribution des marchés (article 33, alinéa 3 du décret N° 2012/074 du 08 mars 2012), désormais, *« sur la base des rapports de l'observateur indépendant..., l'autorité chargée des marchés publics peut annuler l'attribution d'un marché effectué en violation de la réglementation ou en marge des règles de transparence et d'équité. »*[76]

C. La suppression de l'observateur indépendant dans le système des marchés des Entreprises publiques

Le décret N° 2018/355 du 12 juin 2018 supprime implicitement le contrôle *a priori* de l'observateur indépendant dans le processus de passation des marchés des entreprises publiques, dès lors qu'aucune mention de cette entité n'est plus portée dans ce texte.

[76] Article 42, alinéa 6 du code des marchés publics.

CHAPITRE III

LES FONDEMENTS DU DROIT DES MARCHES PUBLICS

Le domaine des marchés publics constitue au Cameroun, comme dans la quasi-totalité des autres pays du globe, le moyen par excellence de consommation de la fortune publique. De ce fait, il apparaît comme un déterminant majeur de la mise en application des politiques publiques (section I). Aussi identifiés comme la pierre angulaire du développement, les marchés publics doivent faire l'objet d'un encadrement juridique optimal pour permettre de répondre positivement aux exigences de bonne gouvernance qui conditionnent la quête de développement durable (section II). Enfin, l'une des principales sources de financement des marchés publics dans les pays en développement dont le Cameroun, est constituée des diverses aides au développement dont ils bénéficient régulièrement, en provenance des organismes internationaux de financement. Afin de s'assurer de la bonne utilisation des fonds d'aide ainsi consentis, les bailleurs de fonds assortissent leurs interventions financières d'orientations (sous-forme d'exigences), dans les processus de passation et d'exécution des marchés publics correspondants. Dès lors, ces contraintes des bailleurs de fonds doivent être intégrées de manière formelle dans le système réglementaire des marchés publics (section III).

SECTION I
LA MISE EN APPLICATION DES POLITIQUES PUBLIQUES

La capacité d'atteindre les objectifs de développement économique et social qui est la préoccupation majeure des Etats, et qui détermine en conséquence l'orientation de leurs politiques publiques, dépend essentiellement du bon fonctionnement du système des marchés publics mis en place. C'est pour cela que les Etats se doivent de créer, dans ce domaine, des cadres juridiques et institutionnels adéquats pour garantir les enjeux de développement poursuivis.

Les études ont démontré que les marchés publics absorbent en moyenne 15 % du produit intérieur brut (PIB) de l'Etat. Au Cameroun, l'Etat est le principal acteur du développement économique et social, car c'est lui qui prend en charge la réalisation de la plupart des projets socio-économiques tels notamment la construction des infrastructures sanitaires (centres de santé, hôpitaux, laboratoires sanitaires…), éducatives (écoles, collèges, universités, centres éducatifs…), de transport (routes, aéroports, chemin de fer…), etc. Cette prise en charge se manifeste concrètement par la mise en place des fonds nécessaires pour la réalisation de ces projets d'une part, et l'implémentation effective desdits projets d'autre part. Or, cette implémentation se fait généralement par le biais des marchés publics qui constituent le premier moyen par lequel l'Etat consomme la fortune publique.

Selon l'organisation de coopération et de développement économique (OCDE), la passation des marchés est aujourd'hui, non pas une simple fonction administrative, mais une activité stratégique. *« De ce fait, des directives spécifiques sont indispensables pour garantir que les fonds publics sont affectés aux fins prévues, permettre aux agents publics de s'adapter à un environnement en constante évolution, réduire le risque de corruption à son minimum. »*[77]

En ce sens également, M. Bernard MESSENGUE AVOM constate que, *« de manière générique, la plupart des politiques se déclinent en marchés publics et, à ce titre, mobilisent des moyens financiers*

---

[77] OCDE, 2007, *« L'intégrité dans les marchés publics, les bonnes pratiques de A à Z »*, les Editions de l'OCDE, p.57.

énormes et induisent une implication multisectorielle des décideurs publics et des agents sociaux. »[78]

Ainsi, l'importance des marchés publics ne se mesure pas seulement en termes d'enjeux financiers pour le pouvoir public et les entreprises prestataires, mais surtout, ils constituent un instrument de politique publique.

Les marchés publics constituant ainsi le levier des politiques publiques socio-économiques de l'Etat, il est important que celui-ci dote le système de cadres juridiques et institutionnels bien définis et précis, pour permettre d'atteindre efficacement les objectifs de développement socio-économique poursuivis.

SECTION II
LES EXIGENCES DE BONNE GOUVERNANCE

La ***gouvernance*** est l'ensemble des moyens, processus, institutions et réglementations mis en place par un Etat pour assurer le fonctionnement efficace et efficient des mécanismes de développement et de satisfaction des intérêts de ses populations. La gouvernance peut être *bonne* (lorsque les droits et intérêts de l'Etat et des citoyens sont garantis et respectés) ou *mauvaise* (quand une seule partie, en général l'Etat, tire profit des processus mis en place au détriment de l'autre partie). La bonne gouvernance est le socle de la confiance que les citoyens ont envers le gouvernement qui les administre.

Parmi les maux qui entravent la bonne gouvernance au Cameroun comme dans les autres pays en développement essentiellement, figure en première position la corruption. En effet, l'intensité de la corruption est très élevée, ce qui justifie, comme l'affirme la CONAC, le rang peu glorieux que le Cameroun occupe dans divers classements internationaux. Se référant à l'avant-projet de la loi anticorruption au Cameroun, la CONAC définit la corruption comme des « *actes ou pratiques qui consistent, pour quiconque, fonctionnaire ou non, agent public étranger ou non, à offrir, solliciter, agréer ou recevoir des promesses, dons ou présents, faveurs, avantages, rétributions en espèces ou en nature, pour lui-même ou pour un tiers, pour faire,*

[78] Bernard MESSENGUE AVOM, op. cit., p.356.

s'abstenir de faire ou ajourner un acte de sa fonction. »[79]La CONAC va plus loin, évoquant les conclusions des travaux réalisés par certains organismes et institutions, pour convenir avec le GERDDES-Cameroun que la pratique de la corruption est une situation normale (le principe) au Cameroun et c'est l'honnêteté qui est un délit (l'exception), et, avec le CRETES que *« le degré de corruption dans le secteur public apparaît comme l'obstacle le plus sérieux au développement des entreprises et que cet obstacle devance de loin le problème de financement et même de la fiabilité du système judiciaire. »*[80]

Le domaine des marchés publics, identifié plus haut comme premier moyen par lequel l'Etat consomme la fortune publique, apparaît dès lors corrélativement comme l'un des secteurs dans lesquels la corruption a le plus cours dans l'appareil étatique. En effet, l'intensité de la corruption dans le secteur des marchés publics est, d'après la CONAC, excessivement élevée. *« Selon Transparency International (TI), le domaine des marchés publics est celui qui participe fortement à la dégradation de l'image intérieure et extérieure de notre pays juste derrière la douane et les impôts. Le Doing Business 2010 sur le thème de l'exécution des marchés publics classe le Cameroun à la 174e place sur 183 pays évalués... L'indice de compétitivité du World Economic Forum (WEF) 2008/2009 le situe au 114e rang sur les 134 pays sondés. Au classement 2009/2010 du World Economic Forum's Global Competitiveness Programme mieux connu par son appellation popularisée : le FORUM DE DAVOS, le Cameroun est 111e/137. »*[81]

Denis AKOUWERABOU et Parfait BAKO remarquent que le plus souvent, le processus d'attribution des marchés publics est entaché d'un risque de manipulation des acteurs couramment appelé « corruption ». La corruption consiste ainsi à se détourner de la concurrence et à octroyer le marché à travers des règles non

---

[79] CONAC, 2010, « 1er rapport sur l'état de la lutte contre la corruption au Cameroun », p. 2.

[80] Op. cit., cité par Paul René JOUONANG, 2014, Réforme des marchés publics et performance du système : Cas des nouveaux acteurs de la passation des marchés publics de Maroua, Mémoire rédigé et soutenu en vue de l'obtention du diplôme d'Ingénieur facilitateur de développement (Master professionnel) à l'institut supérieur du Sahel de l'université de Maroua.

[81] CONAC, op. cit., p. 31.

orthodoxes. *« Le phénomène de la corruption s'est tellement développé ces dernières années qu'il est devenu difficile, voire impossible d'obtenir un contrat public sans influencer et fausser le jeu de la compétition. »*[82]

Pour l'OCDE, les contrats avec les administrations publiques donnent lieu à une concurrence féroce qui expose les marchés publics à un grand risque de corruption, dès lors que les achats publics de biens et de services ont un poids financier considérable. D'après les estimations de cet organisme, les marchés publics représenteraient environ 15 % du PIB de ses pays membres, et même plus dans certains pays dont notamment ceux en voie de développement. De ce fait, *« la commande publique peut être synonyme de marchés lucratifs, souvent durables. Dans ces conditions, il n'est pas surprenant que les marchés publics fassent l'objet d'une concurrence acharnée, au niveau local, national ou international. La plupart du temps, cela favorise la prospérité économique, mais les marchés publics peuvent aussi faire le lit de la corruption. »*[83]

D'après Bernard MESSENGUE AVOM, s'il existe un domaine d'intervention des pouvoirs publics qui retient fortement l'attention de l'opinion nationale et internationale au Cameroun, c'est bien celui des marchés publics. Aussi, constate-il, *« ce secteur est le nid des hydres de la corruption et des détournements de deniers publics qui plombent sérieusement toute volonté de développement et hypothèquent sérieusement* (sic) *l'avenir du Cameroun. »*[84]

L'obligation de bonne gouvernance pèse donc sur l'Etat tandis que paradoxalement, la prédominance de la corruption dans le secteur des marchés publics éloigne le pays de cette bonne gouvernance.

Il importe dans ces conditions que le système soit encadré par des règles et des principes directeurs spécifiques, qui garantissent la transparence dans les procédures de passation et d'exécution des marchés publics, et promeuvent l'intégrité des acteurs des marchés

---

[82] Denis B. AKOUWERABOU et Parfait BAKO, « Marchés Publics et Petites et Moyennes Entreprises au Burkina-Faso : Quelle Gouvernance ? » *Rapport d'étude du Fonds de Recherche sur le Climat d'Investissement et l'Environnement des Affaires (FR-CIEA)*, Dakar, Sénégal, septembre 2013.

[83] OCDE, 2007, *Corruption dans les marchés publics, méthodes, acteurs et contre-mesures*, Editions OCDE, P. 9, cité par Paul René JOUONANG, op. cit.

[84] Bernard MESSENGUE AVOM, op. cit., p. 33.

publics, qui sont autant de facteurs qui garantissent la bonne gouvernance de l'Etat.

C'est fort de cette nécessité impérieuse que le législateur camerounais, à la suite de la publication du nouveau code des marchés publics, a voté la loi N° 2018/011 promulguée par le président de la République le 11 juillet 2018 et portant code de transparence et de bonne gouvernance dans la gestion des finances publiques au Cameroun. Ce texte, aux termes de son article 1, alinéa 2, *« a pour objet de définir les principes et les règles que l'Etat doit respecter dans sa législation et dans ses pratiques, aussi bien en matière de gestion des fonds publics, qu'en ce qui concerne les financements octroyés par les institutions internationales ou les Etats étrangers. »*

Les marchés publics sont formellement intégrés dans ce code de transparence et de bonne gouvernance à travers :

- **La légalité de la publicité des opérations financières publiques :** Aux termes de l'article 3, alinéa 1 de la loi, aucune dépense publique ne peut être engagée et payée si, d'une part, elle n'est préalablement définie dans un texte, législatif ou réglementaire régulièrement publié et, d'autre part, autorisée par une loi de finances ; l'article4précise particulièrement que la réglementation applicable aux marchés publics et délégations des services publics est conforme à la présente loi, ainsi qu'aux principes, règles et pratiques internationalement reconnus ; l'article 6, alinéa 1 quant à lui confirme le principe de la publicité de la passation et de l'exécution des contrats passés entre l'administration et les entreprises publiques ou privées.
- **L'intégrité des acteurs :** L'article 53 de la loi prévoit des sanctions à l'encontre de tous ceux qui, élus ou hauts fonctionnaires, ont géré irrégulièrement les deniers publics ; Aux termes de l'article 56, l'Etat garantit les administrations financières, fiscales et douanières contre toute forme d'influence.

SECTION III
LES CONTRAINTES DES BAILLEURS DE FONDS

L'une des principales sources de financement des projets d'infrastructures découle des multiples aides, prêts et dons des bailleurs de fonds et autres organismes financiers multilatéraux. Au départ, face à l'absence d'une réglementation nationale des marchés publics fiable et adaptée des pays bénéficiaires de l'aide, la plupart des bailleurs de fonds substituaient leurs propres règles à celles des pays pour les appels à concurrence liés aux projets qu'ils finançaient. Les bénéficiaires devaient ainsi s'obliger à respecter des règles qui, très souvent, leur étaient étrangères et surtout, inadaptées à leurs contextes socio-économiques et politiques. Bien plus, chaque bailleur ayant ses contraintes propres parfois en contradiction avec celles des autres bailleurs, les pays bénéficiaires, ainsi placés au centre d'un foisonnement de règles multiformes, à côté de leurs propres réglementations nationales, avaient du mal à implémenter positivement les projets de développement. En effet, *« l'obligation d'appliquer des réglementations extérieures est une source évidente de complexité dans la mise en œuvre des projets et marchés à base de financements extérieurs. Cela est d'autant plus vrai que chacun des bailleurs a ses propres règlements et ses propres exigences. »*[85]

Sous la pression de la mondialisation, et dans l'optique d'harmoniser les règles de passation des marchés publics qu'ils financent tout en prenant en compte les spécificités propres à chaque pays bénéficiaire, les bailleurs de fonds tendent aujourd'hui, plutôt que d'imposer des règles généralement inadaptées, de faire intégrer leurs exigences dans les cadres juridiques nationaux déjà existants des bénéficiaires, tout en les améliorant au besoin. Cette évolution s'est d'abord amorcée à travers plusieurs rencontres internationales, tant aux niveaux régionaux que continentaux et mondial, pour être parachevée à travers les directives et autres guides édictées par les institutions de financement à l'attention des pays candidats à l'aide.

[85] Jacques BIAKAN, op. cit., p.22.

Ainsi, aujourd'hui, le Cameroun, comme tous les autres pays en développement qui tirent l'essentiel des financements de leurs projets de développement des aides multilatérales, a l'obligation de prendre en compte les exigences des bailleurs de fonds lors de la mise en place (à travers les réformes) de son cadre réglementaire du système des marchés publics.

Ces exigences des bailleurs de fonds constituent du reste l'une des principales sources du droit des marchés publics.

CHAPITRE IV

LES SOURCES DU DROIT DES MARCHES PUBLICS CAMEROUNAIS

Les règles du droit des marchés publics au Cameroun sont d'origines diverses qui peuvent cependant être classées en deux catégories principales : les sources d'origine internationale (section I) et les sources d'origine nationale (section II).

SECTION I
LES SOURCES INTERNATIONALES DU DROIT DES MARCHES PUBLICS

Les sources internationales du droit des marchés publics camerounais sont constituées essentiellement des accords et conventions internationaux d'une part et, d'autre part, des diverses directives des institutions financières et autres bailleurs de fonds internationaux.

§1. Les accords et conventions internationaux

Deux textes de portée internationale ont inspiré le pouvoir public camerounais en matière d'implémentation des règles de gestion des marchés publics : l'accord de l'organisation mondiale du commerce (OMC) sur les marchés publics et la loi-type de la commission des nations unies pour le droit commercial international (CNUDCI) sur la passation des marchés publics.

A. L'accord de l'OMC sur les marchés publics (AMP)

L'accord sur les marchés publics a été signé à Marrakech le 15 avril 1994, en même temps que l'accord instituant l'OMC. Il est entré en vigueur le 1er janvier 1996. Ratifié au Cameroun par le décret N°

95/194 du 26 septembre 1995, il a fait l'objet d'une renégociation qui a commencé en 2007 pour s'achever en décembre 2011. Le résultat des négociations a été formellement adopté en mars 2012. L'accord révisé est entré en vigueur depuis le 6 avril 2014.

L'accord sur les marchés publics énonce trois principes généraux à savoir, la non-discrimination, la transparence et l'équité des procédures des marchés publics, qui sont érigés en principes de base par la réglementation camerounaise des marchés publics[86]. En outre, L'accord sur les marchés publics révisé de mars 2012 favorise particulièrement la bonne gouvernance des parties-membres, en exigeant que celles-ci mènent leurs activités de passation des marchés de manière à éviter les conflits d'intérêts et à empêcher les pratiques frauduleuses[87].

B. la loi-type de la CNUDCI sur la passation des marchés publics

En 1994, la CNUDCI a mis au point une loi-type sur la passation des marchés de biens, de travaux et de services ainsi qu'un guide pour son incorporation dans le but d'aider les pays qui ont entrepris de réformer leur système de passation des marchés publics afin d'orienter davantage leur économie vers le marché, ou qui envisagent d'adopter une législation des marchés ou de mettre à jour leur législation en la matière afin d'aplanir les obstacles au commerce international. Estimant que de nouvelles questions et de nouvelles pratiques sont apparues depuis son adoption, la CNUDCI a procédé à la révision de ce texte en juillet 2011et a voté à la suite, le 9 décembre 2011, la résolution N° 66/95 recommandant notamment *« à tous les États d'utiliser la loi-type* (sur la passation des marchés publics) *lorsqu'ils évalueront leur régime juridique relatif à la passation de marchés publics et de s'en inspirer de préférence lorsqu'ils promulgueront ou réviseront leur législation en la matière. »*[88]

---

[86] V. chapitre 5, Les principes de base des marchés publics, infra.

[87] La promotion de la bonne gouvernance a été identifiée au chapitre précédent comme l'un des fondements du droit des marchés publics camerounais (v. Section I du Chapitre 3 : Les fondements du droit des marchés publics camerounais).

[88] Résolution 66/95 (3) de la 82e séance plénière de l'assemblée générale de la CNUDCI du 9 décembre 2011.

La loi-type de la CNUDCI sur la passation des marchés publics énonce dans son préambule qu'il est souhaitable de réglementer la passation des marchés afin de promouvoir six objectifs spécifiques à savoir :

- Aboutir à un maximum d'économie et d'efficacité dans la passation des marchés ;
- Favoriser et encourager la participation des fournisseurs et entrepreneurs aux procédures de passation des marchés sans distinction de nationalité, et promouvoir ainsi le commerce international ;
- Promouvoir la concurrence entre fournisseurs et entrepreneurs pour la fourniture de l'objet du marché ;
- Garantir le traitement juste, égal et équitable de tous les fournisseurs et entrepreneurs ;
- Promouvoir l'intégrité et l'équité du processus de passation des marchés et la confiance du public dans ce processus ;
- Assurer la transparence des procédures de passation des marchés.

Au Cameroun, les principales réformes du système des marchés publics sont pour l'essentiel le reflet de ces recommandations.

§2. Les rencontres et forum de concertation et les directives et recommandations des bailleurs de fonds

Du fait qu'une grande part des marchés publics est financée par les organismes internationaux d'aide au développement, des conférences et des forums de concertation sont régulièrement organisés entre les bailleurs de fonds et les bénéficiaires des aides en vue de fixer en commun les bases de leur coopération. Par ailleurs, les principaux bailleurs de fonds conditionnent leurs financements au respect par les bénéficiaires des aides, de certaines exigences procédurales et pratiques pendant l'implémentation des projets de développement faisant l'objet de financement. Ces exigences sont en général contenues dans diverses directives et recommandations pour la passation des marchés publics.

A. Les rencontres et forums de concertation

Plusieurs rencontres de concertation réunissent régulièrement les bailleurs de fonds et les bénéficiaires de l'aide au développement en vue de fixer les cadres pratiques d'octroi et de consommation des aides. En rapport avec les marchés publics, quelques-unes de ces rencontres significatives peuvent être ainsi recensées, sans que la liste soit exhaustive :

- **La conférence d'Abidjan de 1998**

Lors de cette conférence organisée à Abidjan par les principaux bailleurs de fonds et les pays en développement d'Afrique, ces derniers se sont engagés à intégrer dans leur législation en matière des marchés publics, les règles internationales, particulièrement celles des institutions des Nations unies et des banques multilatérales de développement.

- **La conférence de Johannesburg de 2004**

Elle a permis aux pays en développement et aux donneurs d'aides de prendre la résolution de mettre sur pied un programme d'action tendant à améliorer et favoriser les bonnes pratiques en matière de marchés publics, avec un accent particulier sur la nécessité de réformer les règles nationales existant en y intégrant les préoccupations des donneurs.

- **La conférence de Paris de 2005 sur l'efficacité de l'aide au développement**

Au cours de cette conférence qui s'est soldée par la déclaration de Paris, tandis que *« les pays partenaires s'engagent à prendre en main le processus de réforme de la passation des marchés »*[89],les donneurs s'engagent quant à eux *« à recourir de plus en plus aux systèmes des pays partenaires pour la passation des marchés lorsque des normes et procédures convenues d'un commun accord sont appliquées, ou d'adopter des approches harmonisées lorsque les systèmes nationaux ne répondent pas aux normes de performance convenues d'un commun accord ou lorsque les donneurs ne les utilisent pas. »*[90]

[89] Directive N° 29 de la déclaration de Paris sur l'efficacité de l'aide au développement (2005).

[90] Directive N° 30 de la déclaration de Paris sur l'efficacité de l'aide au développement (2005).

- **Le programme d'action d'Accra (2008)**[91]

A la suite de la déclaration de Paris sur l'efficacité de l'aide, et dans le but d'accélérer et d'amplifier la mise en œuvre de ladite déclaration, le 3e forum de haut niveau sur l'efficacité de l'aide au développement s'est tenu à Accra en 2008. Au cours de ce forum qui réunissait les ministres des pays en développement et ceux des pays donneurs chargés de la promotion du développement, ainsi que les responsables des organismes bilatéraux et multilatéraux d'aide au développement, il a été mis sur pied un programme d'action à travers lequel les donneurs acceptent dans la déclaration N° 15, de recourir aux systèmes nationaux de passation des marchés publics comme la solution de première intention pour les programmes d'aide à l'appui d'activités gérées par le secteur public.

B. Les directives et recommandations

Il a été exposé plus haut que les bailleurs de fonds tendent aujourd'hui, plutôt que d'imposer des règles généralement inadaptées, de faire intégrer leurs exigences en termes de conditionnalité des aides, dans les cadres juridiques nationaux déjà existants des bénéficiaires[92]. La formule la plus répandue pour ce faire consiste aujourd'hui à mettre à la disposition des pays bénéficiaires des aides, un ensemble de directives dont ils devront s'inspirer pour opérer les réformes nécessaires de leurs systèmes des marchés publics tout en y intégrant les principales exigences des bailleurs de fonds. Dans cette catégorie, on peut recenser :

---

[91] Le programme d'action d'Accra fait suite à l'échec des engagements pris par les différentes parties à la conférence de Paris. En effet, la déclaration d'Accra N° 15 dispose que : *« Dans la déclaration de Paris, les pays en développement ont pris l'engagement de renforcer leurs systèmes et les donneurs ont accepté d'utiliser ces systèmes dans toute la mesure du possible. Les données dont on dispose montrent toutefois que ni les uns, ni les autres ne sont sur la bonne voie pour tenir ces engagements. Les avancées réalisées dans l'amélioration de la qualité des systèmes nationaux sont très variables selon les pays et même lorsqu'il existe des systèmes nationaux de bonne qualité, il est fréquent que les donneurs ne les utilisent pas. »*

[92] V. Chapitre III, Section 3 ci-dessus.

- **Les directives pour la passation des marchés financés par l'agence française de développement (AFD) dans les Etats étrangers**

Elles disposent notamment s'agissant des marchés publics, que *« le bénéficiaire a l'entière responsabilité de la mise en œuvre des projets financés par l'AFD en conformité avec le droit qui lui est applicable, en ce qui concerne tous les aspects du processus de passation des marchés (rédaction des dossiers de consultation, attribution des marchés et exécution des marchés). L'AFD s'assurera uniquement que les conditions à la mise à disposition par l'AFD du financement sont bien remplies. »*[93]

- **Les directives pour la passation des marchés de fournitures, de travaux et de services (autres que les services de consultants) par les emprunteurs de la banque mondiale dans le cadre des prêts de la BIRD et des crédits et dons de l'AID**

Elles reconnaissent entre autres que *« l'emprunteur est responsable de l'exécution du projet et, par voie de conséquence, de l'attribution et du suivi de l'exécution des marchés au titre du projet »*. La banque, quant à elle, est tenue par ses statuts de veiller à ce que *« le produit d'un prêt soit consacré exclusivement aux objets pour lesquels il a été accordé, compte dûment tenu des considérations d'économie et de rendement et sans laisser intervenir des influences ou considérations politiques ou extra-économiques. »*[94]

- **La recommandation du conseil de l'OCDE sur les marchés publics**

L'organisation de coopération et de développement économique est un organisme qui œuvre entre autres pour la promotion de la bonne gouvernance. A ce titre, elle dispose en son sein d'un Comité de la

[93] Le paragraphe 1.2.2 des directives pour la passation des marchés financés par l'AFD dans les Etats étrangers, dans leur version mise à jour en avril 2015, reconnaît au bénéficiaire d'aide, l'entière responsabilité de la mise en œuvre des projets *« en conformité avec le droit qui lui est applicable, en ce qui concerne tous les aspects du processus de passation des marchés. »*

[94] Directives pour la passation des marchés de fournitures, de travaux et de services (autres que les services de consultants) par les emprunteurs de la banque mondiale dans le cadre des prêts de la BIRD et des crédits et dons de l'AID, paragraphe 1.2, considérations générales, p.2.

gouvernance publique dont le mandat consiste à aider les membres et les non-membres à établir et renforcer leur capacité de concevoir, de mettre en œuvre et d'évaluer des politiques, institutions et services publics évolutifs, novateurs, anticipatifs et axés sur les citoyens. Les travaux du comité visent notamment, à travers sa direction de la gouvernance publique et du développement territorial (GOV), à aider les pays à renforcer leur capacité de gouverner en améliorant les systèmes d'élaboration des politiques et la qualité des institutions publiques. Ses travaux aident les pays à bâtir de meilleurs systèmes de gouvernance et à mettre en œuvre des politiques à tous les niveaux de l'administration pour étayer une croissance durable et inclusive et renforcer la confiance des citoyens à l'égard des pouvoirs publics.

Ainsi, reconnaissant la place prépondérante des marchés publics dans la gouvernance stratégique des pouvoirs publics en raison du volume important que représentent les dépenses liées aux marchés publics, et estimant qu'un système de passation des marchés publics judicieusement conçu contribue davantage à la réalisation des objectifs de l'action publique, l'OCDE a publié une recommandation sur les marchés publics pour promouvoir une utilisation globale et stratégique de ceux-ci. Instrument de référence pour moderniser les systèmes de passation des marchés publics, ce document porte sur l'ensemble du cycle de passation des marchés publics, et constitue une source importante du droit des marchés publics.

SECTION II
LES SOURCES NATIONALES DU DROIT DES MARCHES PUBLICS

Si la jurisprudence et la doctrine concourent généralement à l'implémentation du droit dans les autres domaines divers, dans le secteur des marchés publics au Cameroun, l'analyse aussi bien des décisions de la chambre administrative de la cour suprême et des tribunaux administratifs, que des écrits des divers auteurs dans ce domaine ne permet pas actuellement d'en faire des sources absolues d'interprétation et de formulation du droit des marchés publics camerounais. Dès lors, les principales sources nationales du droit des marchés publics au Cameroun sont : la constitution, la loi et le règlement.

§1. La Constitution

C'est la source première du droit. Bien que la Constitution du Cameroun du 18 janvier 1996 ne vise pas expressément les marchés publics, son préambule a cependant mis en place plusieurs principes fondamentaux qui doivent être respectés lors de la mise en place des autres textes de portée inférieure, notamment la loi et le règlement. Un de ces principes engage le domaine des marchés publics : l'égalité de tous en droit et en devoirs.

C'est un principe d'ordre public qui a toujours été proclamé dans toutes les constitutions camerounaises depuis l'indépendance. La constitution garantit par ce principe que toute personne doit bénéficier des mêmes traitements sans discrimination. Le principe de l'égalité de tous en droits et en devoirs est un élément fondamental dans la réglementation des marchés publics qui implique entre autres que *« l'administration ne peut s'écarter du principe et dans le cas particulier des marchés publics, elle ne peut imposer des critères juridiques ou économiques qui mettent en échec ce principe ou favoriser une personne au détriment d'une autre. »*[95]

§2. La loi

Plusieurs textes législatifs et réglementaires relevant des divers domaines du droit sont mis en application dans le cadre du droit des marchés publics.

A. Les textes de droit civil

De nombreux articles du Code civil sont appliqués en matière de marchés publics. En effet, le juge du contentieux des marchés publics a recours à certaines règles de droit civil pour trancher les litiges liés

---

[95] Mohamed Abdelmouhcine HANINE, La procédure de passation des marchés publics au Maroc : Etude analytique et réflexions à la lumière du code français des marchés publics (et des directives européennes) et des directives de la banque mondiale ; *mémoire de master en administration publique de l'ENA*, Paris, 2008, p.18.

aux marchés publics. Ainsi, sans que la liste soit limitative, les dispositions suivantes peuvent être évoquées :

- **L'article 1108** fixe quatre conditions essentielles pour la validité des conventions à savoir : le consentement, la capacité, l'objet certain et la cause licite. Ces conditions doivent être réunies pour qu'un contrat de marché public soit valide ;
- **Les articles 1146 à 1154** traitent des dommages et intérêts résultant de l'inexécution des conventions, qui sont applicables tant à l'acheteur public qu'au cocontractant de l'administration dans le domaine des marchés publics ;
- **Les articles 1787 à 1789** sur les devis et les marchés évoquent la responsabilité de l'entrepreneur et de l'ingénieur lors de la construction des ouvrages, la responsabilité de l'entrepreneur vis-à-vis de ses ouvriers et les conditions de réception des ouvrages qui sont fortement impliquées dans les marchés publics.

B. Les textes de droit social et environnemental

Les rapports de travail entre employeurs et employés sont organisés au Cameroun autour de la loi N° 92/007 du 14 août 1992 portant code du travail. Les contrats de marchés publics signés entre l'Etat et les cocontractants de l'administration s'exécutent généralement par le biais des personnels employés de ces derniers, et prennent en considération les obligations énoncées par le Code du travail, notamment en ce qui concerne les salaires et les conditions de travail. C'est dans ce sens que l'article 57, alinéa 1 du code des marchés dispose que : *« Les conditions d'exécution des marchés publics doivent intégrer les considérations sociales, économiques et environnementales, susceptibles de promouvoir la main-d'œuvre locale, le travail décent et le cas échéant, d'atteindre les objectifs de développement durable. »*

Pour ce faire, le code impose l'intégration dans le processus de passation et d'exécution des marchés publics, des normes de protection environnementale, l'introduction dans le marché, des clauses imposant le respect des normes du travail ratifiées par le Cameroun, l'instauration d'un système approprié d'inspection pendant l'exécution du marché pour vérifier le respect des conditions de travail, la protection des monuments, sites culturels et valeurs sociales et enfin, le privilège doit être accordé à l'utilisation de la main-d'œuvre HIMO chaque fois que cela est possible.

C. Les textes de droit fiscal

Bien que la nouvelle réglementation des marchés publics ne soumette plus par une disposition particulière les marchés publics au régime fiscal et douanier comme c'était le cas dans l'ancien code[96], la fiscalité demeure au cœur des marchés publics et en constitue un élément de concours essentiel. En effet, le code général des impôts (CGI) tel que régulièrement modifié par les différentes lois de finances, réglemente le secteur des marchés publics à travers plusieurs de ses dispositions, notamment les articles 114 à 116 qui traitent de manière spécifique du régime fiscal des marchés publics.

D. Les textes de droit pénal

Identifié comme un domaine des activités publiques dans lequel sévissent nombre de mauvaises pratiques, le système des marchés publics est au centre de nombreuses infractions pénales qui requièrent l'intervention du juge pénal. Le Code pénal du Cameroun issu de la loi N° 2016/007 du 12 juillet 2016 réprime les actes posés dans le cadre des marchés publics et identifiés comme des entraves à la loi pénale. C'est le cas de la corruption active (article 134), la corruption passive (article 134-1), l'intérêt dans un acte (article 135), le délit d'initié (article 135-1), le favoritisme (article 143), la contrainte de fonctionnaire (article 160), le trafic d'influence (article 161), le détournement de biens publics (article 184)…

---

[96]L'article 7, alinéa 3 de l'ancien code des marchés publics disposait en effet expressément que *« les marchés publics sont soumis au régime fiscal et douanier en vigueur au Cameroun. »* Le nouveau code des marchés publics ne fait plus aucune mention des dispositions fiscales en matière de marchés publics.

§3. Les règlements

L'essentiel de la réglementation des marchés publics camerounais est d'origine réglementaire. A la suite de la publication du nouveau code des marchés publics qui abroge entièrement les décrets N° 2012/074 du 08 mars 2012 portant création, organisation et fonctionnement des commissions de passation des marchés publics et N° 2013/271 du 05 août 2013 modifiant et complétant ce dernier, les principaux textes réglementaires en matière des marchés publics au Cameroun sont désormais :

A. Le code des marchés publics et le décret N° 2018/355 du 12 juin 2018

Le décret N° 2018/366 du 20 juin 2018 portant code des marchés publics et le décret N° 2018/355 du 12 juin 2018 fixant les règles communes applicables aux marchés des entreprises publiques sont les principaux textes de référence des marchés publics au Cameroun. C'est dans ces documents que sont regroupées les principales règles de passation et d'exécution des marchés publics ; ces décrets identifient les types de marchés et les formes de consultation ainsi que les acteurs du système dont ils définissent les rôles respectifs. Ils constituent l'ossature des marchés publics camerounais. En attendant leurs textes d'application et de mise en œuvre, d'autres textes réglementaires déjà existants viennent compléter ces textes de base et éclairer sur leur application :

B. Les autres textes réglementaires

- Le décret N° 2001/048 du 23 février 2001 portant création, organisation et fonctionnement de l'agence de régulation des marchés publics, modifié par le décret N° 2012/076 du 08 mars 2012 ;
- Le décret N° 2012/075 portant organisation du ministère des marchés publics, seulement dans ses dispositions non contraires au code des marchés publics ;

- Le décret N° 2005/5155/PM du 30 novembre 2005 fixant les modalités de fonctionnement du compte d'affectation spéciale pour la régulation des marchés publics.
- L'arrêté N° 093/CAB/PM du 05 novembre 2002 fixant les montants de la caution de soumission et les frais d'acquisition de Dossier d'Appel d'Offres.
- L'arrêté N° 033/CAB/PM du 13 février 2007 mettant en vigueur les cahiers des clauses administratives générales (CCAG) applicables aux marchés publics.
- La circulaire N° 003/CAB/PM du 18 avril 2008 relative au respect des règles régissant la passation, l'exécution et le contrôle des marchés publics.
- La circulaire N° 002/CAB/PM du 31 janvier 2011 relative à l'amélioration de la performance du système des marchés publics.

CHAPITRE V

LES PRINCIPES FONDAMENTAUX DES MARCHES PUBLICS CAMEROUNAIS

Les articles 2 du code des marchés publics et du décret N° 2018/355 du 12 juin 2018 fixant les règles communes applicables aux marchés des entreprises publiques énoncent les principes fondamentaux que doivent respecter les administrations publiques lors des opérations de passation et d'exécution des marchés publics. La combinaison de ces textes fait ainsi transparaître sept principes. Acôté des trois principes consacrés par l'ancien code des marchés publics à savoir : les principes de liberté d'accès à la commande publique (section I), le principe d'égalité de traitement des candidats (section II) et le principe de transparence des procédures (section III), le code des marchés publics du 20 juin 2018 introduit deux autres principes : le principe d'efficience (section IV) et le principe d'intégrité (section V), tandis que le décret N° 2018/355 du 12 juin 2018 y ajoute pour les entreprises publiques, le principe de concurrence (section VI) et le principe de juste prix (section VII).

Seul, le respect de ces principes permet d'assurer l'efficacité de la commande publique et la bonne utilisation des deniers publics.

SECTION I
LE PRINCIPE DE LIBERTE D'ACCES A LA COMMANDE PUBLIQUE

Le principe de liberté d'accès à la commande publique tire son fondement du principe de la liberté de commerce consacré par la loi N° 90/031 du 10 août 1990 régissant l'activité commerciale au Cameroun. Il signifie que toute entreprise intéressée par un dossier de consultation publique peut se porter candidate à l'attribution du marché. L'accès à la commande publique doit être libre et impartial. L'autorité contractante ne doit pas mettre les potentiels candidats dans une posture de non-concurrence. *« Dès lors, elle ne peut écarter des candidats en se fondant sur d'autres conditions que celles autorisées par le code ; le principe prohibe l'exclusion des candidats qui rempliraient les conditions exigées par la réglementation. »*[97] A cet effet, et dans le but d'empêcher les discriminations auxquelles pourraient se livrer les autorités contractantes à l'occasion d'un appel public à concurrence, le code des marchés publics et le décret N° 2018/355 du 12 juin 2018 établissent une liste de documents et de renseignements que doit impérativement produire tout soumissionnaire dans son offre.

Pour les marchés relevant du code des marchés publics, ces documents sont, Aux termes de l'article 90, alinéa 1 dudit code :

- Les documents fournissant des renseignements sur son identification, sa localisation et la preuve qu'il est en activité ;
- La copie de l'acte donnant pouvoir d'engager la société ;
- L'attestation de non-faillite délivrée par une autorité compétente ;
- L'attestation délivrée par l'organisme chargé de la régulation des marchés publics, certifiant que le soumissionnaire n'est pas frappé d'aucune interdiction ou déchéance prévue par la législation en vigueur ;
- Le cautionnement de soumission dont les modalités de constitution et de montant sont précisées dans le dossier d'appel d'offres, en conformité avec la réglementation en vigueur, le cas échéant ;
- Le quitus des autorités compétentes pour l'acquittement des impôts, taxes, droits, contributions, cotisations, redevance ou prélèvement de quelque nature que ce soit ;
- Le quitus social délivré par l'administration chargée de la prévoyance sociale ;
- Le certificat de catégorisation, le cas échéant.

Quant aux marchés des entreprises publiques, l'article 42 du décret 2018/355 du 12 juin 2018 dispose que tout soumissionnaire est tenu de produire dans son offre :

- Les documents fournissant des renseignements utiles, et dont la nature est précisée dans le dossier d'appel d'offres ;
- L'attestation de non-faillite ;

---

[97] Bernard MESSENGUE AVOM, op. cit., p. 75.

- Le quitus des autorités compétentes pour l'acquittement des impôts, taxes, droits, contributions, cotisations, redevances ou prélèvements de quelque nature que ce soit ;
- Une attestation certifiant que le soumissionnaire n'est frappé d'aucune interdiction ou déchéance prévue par la législation en vigueur ;
- La caution de soumission dont les modalités et de montant sont précisées dans le dossier d'appel d'offres, en conformité avec le taux en vigueur ;
- L'attestation de catégorisation, le cas échéant.

Ainsi, en marge de ces documents dont la liste est clairement limitative, il ne devrait être exigé des soumissionnaires aucun document supplémentaire dont la non-production conduirait à leur élimination.

Concrètement, le principe de la liberté d'accès à la commande publique suppose de procéder à une large publicité de l'appel à concurrence de manière à recevoir le maximum d'offres, et à rédiger les termes de référence avec objectivité pour ne pas écarter certains soumissionnaires.

En somme, ce principe prohibe certaines pratiques qui consistent notamment à commander systématiquement chez un fournisseur attitré, limiter les consultations aux soumissionnaires locaux lorsque l'objet du marché ne l'impose pas, ou encore à choisir des critères discriminatoires de sélection des offres.

Quoique sous quelques réserves, la liberté d'accès à la commande publique interdit ainsi toute forme de discrimination lors du processus de passation des marchés publics.

§1. L'interdiction de toute discrimination

L'interdiction de toute discrimination se manifeste à travers plusieurs prohibitions à savoir :

- Les critères de choix des offres retenus ne doivent pas être de nature à écarter volontairement ou arbitrairement des candidats ;
- Les spécifications techniques contenues dans le dossier de consultation ne doivent pas être discriminatoires. Ainsi, est prohibée la mention d'un nom de marque, car elle est

discriminatoire et élimine d'office les autres marques. Toutefois, il est possible, à titre exceptionnel et uniquement lorsqu'une description autre du produit faisant l'objet du marché n'est point possible, d'indiquer un nom de marque avec la mention ***« ou équivalent »*** ;

- Quels que soient leur taille et leur statut, les entreprises doivent pouvoir accéder librement aux commandes publiques, sous-réserve qu'elles ne se trouvent pas dans une situation d'exclusion des marchés publics et qu'elles remplissent les conditions d'accès à la commande publique ;
- Si une candidature peut être rejetée au motif que le dossier est incomplet, aucune offre ne saurait être rejetée au motif que, tout en étant complet, le dossier contiendrait un document surabondant.

L'interdiction de toute forme de discrimination que consacre ainsi le principe d'égalité d'accès à la commande publique connaît néanmoins quelques dérogations et atténuations.

§2. La dérogation et l'atténuation du principe de la liberté d'accès à la commande publique

Le principe de liberté d'accès à la commande publique connaît une dérogation lorsqu'un candidat est exclu des marchés publics, et une atténuation lorsque la commande publique est limitée à un nombre précis de candidats.

A. La dérogation au principe de la liberté d'accès à la commande publique : l'exclusion de certains candidats à la soumission

Le code des marchés publics et le décret N° 2018/355 du 12 juin 2018 énoncent deux cas d'exclusion de certains candidats de la commande publique ; l'exclusion peut être de droit ou de fait.

1. L'exclusion de droit de la commande publique

Le principe de l'exclusion de droit à la commande publique est posé par les articles 51, alinéa 2 du code des marchés publics et 33, alinéa 2 du décret N° 2018/355 du 12 juin 2018 fixant les règles communes applicables aux marchés des entreprises publiques. D'après ces textes, ne peuvent postuler à la commande publique, les candidats :

- En état de liquidation judiciaire ou en faillite ;
- Frappés de l'une des interdictions ou déchéances prévues par les lois et règlements en vigueur, aussi bien au plan national qu'international ;
- Qui n'ont pas souscrit les déclarations prévues par les lois et règlements en vigueur.

2. L'exclusion de fait de la commande publique

L'exclusion de fait de la commande publique découle du comportement défaillant ou fautif soit d'un cocontractant d'une administration ou d'une entreprise publique à l'occasion de l'exécution d'une commande publique, soit d'un candidat à la commande publique en phase d'attribution du marché.

- **L'exclusion de fait d'un cocontractant de la commande publique pour défaillance lors de l'exécution du marché**

Aux termes de l'article 191, alinéa 2 (b) du code des marchés publics, le cocontractant de l'administration qui a failli à ses obligations contractuelles peut, sur décision de l'autorité chargée des marchés publics et après consultation, le cas échéant, de l'organisme chargé de la régulation des marchés publics, être exclu de la commande publique pour une durée déterminée en fonction de la gravité de la faute commise. Cette exclusion ne peut toutefois pas dépasser deux (02) ans, mais peut aussi être transformée en exclusion définitive en cas de renouvellement des atteintes à la réglementation par la même personne.

- **L'exclusion de fait d'un candidat à la commande publique ou d'un cocontractant de l'administration pour faute**

Cette exclusion, entendue comme une mesure conservatoire, est en premier lieu prévue par l'article 193 du code des marchés publics qui dispose que *« l'autorité chargée des marchés publics peut (...) prendre une décision d'interdiction de soumissionner pendant une période n'excédant pas deux (02) ans, à l'encontre de tout soumissionnaire ou cocontractant de l'administration pour trafic d'influence, de conflits d'intérêts, de délits d'initiés, de complicité, de fraude, de corruption ou de production de documents non authentiques dans son offre (sic)... »* La liberté d'accès à la commande publique ne joue pas lorsque l'entreprise est frappée par une exclusion de soumissionner.

Conformément au code des marchés publics, l'exclusion temporaire des marchés publics est prononcée par l'autorité en charge des marchés publics qui est exercée par le ministre des marchés publics. Quant à l'exclusion définitive, elle est exclusivement prononcée par les juridictions compétentes[98].

S'agissant des marchés des entreprises publiques, l'article 101 du décret N° 2018/355 du 12 juin 2018 prévoit qu'en cas de violation des règles de concurrence, d'égalité de traitement des candidats, de transparence et de juste prix, les candidats à la commande publique auteurs de ces violations peuvent se voir interdire de soumissionner aux marchés des entreprises publiques pour une période n'excédant pas vingt-quatre (24) mois par résolution du conseil d'administration. En outre, aux termes de l'article 109 du décret, l'autorité en charge des marchés publics peut également, à titre conservatoire, prendre une décision d'interdiction de soumissionner pendant une période n'excédant pas deux (02) ans à l'encontre de tout cocontractant ou soumissionnaire reconnu coupable de trafic d'influence, de conflit d'intérêts, de délit d'initié, de fraude, de corruption ou de production de faux documents dans la soumission.

Afin de permettre une traçabilité permanente de la situation des soumissionnaires et des cocontractants de l'administration, l'organisme chargé de la régulation des marchés publics établit périodiquement une liste des personnes physiques et morales exclues de toute participation à la commande publique, et cette liste est régulièrement mise à jour et publiée dans le Journal des marchés publics, ceci dans le but de permettre aux intervenants du système camerounais des marchés publics de veiller à ce qu'aucune entreprise exclue ou suspendue des marchés publics ne puisse se porter candidate à une consultation. Bien plus, comme indiqué plus haut, il est exigé aux soumissionnaires de produire dans leurs offres, un certificat de

[98] Article 191, alinéas 1 et 3 du code des marchés publics.

non-exclusion des marchés publics délivré par l'organisme en charge de la régulation des marchés publics.

B. L'atténuation du principe de liberté d'accès à la commande publique : la restriction des candidats à la commande publique

Le principe de la liberté d'accès à la commande publique n'est pas applicable lorsqu'il s'agit d'une consultation restreinte. Deux cas de figure sont ainsi recensés :

1. Cas d'un appel d'offres restreint

Aux termes des articles 76, alinéa 1 du code des marchés publics et 57, alinéa 1 du décret N° 2018/355 du 12 juin 2018 fixant les règles communes applicables aux marchés des entreprises publiques, l'appel d'offres restreint est un appel d'offres précédé d'une pré-qualification. Il s'adresse à un nombre restreint de candidats retenus à l'issue d'une procédure de pré-qualification (article 76, alinéa 4 du code des marchés publics ; article 57, alinéa 2 du décret N° 2018/355 du 12 juin 2018). Ainsi, dans le cadre de ce type d'appel d'offres, seuls les candidats expressément nommés dans l'avis de consultation peuvent soumissionner. Aucune entreprise ne figurant pas sur la liste restreinte ne saurait poser sa candidature.

Le recours à l'appel d'offres restreint est obligatoire pour les marchés de prestations intellectuelles relevant du code des marchés publics, conformément à l'article 78, alinéa 1 dudit code. Il peut aussi être utilisé pour les marchés de travaux ou équipements spécifiques de grande importance ou complexes et les marchés de fournitures devant être fabriqués sur commande et ceux de services spécialisés (alinéa 2).

S'agissant des marchés des entreprises publiques, l'appel d'offres restreint peut être utilisé pour les marchés de prestations intellectuelles et les autres services quantifiables, les marchés de fournitures et services spécialisés ou les marchés de travaux ou équipements spécifiques de grande importance ou complexes[99].

---

[99] Le terme ***« peut »*** utilisé par le pouvoir réglementaire à l'article 58 du décret N° 2018/355 du 12 juin 2018 fixant les règles communes applicables aux marchés des entreprises publiques indique que ces dernières ont la faculté de choisir ou non la

2. Cas d'une consultation de gré à gré

Un marché de gré à gré au sens des articles 108 du code des marchés publics et 61, alinéa 1 du décret N° 2018/355 du 12 juin 2018 est un marché qui est passé sans appel d'offres, après autorisation préalable de l'autorité en charge des marchés publics pour les marchés relevant du code des marchés publics, et du conseil d'administration pour les marchés des entreprises publiques. Aucune obligation de publicité n'est imposée ici. La consultation est ainsi limitée aux seuls candidats saisis expressément par le maître d'ouvrage ou le maître d'ouvrage délégué.

Lorsque l'autorisation de gré à gré est accordée, le maître d'ouvrage ou le maître d'ouvrage délégué consulte au moins trois (03) entreprises sans obligation de publicité. Ainsi, il n'a pas l'obligation de procéder à une consultation ouverte. Il doit simplement consulter au moins trois (03) entreprises de son choix, et aucun autre candidat de la commande publique ne saurait se prévaloir d'un droit quelconque de postuler à la consultation.

Dans certaines circonstances d'ailleurs, pour les marchés relevant du code des marchés publics, l'attributaire du marché de gré à gré est déjà identifié dès l'autorisation de l'autorité en charge des marchés publics, et le maître d'ouvrage ou le maître d'ouvrage délégué procède simplement à la signature du marché après validation par la commission de passation des marchés[100]. S'agissant des marchés des entreprises publiques, le maître d'ouvrage peut consulter une seule entreprise et soumettre l'offre de celle-ci et le projet de marché à la commission interne de passation des marchés pour avis (article 63, alinéas 1 et 2 du décret N° 2018/355 du 12 juin 2018).

3. Cas des accords-cadres

Dans le cas des accords-cadres relevant du code des marchés publics et qui donnent lieu à des marchés à commande subséquents, ils sont passés après pré-qualification, et tous les candidats à la

---

procédure d'appel d'offres restreint quel que soit le type de prestation, alors que pour les marchés relevant du code des marchés publics, le recours à l'appel d'offres restreint est obligatoire pour les marchés de prestations intellectuelles.

[100] V. Deuxième partie, Titre II, Chapitre 12, Section II, §1infra.

commande publique ne sont dès lors pas libres d'y participer. Seuls les candidats pré-qualifiés sont autorisés à postuler.

SECTION II
LE PRINCIPE D'EGALITE DE TRAITEMENT DES CANDIDATS

Le principe d'égalité de traitement des candidats est une application du principe général du droit qui consacre l'égalité de tous les citoyens devant la loi. Il signifie que tous les candidats à un marché doivent être traités de la même façon, recevoir les mêmes informations et concourir selon les mêmes règles de compétition. L'égalité de traitement des candidats impose que les conditions d'accès au marché soient similaires pour tous. Pour garantir ce principe, l'adjudication doit être conduite en toute impartialité. C'est un principe particulièrement essentiel dans le droit des marchés publics.

L'égalité de traitement implique en outre que toutes les discriminations qui peuvent être opérées pour l'accès à un marché ne soient exclusivement justifiées que par l'objet du marché. Par exemple, seules les entreprises habilitées à exercer une activité d'assurance pourront prétendre se porter candidates à une consultation relative à des prestations d'assurance.

Le principe d'égalité de traitement des candidats impose que tous les candidats soient placés dans des conditions de soumission similaires et que l'impartialité soit de rigueur au cours de la procédure d'adjudication.

§1. Les conditions de soumission similaires

Fixer des conditions de soumission similaires signifie que les soumissionnaires doivent se trouver dans une situation d'égalité et ce, à toutes les étapes de la consultation :

- Au moment où le maître d'ouvrage ou le maître d'ouvrage délégué définit ses besoins, la définition des besoins ne devant donc pas être formulée en fonction d'une solution *a priori* ;

- Au moment où le maître d'ouvrage ou le maître d'ouvrage délégué fixe les conditions de dépôt des candidatures et des offres : les mêmes informations doivent être fournies à l'ensemble des candidats. Si le dossier de consultation est modifié pendant la procédure, l'information doit être diffusée à tous les candidats ayant retiré le dossier initial ;
- Au moment où vont être analysées les offres : l'examen des candidatures et des offres doit s'effectuer sans parti pris et ne doit pas être discriminatoire. L'analyse des offres doit être effectuée à partir des critères préalablement définis et énoncés dans les documents de la consultation, et qui ne peuvent pas être modifiés ou complétés en cours de procédure (sauf à la reprendre), notamment lors de l'analyse des offres.

Certes, certaines conditions telles que celles liées aux compétences et aux aptitudes ne peuvent fondamentalement pas être identiques, mais tous les candidats devront justifier de compétences équivalentes ou d'aptitudes similaires. De plus, le pouvoir réglementaire fait obligation aux maîtres d'ouvrage et aux maîtres d'ouvrage délégués d'établir une liste de critères objectifs sur la base desquels seront évaluées les offres, et de publier celle-ci en même temps que le dossier d'appel d'offres.

Le principe d'égalité de traitement des candidats emporte enfin un certain nombre d'effets juridiques sur les procédures de passation des marchés publics. Ainsi, aux termes de l'article 198 du code des marchés publics, certaines personnes ne peuvent être candidates à la commande publique pour cause de délit d'initié. Il s'agit notamment :

- Des consultants ayant contribué à l'élaboration d'un dossier de consultation. Ceux-ci ne peuvent pas participer à ladite consultation car ils pourraient par exemple avoir influé (même involontairement) sur les conditions de la consultation dans un sens qui leur est favorable ;
- Des organismes publics à caractère industriel ou commercial placés sous la tutelle d'une autorité contractante qui ne peuvent pas présenter une offre dans le cadre d'une consultation lancée par leur tutelle ;

- Des observateurs indépendants qui ne peuvent fournir des biens, travaux ou services à l'administration auprès de laquelle ils exercent pendant la durée de leur mandat.

§2. L'impartialité pendant la procédure d'adjudication

Afin de garantir le principe d'égalité de traitement des candidats, l'appel d'offres doit être conduit par des personnes impartiales et les offres évaluées sur des faits objectifs et mesurables. Toute personne qui pourrait être soupçonnée d'avoir des intérêts personnels dans une procédure d'adjudication ou de ne pas être en mesure de rester neutre, doit être écartée.

L'impartialité des acteurs de la passation des marchés publics chargés de l'évaluation des soumissionnaires est consacrée par le code des marchés publics qui dispose d'une part que les présidents et les membres des commissions de passation des marchés sont choisis parmi les personnalités jouissant d'une bonne moralité et maîtrisant la réglementation des marchés publics, et d'autre part que les présidents et les membres de la sous-commission d'analyse doivent être de bonne moralité, avoir une bonne maîtrise des procédures et de la réglementation des marchés publics, disposer des compétences techniques avérées dans le domaine concerné et surtout, s'abstenir de toute action de nature à compromettre leur objectivité et, dans tous les cas, n'avoir aucun intérêt financier, personnel ou de toute autre nature, lié au marché examiné[101].

S'agissant des marchés des entreprises publiques, cette impartialité est consacrée par l'article 13 du décret N° 2018/355 du 12 juin 2018 fixant les règles communes applicables aux marchés des entreprises publiques qui dispose que *« les présidents et les membres des commissions internes de passation des marchés sont choisis parmi les personnalités jouissant d'une bonne moralité et disposant d'une expertise avérée dans le domaine des marchés publics en tenant compte de leur lieu de résidence. »*

[101] Articles 15, alinéa 1 et 94, alinéas 3 et 4 du code des marchés publics.

SECTION III
LE PRINCIPE DE TRANSPARENCE DES PROCEDURES

Selon *Transparency International*, la transparence est *« le fait, pour une administration, une entreprise ou une personne physique, de communiquer de manière ouverte et claire les informations, les règles applicables, les projets et les actions en cours. Les responsables publics, les fonctionnaires, les dirigeants des entreprises privées et des organisations doivent avoir pour principe d'agir de manière transparente, prévisible et compréhensible pour favoriser la participation et la responsabilité. »*[102]

Le principe de transparence impose que toutes les règles de passation et d'exécution des marchés publics soient connues des différents potentiels candidats. Dès lors, l'autorité contractante doit clairement les spécifier pour les besoins de traçabilité. Ces règles doivent ainsi figurer aux cahiers des charges et dans tous les documents contenus dans le dossier de consultation.

Prise sous cette assertion, la transparence qui doit être accordée tout au long du processus d'adjudication constitue le principe fondamental dans la passation des marchés publics. Son importance tient notamment au fait qu'il permet de favoriser la concurrence grâce à la publicité faite pour attirer les soumissionnaires qui pourront savoir sur quelle base ils seront jugés, et le cas échéant, défendre leurs droits et intérêts.

La concurrence ici correspond à l'offre, par plusieurs entreprises distinctes et concurrentes, de travaux, de fournitures ou de services qui tendent à satisfaire des besoins équivalents avec, pour lesdites entreprises, une même chance réciproque de gagner ou de perdre le marché. La concurrence implique une publicité préalable à la passation du marché public afin de permettre aux soumissionnaires de présenter leurs candidatures en proposant des offres concurrentes qui seront traitées de manière égalitaire dans le cadre d'une procédure transparente.

Selon C. LAJOYE, *« le principe de transparence des procédures signifie que la procédure de passation des marchés publics ne doit pas*

---

[102] Transparency International, 2009, « La lutte contre la corruption en termes clairs ».

être opaque ; les différentes phases de la procédure doivent bannir toute discrimination et donner lieu à une information et à une concurrence loyale entre les divers candidats. »[103]

Dans sa manifestation concrète, ce principe s'impose à chacune des phases de la passation des marchés publics :

§1. La transparence au lancement de la consultation

Le lancement de la consultation se fait en principe par la publication d'un avis de consultation. Aux termes de l'article 88 du code des marchés publics, *« l'avis d'appel d'offres est publié dans le journal des marchés publics de l'organisme chargé de la régulation des marchés publics qui dispose d'un délai de vingt-quatre (24) heures à compter de sa réception pour le publier. »* L'article 40, alinéa 1 du décret N° 2018/355 du 12 juin 2018 fixant les règles communes applicables aux marchés des entreprises publiques quant à lui dispose dans ce même sens que l'avis d'appel d'offres doit faire l'objet d'une large diffusion par insertion dans le journal des marchés publics édité par l'organisme chargé de la régulation des marchés publics. Par ailleurs, la publication dans d'autres organes de presse ou par tout autre moyen de publicité (communiqué radio, presse ou affichage, voie électronique) ne peut être utilisée qu'en sus. En outre, pour les marchés relevant du code des marchés publics, et afin de permettre à tous les soumissionnaires des deux langues de pouvoir concourir, le pouvoir réglementaire exige que l'avis d'appel d'offres soit publié en français ***et*** en anglais (article 85, alinéa 1 (a) du code des marchés publics).

Outre cette exigence de publicité de l'avis d'appel d'offres, l'autorité contractante est tenue de délivrer aux candidats potentiels une information appropriée sur les critères d'attribution et sur les conditions de leur mise en œuvre. Cette information est généralement contenue dans la partie du dossier d'appel d'offres portant règlement particulier de l'appel d'offres. Par ailleurs, les pièces contractuelles et les autres documents de la consultation remis à tous les candidats qui en font la demande, doivent être rédigés de façon claire et sans que les spécifications favorisent telle ou telle entreprise.

---

[103] C. LAJOYE, 2008, *Droit des marchés publics*, mémentos LMD, 3è éd. GUALINO, Paris, cité par B. MESSENGUE AVOM, op.cit., p. 75.

Pour garantir le respect de ce principe à cette étape du processus, le pouvoir réglementaire exige que les dossiers soumis à l'examen de la commission de passation des marchés à l'occasion de l'ouverture des plis contiennent*« une copie de la publication de l'avis d'appel d'offres et des additifs éventuels subséquents dans le Journal des marchés ou le cas échéant, dans d'autres publications nationales ou internationales de fort tirage et l'extrait du registre d'enregistrement des offres. »*[104]

§2. La transparence pendant le processus de passation du marché

Dans le contexte des marchés publics, la transparence s'entend comme la possibilité pour toutes les parties prenantes de connaître et de comprendre les moyens et procédures par l'intermédiaire desquels les marchés sont définis, attribués et gérés. Ainsi, pendant le processus de passation du marché qui court depuis le lancement de l'avis d'appel d'offres jusqu'à la publication des résultats, le principe de transparence se traduit par l'obligation qui est faite à l'autorité contractante d'établir des règles précises et liées à chaque marché particulier mis en concurrence. Au cours de cette étape, ces règles devraient être immuables. Dans cette optique, l'autorité contractante doit clairement informer les soumissionnaires des différentes étapes de la procédure, du contenu de chacune d'elles, et surtout fournir toutes les indications nécessaires aux soumissionnaires pour qu'ils puissent présenter une offre valable et répondant à ses exigences et souhaits. Il doit notamment mentionner les conditions d'admission et de participation à l'appel d'offres liées à la personne du candidat et à l'offre, les critères d'aptitude définis afin d'établir les capacités financières, économiques, techniques et organisationnelles du soumissionnaire, ainsi que les différents critères d'adjudication qui permettront de déterminer l'offre techniquement et financièrement la plus avantageuse.

Le respect de ce principe à cette phase du processus est davantage garanti par le code des marchés publics qui exige également que les dossiers soumis à l'examen de la commission de passation des marchés à l'occasion de la séance de proposition d'attribution

[104] Article 23 (b) du code des marchés publics.

comprennent *« le procès-verbal de la séance d'ouverture des plis, le rapport d'analyse et, éventuellement, le rapport de synthèse signé par les membres de la sous-commission d'analyse. »*[105]

§3. La transparence en aval de la procédure de passation du marché

Après attribution du marché, l'autorité contractante a l'obligation de publier les résultats dans les mêmes formes que l'avis de consultation (dans le Journal des marchés). En cas de contestation desdits résultats, tout soumissionnaire a le droit, en vue d'introduire un éventuel recours auprès de l'instance chargée de l'examen des recours, de solliciter que lui soient transmis tous les documents permettant d'établir la traçabilité des décisions et les explications des résultats, en particulier les grilles d'analyse et le rapport d'analyse des offres. Le refus de transmission desdits documents, qui entrave le principe de transparence, constitue pour son auteur une infraction pénale susceptible de sanction. Lors de la publication des résultats de la consultation, il est en outre recommandé de mentionner les notes de tous les soumissionnaires, ainsi que la motivation du rejet des candidatures et des offres.

SECTION IV
LE PRINCIPE D'EFFICIENCE

Etymologiquement, l'efficience est dérivée de l'anglais « *efficiency* », et désigne la capacité à obtenir le maximum de résultats avec un minimum de moyens, de coûts, d'effort ou d'énergie. En économie, l'efficience découle du rapport entre les résultats obtenus et les ressources mises en œuvre pour atteindre ces résultats. Ainsi, l'efficience d'une entreprise consiste en sa capacité à livrer un produit avec le minimum de ressources financières. Elle doit être distinguée de l'efficacité qui est la capacité à atteindre simplement les objectifs prédéfinis, sans considération des moyens utilisés.

Appliquée aux marchés publics, l'efficience ne se définit pas au simple rapport entre les résultats obtenus et les ressources mobilisés, mais doit être entendue comme une optimisation des services rendus.

---

[105] Article 88 (c) du code des marchés publics.

En effet, la finalité principale recherchée dans la notion d'efficience dans les marchés publics est la satisfaction de l'intérêt général, correspondant à la responsabilité d'un système face à l'Etat et aux citoyens. L'efficience en marchés publics peut être ainsi entendue comme la capacité d'un individu ou d'un système d'obtenir de bonnes performances à l'issue la mise en œuvre d'un projet donné, depuis sa conception jusqu'à sa réalisation.

Le principe de l'efficience consacré par le code des marchés publics de 2018 doit être ainsi appliqué à toutes les étapes de la procédure de passation et d'exécution des marchés publics. Concrètement, ce principe se manifeste aux moyens de :

§1. La précision dans l'évaluation et la définition des besoins

Le premier préalable à la passation d'un marché public est la définition des besoins. Pour assurer au projet à mettre en œuvre un aboutissement satisfaisant, le maître d'ouvrage ou le maître d'ouvrage délégué doit bien définir l'objet du marché et préciser les spécifications recherchées et les besoins à satisfaire. Il doit déterminer exactement ce qu'il veut acheter et arrêter ses spécifications techniques. En effet, Aux termes de l'article 54, alinéa 1 du code des marchés publics, tout appel à concurrence ou toute consultation doit être précédé d'une étude préalable *« en vue de déterminer aussi exactement que possible, la nature et l'étendue des besoins à satisfaire. »* Le principe de l'efficience implique à ce stade que les études préalables soient menées de manière à aboutir à une définition exacte et sans équivoque des spécifications techniques, de la consistance des prestations ou les caractéristiques claires de l'ouvrage à réaliser. Et pour s'assurer de l'effectivité de ces prescriptions, le pouvoir réglementaire invite le maître d'ouvrage ou le maître d'ouvrage délégué, dans le cas où ce dernier ne disposerait pas par lui-même des compétences appropriées pour la réalisation de l'étude préalable, à faire recours à une expertise externe pour plus d'efficience dans les résultats attendus (article 54, alinéa 2 de du code des marchés publics).

S'agissant des entreprises publiques, la définition des besoins à travers les études préalables est aussi imposée par l'article 23, alinéa 1 du décret N° 2018/355 du 12 juin 2018 fixant les règles communes applicables aux marchés des entreprises publiques.

§2. La mise en concurrence effective en vue de susciter des prix et des services concurrentiels

L'obligation de mise en concurrence effective implique une large publicité en vue d'une part, de permettre le libre accès à la commande publique de tous les prestataires intéressés et, d'autre part, de permettre une diversité d'offres susceptibles de garantir un choix efficient de l'attributaire.

Le maître d'ouvrage ou le maître d'ouvrage délégué doit dès lors déterminer les modalités de publicité les plus pertinentes en rapport avec l'objet et le montant prévisionnel du projet. Ceci induisant plusieurs avantages, notamment :

- L'obligation de publication implique qu'un plus grand nombre de soumissionnaires pourra soumettre une offre, ce qui permettra d'augmenter les alternatives possibles, de découvrir éventuellement et au besoin, des solutions innovantes qui n'avaient pas été envisagées, et d'offrir une plus grande opportunité de choix au maître d'ouvrage ou au maître d'ouvrage délégué ;
- En outre, la publicité permet également une plus facile accessibilité aux marchés publics pour tous les soumissionnaires, notamment pour les nouvelles petites et moyennes entreprises en quête d'émergence, et pas seulement pour les grandes entreprises ou du moins les entreprises qui sont déjà fortement implantées et jouissent d'ores et déjà d'une réputation certaine.

§3. Le règlement effectif des prestations

Les maîtres d'ouvrage et les maîtres d'ouvrage délégués doivent impérativement respecter les délais de paiement. En effet, des retards de paiement répétés et excessifs sont toujours préjudiciables dès lors que les acheteurs publics qui ne respectent pas les délais et les conditions de règlement des marchés publics vont voir les prestataires se désengager et ne plus concourir aux appels à concurrence lancés par ceux-ci.

La gestion financière du marché public implique ainsi le traitement en temps opportun des décomptes à payer, conformément aux termes du contrat de marché ainsi que la réalisation des garanties financières (c'est-à-dire la libération des cautions de bonne exécution et de retenue de garantie éventuellement), une fois que les raisons ayant motivé leur production n'existent plus.

Des mesures simplifiées et aisées de règlement des marchés publics favoriseront une participation plus large des candidats à la commande publique et la présentation par ces derniers d'offres performantes et de prix plus avantageux. Des stipulations favorables à la trésorerie du cocontractant permettent aussi une bonne exécution du marché.

Le principe d'efficience impose également le calcul et l'application systématique non seulement des pénalités pour retard dans l'exécution, mais aussi et surtout des intérêts moratoires en faveur des cocontractants de l'administration dont le paiement des prestations régulièrement exécutées n'est pas effectué dans les délais prévus au contrat de marché.

SECTION V
LE PRINCIPE D'INTEGRITE

D'après le dictionnaire LAROUSSE, l'intégrité est définie comme le *« caractère, (la) qualité d'une personne intègre, incorruptible, dont la conduite et les actes sont irréprochables. »* Une revue des principales définitions de l'intégrité montre qu'il s'agit d'une notion fondamentale pour toute réflexion éthique. Dans certains textes, elle apparaît même parfois comme un synonyme du mot *« éthique »*.

Selon le juriste américain Stephen CARTER, l'intégrité est une vertu très importante : *« elle est en un certain sens antérieure à toutes les autres vertus : ce que nous pensons importe peu si nous manquons d'intégrité, c'est-à-dire du courage de nos convictions, de la volonté d'agir selon ce que nous savons être le bien et de la capacité de nommer notre conception du bien. »*[106]

[106]Stephen CARTER, 1996, *Intégrité*, Harper Perennial, p. 7.

Alan MONTEFIORE quant à lui procède à une analyse détaillée du concept de l'intégrité. Il montre d'abord le lien de cette notion avec l'idée d'*« absence de corruption »*, d'innocence, de sincérité, d'*« entièreté »* (wholeness) et d'état *« inaltéré »* : *« il y a un lien étroit entre la notion d'intégrité et l'idée d'un certain état originel de perfection ou de pureté [...] La corruption, contraire de l'intégrité, apparaît alors comme un phénomène second, qui vient détruire cet état originel »*[107]. Il précise que cet état idéal d'intégrité, d'harmonie originelle est plus un but ou une aspiration qu'un point de départ effectif. Pour lui, l'idée d'intégrité exprime de manière spécifique, par différence avec d'autres valeurs, l'idée d'une *« continuité »*, d'une stabilité et d'une cohérence des valeurs de la personne : *« une personne intègre est une personne sur qui on peut compter, dont les choix de valeurs sont fiables et stables et qui accepte d'être tenue responsable de ses actes passés.[...] En somme, on sait à quoi s'en tenir avec cette personne ; une fois qu'on connaît ses valeurs et ses principes moraux, on peut lui faire confiance, elle n'en changera pas brutalement. »*[108]

En matière des marchés publics, la notion d'intégrité revêt une importance particulière en raison de ce qu'elle s'oppose diamétralement à tous les autres concepts qui minent le système et freinent sa performance, et parmi lesquels on peut citer la corruption (notamment les pots-de-vin, les *« bakchichs »*, le népotisme, le copinage, le clientélisme...), les conflits d'intérêts, la collusion, l'usage abusif et la manipulation d'informations, ainsi que les traitements discriminatoires lors de la passation des marchés publics. C'est en ce sens que E. BETH et A. HRUBI la présentent comme *« une utilisation des fonds, des ressources, des actifs et des pouvoirs conforme à leur destination officielle et à l'intérêt public. L'offre et l'acceptation des pots-de-vin, les conflits d'intérêts, le népotisme, la manipulation et l'usage abusif d'informations, les traitements discriminatoires, le gaspillage et l'usage abusif des ressources de l'administration sont des situations susceptibles de compromettre l'intégrité dans la passation des marchés publics. »*[109]

---

[107] Alan MONTEFIORE, 1999, *Integrity : a philosophers,* Routledge London, P. 8

[108] Ibid, p. 10.

[109] E. BETH et A. HRUBI, 2008, « Renforcer l'intégrité dans les marchés publics : Étude d'apprentissage mutuel au Maroc », document interne, Direction de la Gouvernance publique et du développement territorial, OCDE, Paris, p.5.

L'intégrité dans le contexte des marchés publics suppose, d'après l'organisation pour la coopération et le développement économique (OCDE), que les procédures de passation soient transparentes et favorisent la concurrence et l'égalité de traitement des soumissionnaires ; que les fonds publics affectés aux marchés publics soient utilisés aux fins prévues ; que les agents chargés des marchés publics satisfassent à des normes professionnelles élevées en termes de savoir et de compétences ; que tous les acteurs qui participent au processus soient exempts des comportements réprouvés et enfin, que des mécanismes spécifiques et efficaces pour surveiller les marchés publics ainsi que pour déceler les comportements réprouvés et les sanctionner soient mis en place et bien observés[110].

En définitive, le principe de l'intégrité couvre non seulement ceux d'égalité de traitement des candidats et de transparence des procédures étudiés plus haut[111], mais s'étend davantage à d'autres paramètres que sont notamment : la compétence des agents publics chargés des marchés publics et la probité morale des acteurs impliqués à travers la prohibition des actes réprouvés.

§1. La compétence des agents publics chargés des marchés publics

La notion de compétence est retenue par le législateur des marchés publics camerounais comme condition *sine qanun* de désignation de certains acteurs de la passation des marchés publics. En effet, aux termes de l'article 15, alinéa 1 du code des marchés publics, *« les présidents et les membres des commissions de passation des marchés sont choisis parmi les personnalités jouissant d'une bonne moralité et maîtrisant la réglementation des marchés publics. »* L'article 94, alinéa 3 du code exige quant à lui que les présidents et les membres des sous-commissions d'analyse aient une bonne moralité, une bonne maîtrise des procédures et de la réglementation des marchés publics et disposent des compétences techniques avérées dans le domaine concerné. L'alinéa 2 va plus loin pour dire que ceux-ci doivent autant que possible, être choisis sur la liste des experts agréés par

[110] OCDE, 2007, *L'intégrité dans les marchés publics, les bonnes pratiques de A à Z*, op. cit., p. 3.
[111] V. sections 1 et 2 supra.

l'organisme en charge de la régulation des marchés publics. Il faut préciser que ces experts sont sélectionnés sur la base de leurs compétences et expériences dans le domaine concerné par l'appel d'offres.

Quant aux entreprises publiques, l'article 13 du décret N° 2018/355 du 12 juin 2018 fixant les règles communes applicables aux marchés des entreprises publiques exige également que les présidents et les membres des commissions internes de passation des marchés soient choisis parmi les personnalités maîtrisant la réglementation des marchés publics ; pour les sous-commissions d'analyses commises par ces commissions, elles doivent, au sens de l'article 46 du décret précité, comprendre des représentants de l'entreprise publique et des experts qualifiés dans le domaine concerné. Le recours au répertoire des experts sélectionnés par l'agence de régulation des marchés publics est recommandé.

Le professionnalisme est ainsi érigé en principe de base des marchés publics car de fait, il est observé que les dysfonctionnements relevés dans le processus de passation des marchés publics découlent en partie de l'incompétence des acteurs qui, très souvent, ne disposent pas des qualifications nécessaires pour interpréter la réglementation et appliquer de manière objective les dispositions qui régissent le processus.

§2. La probité morale des acteurs du système à travers la prohibition des actes réprouvés

Le principe de l'intégrité dans les marchés publics est également mis en œuvre à travers la probité morale des acteurs des marchés publics ; cette probité se manifeste par la capacité desdits acteurs à éviter les comportements réprouvés. Le pouvoir réglementaire impose cette probité morale tant aux agents publics en charge de la passation et du contrôle de l'exécution des marchés publics, qu'aux candidats à la commande publique (soumissionnaires) et aux cocontractants de l'administration (titulaires des marchés). En effet, aux termes de l'article 196 du code des marchés publics, les agents relevant du service public, les soumissionnaires et les titulaires de marché, ainsi que toute personne intervenant à quelque titre que ce soit dans la chaîne de passation, d'exécution, de contrôle et de régulation des marchés, sont soumis aux dispositions des lois et règlements interdisant les actes de corruption, les manœuvres frauduleuses, les pratiques collusoires, coercitives ou obstructives, les conflits d'intérêts, les délits d'initiés et les complicités.

L'agent public intervenant dans la passation, le contrôle de l'exécution ou la régulation des marchés publics doit agir dans le respect des dispositifs de lutte contre la corruption. Ainsi, doit-il s'abstenir de toute activité contraire aux principes d'intégrité tel que le détournement de deniers publics, la corruption, le trafic d'influence, le favoritisme, le népotisme, la discrimination... Il ne doit ni solliciter, ni accepter, ni réclamer ou recevoir aucun paiement, don ou autre avantage dans l'optique d'exécuter ou de s'abstenir d'exécuter des fonctions ou des obligations. L'agent public ne doit pas en outre utiliser les biens publics ou requérir les services d'un subordonné pour des activités autres que celles relevant de ses fonctions ou de son mandat.

En ce qui est des soumissionnaires et des titulaires de marchés publics, ils doivent s'abstenir de tout acte de corruption en vue d'obtenir une faveur quelconque ; il leur est aussi interdit de se mettre en situation de conflit d'intérêts ou de collusion.

Afin de garantir la probité morale des acteurs du système des marchés publics, le pouvoir réglementaire a prévu des sanctions en cas de manquements observés. Les agents publics peuvent ainsi être exclus du système des marchés publics pendant une période n'excédant pas deux (02) ans, sans préjudice des autres sanctions prévues par les lois et règlements en vigueur[112], tandis que les soumissionnaires et les titulaires des marchés publics peuvent, Aux termes de l'article 191, alinéa 2 du code des marchés publics, non seulement se voir exclus de la commande publique pour une durée déterminée, mais aussi, peuvent voir confisquées les garanties constituées à l'occasion d'une consultation ou de l'exécution d'un marché (caution de soumission, cautionnement définitif, retenue de garantie…) En outre, ils peuvent subir le retrait de leur certificat de catégorisation.

[112] V. article 195, alinéa 2 du code des marchés publics.

SECTION VI
LE PRINCIPE DE CONCURRENCE

Le principe de concurrence signifie que le maître d'ouvrage ou le maître d'ouvrage délégué doit consulter plusieurs candidats potentiellement aptes à exécuter le marché envisagé, ceci en vue de disposer d'éléments suffisants lui permettant d'obtenir les conditions les plus favorables pour la réalisation effective et efficiente du projet.

La mise en concurrence est nécessaire pour respecter les trois premiers principes fondamentaux des marchés publics que sont : la liberté d'accès à la commande publique, l'égalité de traitement des candidats et la transparence des procédures. Corollaire donc des principes évoqués ci-dessus, le principe de concurrence impose, afin que le choix de l'attributaire final puisse être le meilleur, que la consultation donne lieu nécessairement à une comparaison effective et objective d'une multitude d'offres soumises par différents candidats. De fait, la mise en concurrence permet de susciter une diversité de propositions, donnant ainsi au maître d'ouvrage ou au maître d'ouvrage délégué plusieurs options de choix qui accroissent par cette diversité, les chances d'obtenir l'offre la plus avantageuse sur les plans technique et financier.

Le principe de concurrence se manifeste concrètement par la fixation des conditions de soumission équitables et une large publicité des dossiers de consultation.

§1. La fixation des conditions de soumission équitables

Pour aboutir à un choix final objectif, équitable et intéressant, le maître d'ouvrage ou le maître d'ouvrage délégué doit fixer des conditions de soumissions favorables à l'ensemble des candidats. Les conditions de participation énoncées dans le cahier des charges doivent être suffisamment précises. En effet, l'insuffisance des spécifications et des conditions de participation ou d'exécution peut orienter l'attribution du marché, limiter la concurrence, et aboutir à des offres non conformes ou à des prix prohibitifs et engendrer, en cours d'exécution, des difficultés. C'est dans cette optique que, ainsi qu'il a été étudié plus haut, le législateur impose que l'établissement des cahiers des charges soit impérativement précédé d'études préalables en vue de définir de manière précise les besoins objet du marché aux plans qualitatif et quantitatif. Il demeure entendu que les études en question doivent être contrôlées et finalisées au préalable par le maître d'ouvrage ou le maître d'ouvrage délégué.

La fixation des conditions de soumission équitables implique ainsi l'interdiction de toute discrimination qui doit se manifester à travers plusieurs prohibitions qui ont été énoncées à la section I ci-dessus.

L'objectif du pouvoir réglementaire est de combattre les attributions directes de marchés publics qui se font très souvent à des prix trop élevés, et de susciter le choix de l'offre la plus avantageuse. En effet, en laissant jouer une saine et efficace concurrence et en annihilant les entraves au commerce ainsi que les distorsions du marché, les soumissionnaires auront plus d'opportunités à proposer les meilleures offres aux meilleurs prix, et les maîtres d'ouvrage et maîtres d'ouvrage délégués pourront ainsi se retrouver face à une multitude d'offres avantageuses, et choisir dès lors celle qui présentera le rapport qualité/prix le plus favorable.

Enfin, la fixation des conditions de soumission équitables pour tous les potentiels candidats permet une meilleure accessibilité aux marchés publics pour tous les soumissionnaires, notamment pour les petites et moyennes entreprises nouvellement installées, et non seulement pour les grandes sociétés privilégiées ou qui ont d'ores et déjà acquis une certaine réputation.

§2. Une large publicité de la consultation

La publicité est reconnue comme le premier vecteur de la concurrence car elle *« débouche nécessairement sur une mise en compétition du marché concerné et donc sur une remise en cause des "chasses gardées". »*[113]

Un marché public est passé dans des conditions satisfaisantes lorsque les moyens de publicité utilisés ont réellement permis aux prestataires potentiels d'être informés, et ont abouti à une diversité d'offres susceptibles de garantir une vraie mise en concurrence. Il appartient donc au maître d'ouvrage ou au maître d'ouvrage délégué

[113]Diane DEOM & Pierre NIHOUL (2006). « Les marchés publics : concurrence, transparence et neutralité. » *Revue générale de droit*, *36* (4), pp. 801-829.

de déterminer des modalités de publicité les plus pertinentes au regard de l'objet et du montant du projet envisagé.

La publicité de la consultation doit être effectuée à toutes les étapes du processus :

A. La publicité au lancement de la consultation

Afin d'informer au maximum les candidats du lancement d'un marché et des conditions de participation, les maîtres d'ouvrage et les maîtres d'ouvrage délégués doivent publier un avis de consultation (avis d'appel d'offres) qui, aux termes des articles 88, alinéa 1 du code des marchés publics et 40, alinéa 1 du décret N° 2018/355 du 12 juin 2018 fixant les règles communes applicables aux marchés des entreprises publiques, doit impérativement être inséré dans le Journal des marchés publics édité par l'organisme de régulation des marchés publics.

Par ailleurs, afin de permettre à tous les candidats potentiels de préparer aisément leurs offres de soumission, le législateur impose aux maîtres d'ouvrage et aux maîtres d'ouvrage délégués des délais qu'ils doivent accorder aux soumissionnaires pour la remise des offres. Ainsi, aux termes de l'article 89 du code des marchés publics, le délai de soumission pour les appels d'offres doit varier entre vingt-cinq (25) et cinquante (50) jours ouvrables à compter de la publication de l'avis d'appel d'offres dans le Journal des marchés publics. Ce délai peut toutefois être ramené en cas d'urgence à vingt (20) jours ou porté à quatre-vingt-dix (90) jours en cas d'appel d'offres international. En ce qui concerne les marchés des entreprises publiques, le délai de soumission pour les appels d'offres nationaux est de quinze (15) jours minimum, et compris entre trente (30) et soixante (60) jours pour les appels d'offres internationaux[114].

La publicité au lancement de la consultation présente ainsi une double utilité : Elle permet le libre accès à la commande publique de l'ensemble des prestataires intéressés en informant les secteurs économiques concernés du lancement d'une procédure d'achat ; elle suscite par ailleurs une plus grande diversité des offres, et permet

[114] Article 41, alinéa 1 du décret N° 2018/355 du 12 juin 2018.

d'accroître les chances d'obtenir l'offre économiquement la plus avantageuse et de garantir un bon usage des deniers publics.

B. La publicité des opérations de dépouillement

La publicité des opérations de dépouillement se traduit par le caractère public de la séance d'ouverture des plis consacré par le législateur. En effet, aux termes de l'article 92, alinéa 3 du code des marchés publics, les représentants des soumissionnaires sont autorisés à prendre part au dépouillement. Par ailleurs, s'agissant des marchés des entreprises publiques, l'article 43, alinéa 9 du décret N° 2018/355 du 12 juin 2018 dispose que *« la séance d'ouverture des plis est publique. Les soumissionnaires ayant déposé leurs offres peuvent y prendre part. »*

La publicité du dépouillement contribue à renforcer la transparence des procédures en ceci que le contenu de toutes les offres déposées est révélé au même moment d'une part, et tous les candidats sont en mesure de connaître l'identité de leurs concurrents et de vérifier que ceux-ci répondent effectivement aux critères de sélection imposés d'autre part.

C. La publicité à l'issue de l'attribution

A l'issue de la procédure, et après attribution définitive, le maître d'ouvrage ou le maître d'ouvrage délégué a l'obligation non seulement de notifier l'attribution au candidat retenu, mais aussi de publier la décision d'attribution dans le Journal des marchés publics. En outre, il doit aviser les soumissionnaires non retenus du rejet de leurs offres en les invitant à les retirer dans un délai de quinze (15) jours[115].

La publicité post-attribution a une double finalité :

- Permettre aux candidats qui se sentent injustement lésés de pouvoir présenter leurs réclamations (recours) auprès des organismes compétents ;

[115] Article 101, alinéas 3 et 5 du code des marchés publics ; article 50, alinéas 3 et 4 du décret N° 2018/355 du 12 juin 2018.

- Informer le public sur les conditions finales d'attribution du marché.

SECTION VII
LE PRINCIPE DE JUSTE PRIX

Le principe de juste prix est institué par l'article 2 du décret N° 2018/355 du 12 juin 2018 fixant les règles communes aux marchés des entreprises publiques. Les contrats de marchés publics sont des contrats à titre onéreux, le prix payé pour l'exécution de ces contrats constituant la rémunération du titulaire. Le prix ici est entendu comme la valeur, exprimée en termes monétaires, attribuée à une prestation pour un ouvrage, une fourniture ou un service donné.

La notion de justice associée au prix découle de la philosophie scolastique du moyen âge, et renvoie à l'idée *« d'égalité dans l'échange »*. Elle signifie qu'aucune des parties au contrat ne doit profiter du marché au détriment de l'autre. Dès lors, la détermination d'un juste prix est par conséquent importante tant pour le maître d'ouvrage que pour le titulaire du marché. Le prix apparaît ainsi comme étant *« la pierre philosophale des marchés publics »*[116].

La fixation d'une juste rémunération est importante tant pour le maître d'ouvrage qui doit payer un prix garantissant que le marché sera exécuté dans les conditions de satisfaction prévues au contrat, mais sans payer plus cher que ce que valent réellement ces prestations, que pour le titulaire du marché qui doit trouver dans sa rémunération les moyens de faire vivre son entreprise, de payer ses employés tout en dégageant un bénéfice.

Le principe de juste prix est d'autant expressif en contexte des marchés des entreprises publiques. En effet, le principal objectif de celles-ci étant la génération de bénéfices, les marchés publics passés par les entreprises publiques doivent, au-delà de la simple satisfaction des besoins sociétaux, être conclus de manière à permettre à ces entreprises de dégager des retombées de ces marchés, des bénéfices substantiels dont l'importance et l'ampleur dépendent du prix du marché passé.

---

[116] « Le prix dans les marchés publics », *Le Moniteur* du 06 décembre 2013.

DEUXIEME PARTIE

LE DROIT COMMUN DES MARCHES PUBLICS CAMEROUNAIS : LE CODE DES MARCHES PUBLICS

« Vous ne devez pas perdre espoir en l'humanité. L'Humanité est un océan : même si quelques gouttes sont souillées, l'océan ne le devient pas. »

Mahatma Gandhi

Les marchés publics sont construits autour d'un ensemble d'acteurs et d'institutions qui sont appelés à mettre en œuvre les règles et normes constitutionnelles, législatives et réglementaires dans l'optique de promouvoir l'intégrité et l'efficacité, afin de garantir le respect des principes de base des marchés publics et assurer une réalisation efficace et efficiente des projets de développement implémentés par le biais du système des marchés publics. Les cadres organiques des marchés publics constituent ainsi le socle du système (Titre I).

D'autre part, la notion de marchés publics s'applique à un ensemble varié et diversifié d'activités socio-économiques dont la mise en œuvre ne saurait obéir aux mêmes processus et procédés. Dès lors, les marchés publics sont organisés de différentes manières qui prennent en compte divers paramètres et qui en constituent les cadres formels (Titre II).

TITRE I

LES CADRES ORGANIQUES DES MARCHES PUBLICS

Depuis l'expression du besoin jusqu'à l'exécution finale du marché public, plusieurs organes concourent à la mise en œuvre des règles des marchés publics. Outre les organes centraux qui sont au cœur du processus (Chapitre VI), d'autres acteurs du processus sont chargés de la passation des marchés publics (chapitre VII) et du contrôle de leur exécution (chapitre VIII), laquelle exécution est effectuée par le titulaire du marché (chapitre IV).

CHAPITRE VI

LES ORGANES CENTRAUX DU SYSTEME DU DROIT COMMUN DES MARCHES PUBLICS CAMEROUNAIS

Deux organes principaux sont au cœur du système du droit commun des marchés publics camerounais. Ce sont l'Autorité en charge des marchés publics et l'Agence de régulation des marchés publics.

SECTION I : L'AUTORITE CHARGEE DES MARCHES PUBLICS

§1. Définition de l'autorité chargée des marchés publics

Aux termes de l'article 5 (d) du code des marchés publics, l'autorité chargée des marchés publics est l'autorité placée à la tête de l'administration publique compétente dans le domaine des marchés publics.

La réforme du système des marchés publics de 2011 avait laissé subsister une controverse quant à l'organisme qui assume les prérogatives d'autorité des marchés publics. En effet, se référant à l'article 160 du code des marchés publics de 2004 qu'aucun texte n'avait modifié ni abrogé, certains estimaient que l'autorité des marchés publics demeurait le Premier ministre, tandis que d'autres soutenaient logiquement que désormais, c'était implicitement au ministre délégué à la présidence de la république, chargé des marchés publics qu'était dévolue cette prérogative.

Le code des marchés publics de 2018 consacre clairement en son article 50, alinéa 1 le ministre chargé des marchés publics comme autorité des marchés publics en disposant que *« l'autorité chargée des marchés publics est le ministre chargé des marchés publics. »*

Cette disposition lève ainsi l'équivoque ainsi entretenue depuis l'avènement du ministre délégué à la présidence de la république, chargé des marchés publics en 2011. Désormais il est clairement reconnu que c'est ce dernier qui, aux termes de l'article 50, alinéa 1 ci-dessus, dans cette compétence, signe les textes d'application du code des marchés publics, prononce les sanctions des auteurs des mauvaises pratiques et des litiges résultant des marchés publics, et autorise les procédures exceptionnelles.

§2. Les prérogatives de l'autorité chargée des marchés publics

Dans son rôle d'autorité des marchés publics, le ministre des marchés publics exerce plusieurs prérogatives :

A. Création des commissions de passation des marchés et des commissions centrales de contrôle des marchés et désignation de leurs présidents et de certains de leurs membres

Aux termes des dispositions de l'article 10 du code des marchés publics, *« les commissions de passation des marchés sont créées par l'autorité chargée des marchés publics. »*

C'est donc l'autorité chargée des marchés publics qui, en droit commun des marchés publics, crée les commissions de passation des marchés, à la demande des personnes publiques habilitées qui en expriment le besoin. Elle en nomme en outre les présidents sans contrainte en ce qui concerne les commissions internes de passation des marchés, et sur proposition des maîtres d'ouvrage délégués pour les commissions régionales et départementales de passation des marchés. En outre, elle désigne son représentant au sein desdites commissions.

L'autorité chargée des marchés publics crée également les commissions centrales de contrôle des marchés dont elle nomme les présidents, son membre-représentant, le représentant de la société civile ainsi que le secrétaire[117].

Aux termes des articles 15, alinéa 2 et 33, alinéa 3 du code des marchés publics, l'autorité chargée des marchés publics peut également mettre fin à tout moment aux fonctions des présidents des commissions de passation des marchés publics et des commissions centrales de contrôle des marchés publics, en cas de manquement avéré ou grave.

Bien que les textes ne le stipulent pas expressément, il semble que cette faculté de révocation des présidents des commissions de passation des marchés publics par l'autorité chargée des marchés publics devrait s'étendre aux secrétaires et aux membres des commissions, le manquement avéré constituant une entrave au bon fonctionnement du système des marchés publics dont il est le premier garant.

B. Arbitrage des désaccords entre les maîtres d'ouvrage et maîtres d'ouvrage délégués et les commissions des marchés publics

Il y a désaccord lorsque le maître d'ouvrage ou le maître d'ouvrage délégué qui n'approuve pas la décision de la commission de passation des marchés ou de la commission centrale de contrôle des marchés. Dans ce cas, il est tenu de demander un nouvel examen du dossier par la commission dans un délai de trois (03) jours ouvrables (lorsque le litige oppose le maître d'ouvrage ou le maître d'ouvrage délégué à une commission de passation des marchés) et sept (07) jours ouvrables (lorsque le litige oppose le maître d'ouvrage ou le maître d'ouvrage délégué à une commission centrale de contrôle des marchés). Après réexamen, et lorsque le président de la commission concernée porte à la connaissance du maître d'ouvrage ou du maître d'ouvrage délégué les résultats de la nouvelle délibération, le désaccord devient persistant si, à l'issue de ce nouvel examen du dossier, le maître d'ouvrage ou le

[117] Article 33, alinéa 1 du code des marchés publics.

maître d'ouvrage délégué n'approuve pas toujours la proposition de la commission.

Conformément à l'article 178, alinéa 3 du code des marchés publics, lorsqu'il y a désaccord persistant entre le maître d'ouvrage ou le maître d'ouvrage délégué et la commission de passation des marchés, le maître d'ouvrage ou le maître d'ouvrage délégué saisit l'autorité chargée des marchés publics, et la notification du marché est subordonnée à la décision de cette dernière (alinéa 5). Autrement dit, la persistance du désaccord n'empêche pas l'attribution du marché par le maître d'ouvrage ou le maître d'ouvrage délégué. Le marché peut être attribué, mais ne peut être notifié à son titulaire tant que l'autorité chargée des marchés publics n'a pas tranché le désaccord.

Lorsque le désaccord persistant concerne le maître d'ouvrage ou le maître d'ouvrage délégué et une commission centrale de contrôle des marchés, le président de la commission centrale de contrôle des marchés concernée transmet le dossier à l'autorité chargée des marchés publics qui décide en dernier ressort[118].

C. Accord préalable avant annulation des décisions d'attribution

Conformément à l'article 104, alinéa 1 du code des marchés publics, tant qu'un marché attribué n'est pas notifié à son titulaire, le maître d'ouvrage ou le maître d'ouvrage délégué ne peut annuler sa décision d'attribution qu'après accord préalable de l'autorité chargée des marchés publics[119].

D. Autorisation des marchés de gré à gré

Lorsque les conditions fixées par la réglementation sont réunies, les marchés ne peuvent être passés suivant la procédure de gré à gré que sous la condition *sine qua nun* de l'autorisation préalable de l'autorité

[118] Article 179 du code des marchés publics.

[119] Il découle de cette disposition que, lorsque le marché est déjà notifié à son titulaire, son annulation ne peut plus intervenir que suivant la procédure de résiliation prévue aux articles 180 et suivants du code des marchés publics.

chargée des marchés publics. En effet, aux termes de l'article 108 du code des marchés publics, les marchés de gré à gré sont passés sans appel d'offres, après autorisation préalable de l'autorité chargée des marchés publics.

Ainsi, aucun marché de gré à gré ne peut être passé sans l'autorisation préalable de l'autorité chargée des marchés publics. L'autorisation est accordée à la suite d'une demande expresse motivée et contenant tous les éléments nécessaires pour permettre à l'Autorité chargée des marchés publics de vérifier la nécessité du recours à laprocédure de gré à gré et surtout, s'assurer que les conditions imposées par la réglementation pour le recours à cette procédure sont remplies[120]. Si tel n'est pas le cas, le rejet de la demande d'autorisation de gré à gré, qui devrait être sans recours, oblige à utiliser la procédure ordinaire de passation des marchés (appel d'offres).

E. Sanction des manquements

Aux termes de l'article 50, alinéa 1 du code des marchés publics, l'autorité chargée des marchés publics prononce les sanctions des auteurs des mauvaises pratiques et des litiges résultant des marchés publics. Ces sanctions s'étendent tant aux procédures (annulation) qu'aux acteurs (l'exclusion de la commande publique pour les acteurs du secteur privé et l'interdiction d'intervenir dans la passation et le suivi de l'exécution des marchés publics pour les acteurs du secteur public).

[120] V. Titre II, Chapitre XII, Section II, §1 infra.

SECTION II
L'AGENCE DE REGULATION DES MARCHES PUBLICS

L'agence de régulation des marchés publics est un établissement public administratif indépendant doté de la personnalité juridique et de l'autonomie financière et de gestion. Elle a été créée par le décret N°2001/048 du 23 février 2001, tel que modifié par le décret N° 2012/076 du 08 mars 2012. L'agence est placée sous la tutelle de la présidence de la république.

Conformément à l'article 48 du code des marchés publics, l'agence de régulation des marchés publics est chargée d'assurer la régulation des marchés publics dont elle est le surveillant et le facilitateur du système. Pour ce faire, des missions spécifiques lui sont assignées, assorties de certaines obligations.

§1. Les missions de l'Agence de régulation des marchés publics

Dans ses prérogatives de régulation du système des marchés publics, l'article 48, alinéa 2 du code des marchés publics assigne à l'ARMP douze (12) missions principales à savoir :

- Formuler des avis à l'autorité chargée des marchés publics pour la définition et l'amélioration des politiques en matière des marchés publics ;
- Veiller à l'application des principes de bonne gouvernance, notamment par la mise en œuvre des moyens préventifs permettant de lutter contre les mauvaises pratiques dans les marchés publics ;
- Veiller à la bonne application des règles par tous les acteurs à travers des avis et recommandations ;
- Proposer à l'autorité chargée des marchés publics, des réformes dans le domaine des marchés publics ;
- Définir les politiques et les stratégies de formation en matière des marchés publics et développer un cadre professionnel et institutionnel en la matière ;
- Assurer l'animation et l'alimentation du système d'information des marchés publics et en assurer la surveillance ;

- Evaluer périodiquement la conformité et la performance du système national de passation des marchés publics au regard des indicateurs et standards internationaux en la matière ;
- Agréer les experts dans le domaine des marchés publics ;
- Instruire les litiges nés des procédures des marchés publics et formuler les avis techniques au comité chargé de l'examen des recours des soumissionnaires ;
- Editer et publier le Journal des marchés publics ;
- Proposer des sanctions des procédures à l'autorité chargée des marchés publics ;
- Effectuer des audits spécifiques.

§2. Les obligations de l'agence de régulation des marchés publics

Aux termes de l'article 48, alinéa 3 du code des marchés publics, l'Agence de régulation des marchés publics dresse régulièrement un bilan des actes de régulation qu'il communique à l'autorité chargée des marchés publics avec copie au ministre en charge de l'administration territoriale pour les marchés passés par les collectivités territoriales décentralisées, aux gouverneurs de régions pour les marchés passés par les maîtres d'ouvrage délégués ainsi qu'au ministre de tutelle technique pour les marchés passés par les établissements publics.

CHAPITRE VII

LES ORGANES DE PASSATION DES MARCHES PUBLICS

Quatre organes principaux concourent à la passation des marchés en droit commun des marchés publics camerounais : les maîtres d'ouvrage (section I), les maîtres d'ouvrage délégués (section II), les structures internes de gestion administrative des marchés (section III) et les commissions de passation des marchés (section IV).

SECTION I
LE MAITRE D'OUVRAGE

Aux termes de l'article 5 (s) du code des marchés publics, le maître d'ouvrage est le chef de département ministériel ou assimilé, le chef de l'exécutif d'une collectivité territoriale décentralisée, le directeur général et le directeur d'un établissement public, représentant l'administration bénéficiaire des prestations objet du marché.

Le maître d'ouvrage est donc la personne publique pour le compte de laquelle le marché est attribué et les travaux exécutés. Ce sont globalement, les présidents des conseils régionaux, les ministres ou assimilés, les maires de villes (super-maires), les maires, les directeurs généraux et les directeurs des établissements publics autonomes. Sont également considérées comme maîtres d'ouvrage, les personnes privées bénéficiant d'un concours financier ou d'une garantie financière provenant des ressources publiques (article 6, alinéa 2 du code des marchés publics).

Le maître d'ouvrage est responsable de l'initiative du marché, pour lequel il participe à la passation à travers les actions principales suivantes :

§1. La conduite des études préalables aux marchés publics

Conformément aux dispositions de l'article 54, alinéa 1 du code des marchés publics, avant le lancement de tout appel à la concurrence ou de toute consultation, le maître d'ouvrage est tenu de réaliser une étude en vue de déterminer aussi exactement que possible, la nature et l'étendue des besoins à satisfaire.

Ces études doivent définir les spécifications et la consistance des prestations et déboucher sur un avant-projet contenant le cahier des clauses techniques particulières (pour les marchés de travaux), le cahier des spécifications techniques (pour les marchés de fournitures) et les termes de référence (pour les marchés de services et prestations intellectuelles), ainsi que, globalement, l'estimation des quantités et des coûts (article 55, alinéa 1 du code des marchés publics).

§2. L'élaboration du plan de passation des marchés

L'alinéa 3 de l'article 6 du code des marchés publics commande qu'une fois les études préalables menées, le marché doive faire l'objet d'une programmation. Autrement dit, le maître d'ouvrage doit élaborer un plan de passation contenant toutes les étapes de la procédure de passation, depuis le montage du dossier d'appel d'offres jusqu'à la notification de l'ordre de service de commencer les prestations.

§3. La mise à disposition du site et du financement

Conformément à l'article 60, alinéa 1 du code des marchés publics, le maître d'ouvrage est tenu de conduire toutes les diligences nécessaires à la mise à disposition du site d'exécution des prestations avant la notification du marché. Dans le cas où le site découlerait d'une expropriation pour cause d'utilité publique ou d'une affectation en jouissance suivant les règles du régime domanial, le maître d'ouvrage doit notamment justifier de l'existence de la déclaration d'utilité publique et du décret d'expropriation pour cause d'utilité publique, de l'acte d'affectation ou de tout autre acte juridique ou administratif justifiant de la disponibilité du site.

En outre, aux termes de l'alinéa 2 de l'article 60 ci-dessus, avant tout appel à concurrence, le maître d'ouvrage doit s'assurer que le financement du projet est mis en place et est disponible avant le lancement de la consultation. Cette disponibilité peut être attestée soit par l'inscription budgétaire du projet, soit par l'effectivité de l'autorisation de dépense, ou de l'entrée en vigueur de l'accord de financement.

Toutefois, pour les projets dont la date de démarrage effective des prestations est incompatible avec l'adoption préalable du budget de l'exercice correspondant, les consultations y relatives peuvent être lancées avant l'adoption du budget, mais la notification du marché est subordonnée à l'existence de la preuve du financement et la disponibilité du site s'il y a lieu[121].

§4. Le lancement des consultations, l'attribution, la signature et la notification des marchés

Le maître d'ouvrage prépare les projets de dossiers de consultation (dossier d'appel d'offres, dossier de demande de cotation, dossier de consultation de gré à gré) qu'il soumet, accompagnés d'une note de présentation à la commission de passation des marchés pour validation. Il procède ensuite au lancement de la consultation. A la suite de la proposition de la commission de passation des marchés, il attribue, signe le marché et le notifie à l'attributaire.

§5. L'examen des recours des soumissionnaires lésés

En phase de pré-qualification et entre la publication de l'avis d'appel d'offres et l'ouverture des plis, le maître d'ouvrage est compétent pour connaître des contestations soulevées par les candidats à la commande publique, conformément aux dispositions des articles 170 et suivants du code des marchés publics[122].

---

[121] Article 60, alinéa 3 et 4 du code des marchés publics.

[122] A partir de la phase d'ouverture des plis, la gestion des recours est désormais de la compétence du comité chargé de l'examen des recours qui instruit le recours et formule ses propositions de résolution à l'autorité chargée des marchés publics.

SECTION II
LE MAITRE D'OUVRAGE DELEGUE

Aux termes de l'article 5 (t) du code des marchés publics, le maître d'ouvrage délégué est *« une personne exerçant en qualité de mandataire du maître d'ouvrage, une partie des attributions de ce dernier. Il s'agit du gouverneur de région et du préfet de département, du chef d'une mission diplomatique du Cameroun à l'étranger, habilités à passer et à signer les marchés financés sur crédits délégués par un maître d'ouvrage, et le cas échéant, du chef d'un projet bénéficiant d'un financement extérieur. »*

A la suite de la réforme de 2011, les prérogatives de maître d'ouvrage délégué avaient été implicitement retirées aux gouverneurs et aux préfets, dont les rôles relatifs aux marchés publics avaient été transférés aux délégués régionaux et départementaux des marchés publics. Le nouveau code des marchés publics réintègre ces autorités dans leurs prérogatives de maîtres d'ouvrage délégués.

De manière pratique, en phase de passation des marchés publics, les maîtres d'ouvrage délégués exercent les mêmes prérogatives que les maîtres d'ouvrage (voir section I ci-dessus).

N.B. :*Dans l'accomplissement de leurs prérogatives, les maîtres d'ouvrage et les maîtres d'ouvrage délégués font généralement appel à des collaborateurs pour les assister ou les représenter dans le processus. Il s'agit notamment du chef de service du marché qui, au sens de l'article 5 (h) du code des marchés publics, est une personne physique accréditée par le maître d'ouvrage et le maître d'ouvrage délégué pour une assistance générale à caractère administratif, financier et technique aux stades de la définition, de l'élaboration, de l'exécution et de la réception des prestations objet du marché.*

Le chef de service du marché assure en conséquence un rôle de coordination générale du marché. Il doit être choisi par le maître d'ouvrage ou le maître d'ouvrage délégué en fonction de l'objet du marché. Ce sera par exemple, le chef de service des approvisionnements pour un marché de fournitures générales, le chef de service technique pour un marché de travaux, le chef de service de la maintenance pour un marché de fourniture d'engins.

SECTION III
LA STRUCTURE INTERNE DE GESTION ADMINISTRATIVE DES MARCHES

Instituée par l'article 8 du code des marchés publics de 2018, la structure interne de gestion administrative des marchés (SIGAM) est placée auprès du maître d'ouvrage ou du maître d'ouvrage délégué pour assister celui-ci dans le processus de passation et d'exécution des marchés publics, notamment au stade :

- De la maturation des projets ;
- De l'élaboration des plans de passation des marchés de leur suivi ;
- De l'élaboration des projets de dossiers de consultation en relation avec les services techniques du maître d'ouvrage ou du maître d'ouvrage délégué concerné ;
- De la réception des offres ;
- De la finalisation des projets de marchés et d'avenants avant souscription ;
- De la préparation des notes de présentation des projets ;
- De l'archivage des documents ;
- De la transmission des documents générés lors de la passation et de l'exécution des marchés publics ;
- De la rédaction des rapports trimestriels, semestriels et annuels sur la passation et l'exécution des marchés.

La SIGAM est désormais l'organe technique central des marchés publics et à ce titre, elle exerce la plupart des attributions du maître d'ouvrage ou du maître d'ouvrage délégué.

SECTION IV
LES COMMISSIONS DE PASSATION DES MARCHES

Aux termes de l'article 9 du code des marchés publics, les commissions de passation des marchés sont des organes d'appui technique placées auprès des maîtres d'ouvrage et des maîtres d'ouvrage délégués pour la passation des marchés publics dont les montants sont au moins égaux à cinq (5) millions de francs CFA.

§1. Les attributions des commissions de passation des marchés

Les commissions de passation des marchés ont pour rôles :

- D'examiner et d'émettre leur avis technique sur les projets de dossiers d'appels d'offres ainsi que les dossiers de demandes de cotation préparés par maîtres d'ouvrage et les maîtres d'ouvrage délégués ;
- D'examiner et d'adopter les grilles de notation avant le dépouillement des offres ;
- De procéder à l'ouverture des plis ;
- De constituer les sous-commissions d'analyse des offres ;
- De préparer, le cas échéant, les dossiers à soumettre à l'avis des commissions centrales de contrôle des marchés ;
- De formuler des propositions d'attribution des marchés aux maîtres d'ouvrage ou aux maîtres d'ouvrage délégués ;
- D'examiner et d'émettre un avis technique sur les projets d'avenants et sur les projets de marchés passés suivant la procédure de gré à gré.

§2. Les types et la composition des commissions de passation des marchés

A. Les différents types de commissions de passation des marchés

En droit commun des marchés publics camerounais, il existe quatre catégories de commissions de passation des marchés[123] :

- **Les commissions internes de passation des marchés** placées auprès des maîtres d'ouvrage pour la passation de tous les marchés programmés ;
- **Les commissions régionales de passation des marchés** placées auprès des gouverneurs de régions pour la passation de tous les marchés relevant des crédits délégués au niveau régional ;
- **Les commissions départementales de passation des marchés** placées auprès des préfets de département pour la passation des marchés relevant des crédits délégués au niveau départemental ainsi que pour les marchés des collectivités

[123] Article 10 du code des marchés publics.

territoriales décentralisées ne disposant pas de commission de passation des marchés ;

- **Les commissions spéciales de passation des marchés :** Celles-ci sont créées auprès de certains chefs de projets en fonction des conditions de financement, ainsi que de certains chefs de mission diplomatique du Cameroun à l'étranger.

B. La composition des commissions de passation des marchés

1. Composition des commissions internes de passation des marchés

La composition des commissions internes de passation des marchés varie suivant qu'elles soient placées auprès des maîtres d'ouvrage relevant des départements ministériels d'une part, ou des établissements publics et collectivités territoriales décentralisées d'autre part :

➢ **Pour les commissions internes relevant des départements ministériels et assimilés :**

- Un président nommé par l'autorité chargée des marchés publics,
- Un représentant du maître d'ouvrage concerné,
- Un représentant du ministère chargé des marchés publics,
- Un représentant du ministère chargé des investissements publics,
- Un représentant du ministère chargé des finances,
- Un secrétaire désigné par le maître d'ouvrage parmi le personnel de la structure interne de gestion administrative des marchés.

➢ **Pour les commissions internes relevant des établissements publics et des collectivités territoriales décentralisées :**

- Un président nommé par l'autorité chargée des marchés publics,
- Un représentant du maître d'ouvrage concerné,

- Un représentant du ministère chargé des marchés publics,
- Un représentant de la tutelle technique,
- Un représentant du ministère chargé des finances,
- Un secrétaire désigné par le maître d'ouvrage parmi le personnel de la structure interne de gestion administrative des marchés.

2. Composition des commissions régionale de passation des marchés

- Un président nommé par l'autorité chargée des marchés publics sur proposition du gouverneur,
- Un représentant du ministère chargé des marchés publics,
- Un représentant du ministère chargé des finances,
- Un représentant du ministère chargé des investissements publics,
- Un secrétaire désigné par le gouverneur.

En outre, un représentant du maître d'ouvrage délégué pour les marchés relevant des crédits au niveau régional assiste aux travaux avec voie délibérante (article 12, alinéa 2 du code des marchés publics).

3. Composition des commissions départementales de passation des marchés

- Un président nommé par l'autorité chargée des marchés publics sur proposition du préfet du département,
- Un représentant du ministère chargé des marchés publics,
- Un représentant du ministère chargé des finances,
- Un représentant du ministère chargé des investissements publics,
- Un secrétaire désigné par le préfet du département.

En outre, un représentant du maître d'ouvrage pour les marchés relevant des collectivités territoriales décentralisées ne disposant pas de commission de passation des marchés ou du maître d'ouvrage délégué pour les marchés relevant des crédits au niveau départemental, assiste aux travaux avec voie délibérante (article 13, alinéa 2 du code des marchés publics).

4. Composition des commissions spéciales de passation des marchés

Le code des marchés publics ne prévoit pas la composition des commissions spéciales de passation des marchés. Aux termes de l'article 14 dudit texte, la composition des commissions spéciales de passation des marchés est fixée par le texte qui les crée.

N.B. :*Conformément à l'article 92, alinéa 10 du code des marchés publics, à l'issue de l'ouverture des plis, toutes les offres y compris celles qui ont fait l'objet de rejet doivent être confiées à une sous-commission d'analyse mise en place par la commission de passation des marchés et composée d'au moins trois (3) membres dont le représentant du maître d'ouvrage ou du maître d'ouvrage délégué. La sous-commission d'analyse des offres est définie comme un « comité ad hoc désigné par la commission de passation des marchés pour l'évaluation et le classement des offres aux plans technique et financier. »*[124]

Aux termes de l'article 94, alinéa 2 du code des marchés publics, les présidents et les membres de la sous-commission d'analyse doivent être choisis de préférence sur la liste des experts agréés par l'agence de régulation des marchés publics sur la base de leurs compétences et expériences dans le domaine concerné par l'appel d'offres, et en tenant compte de leur disponibilité[125].

---

[124] Article 5 (nn) du code des marchés publics.

[125] Le terme *« de préférence »* utilisé par le pouvoir réglementaire laisse subsister une équivoque dès lors qu'avant l'avènement du code des marchés publics de 2018, il était obligatoire pour les commissions de passation des marchés de ne désigner les membres des sous-commissions d'analyse qu'exclusivement parmi les experts agréés par le ministre des marchés publics. L'article 94, alinéa 2 laisse ainsi champ libre aux commissions de faire recours ou non aux experts agréés désormais par l'agence de régulation des marchés publics. En outre, l'article 92, alinéa 10 du code exige que la sous-commission d'analyse comprenne au moins un représentant du maître d'ouvrage ou du maître d'ouvrage délégué, induisant une fois de plus que ce dernier ne doit pas nécessairement figurer dans la liste des experts agréés, le maître d'ouvrage ou le maître d'ouvrage délégué étant libre de désigner n'importe quel représentant.

CHAPITRE VIII

LES ORGANES DE CONTROLE DES MARCHES PUBLICS

L'importance financière et stratégique des marchés publics justifie les énormes risques de corruption et d'autres mauvaises pratiques dans le système, d'où l'impérieuse nécessité de les prévenir.

Afin de garantir une utilisation des fonds et des ressources conformément à leur destination officielle et dans l'intérêt public, la réglementation camerounaise soumet les marchés publics à un ensemble de mesures de contrôle tout au long du processus. Ainsi, plusieurs organes concourent au contrôle des marchés publics au Cameroun. Ce contrôle s'effectue tant à la passation (section I) qu'à l'exécution (section II) des marchés publics.

SECTION I
LES ORGANES DE CONTROLE DE LA PASSATION DES MARCHES PUBLICS

Ce sont les commissions centrales de contrôle des marchés, l'observateur indépendant et le comité chargé de l'examen des recours.

§1. Les commissions centrales de contrôle des marchés

A. Définition et attributions

Les commissions centrales de contrôle des marchés sont, aux termes de l'article 24, alinéa 1 du code des marchés publics, des organes techniques placés auprès du ministère des marchés publics chargées du contrôle *a priori* des procédures de passation des marchés publics initiées par les maîtres d'ouvrage et les maîtres d'ouvrage délégués et relevant de leur seuil de compétence.

Les commissions centrales de contrôle des marchés sont saisies en fonction de la nature des prestations, pour émettre leur avis sur :

- Les dossiers d'appels d'offres préparés par les maîtres d'ouvrage et les maîtres d'ouvrage délégués et examinés par les commissions de passation des marchés,
- La procédure de passation des marchés,
- Les propositions d'attribution faites par les commissions de passation des marchés et validées par les maîtres d'ouvrage et les maîtres d'ouvrage délégués,
- Les projets de marchés passés suivant la procédure de gré à gré de leurs seuils de compétence,
- Les projets d'avenants préparés par les maîtres d'ouvrage et les maîtres d'ouvrage délégués et validés par les commissions de passation des marchés.

B. Les différentes commissions centrales de contrôle des marchés et leurs seuils de compétence

Il existe cinq commissions centrales de contrôle des marchés :

➢ **La commission centrale de contrôle des marchés des travaux routiers (article 27 du code des marchés publics)**

Saisie pour les consultations dont le montant cumulé des lots est supérieur ou égal à cinq (5) milliards de francs CFA et les marchés passés suivant la procédure de gré à gré du même seuil, elle est compétente pour :

- Les marchés des travaux, de réhabilitation et d'entretien ;
- Les marchés des travaux de voiries et réseaux divers (VRD) ;
- Les marchés des travaux de construction d'ouvrages d'art classiques (ponts, dalots, buses) ;
- Les marchés de fourniture de mobiliers et des installations annexes directement ou indirectement rattachés auxdits travaux ;

- Les marchés d'études et de maîtrise d'œuvre relatifs aux travaux routiers neufs, de réhabilitation et d'entretien et aux travaux de voiries et réseaux divers.

➢ **La commission centrale de contrôle des marchés des autres infrastructures (article 28 du code des marchés publics)**

Elle est saisie pour les consultations dont le montant cumulé des lots est supérieur ou égal à un (1) milliard de francs CFA et les marchés passés suivant la procédure de gré à gré du même seuil, et est compétente pour :

- Les marchés de construction d'ouvrages d'art spéciaux (aéroports, ports, viaducs, infrastructures ferroviaires, digues, barrages, réseaux de transport et de stockage, etc.) ;
- Les marchés de constructions hydrauliques, d'électrification et de télécommunications ;
- Les marchés de fourniture des mobiliers et des installations annexes directement ou indirectement rattachés auxdits travaux ;
- Les marchés d'études et de maîtrise d'œuvre relatifs aux travaux de construction d'ouvrages d'art spéciaux et de constructions hydrauliques, d'électrification et de télécommunications.

➢ **La commission centrale de contrôle des marchés des travaux de bâtiments et des équipements collectifs (article 29 du code des marchés publics)**

Elle est saisie pour les consultations dont le montant cumulé des lots est supérieur ou égal à cinq cent (500) millions de francs CFA et les marchés passés suivant la procédure de gré à gré du même seuil, et est compétente pour :

- Les marchés des travaux de construction ou de réhabilitation des bâtiments ;
- Les marchés des travaux d'aménagement des places publiques, des espaces verts, des terrains de sport et de loisirs ;
- Les marchés des travaux de maintenance ;

- Les marchés de fourniture de mobiliers et des installations annexes directement ou indirectement rattachés auxdits travaux ;
- Les marchés d'études et de maîtrise d'œuvre relatifs aux travaux de construction ou de réhabilitation des bâtiments et aux travaux d'aménagement des places publiques, des espaces verts, des terrains de sport et de loisirs.

➢ **La commission centrale de contrôle des marchés des approvisionnements généraux (article 30 du code des marchés publics)**

Elle est saisie pour les consultations dont le montant cumulé des lots est supérieur ou égal à deux cent cinquante (250) millions de francs CFA et les marchés passés suivant la procédure de gré à gré du même seuil, et est compétente pour :

- Les marchés de fourniture du matériel de bureau ;
- Les marchés de fourniture du livre, du matériel scolaire, pédagogique et didactique ;
- Les marchés de fourniture des consommables, des équipements sanitaires et du matériel biomédical ;
- Les marchés de fourniture des intrants et des matières premières agricoles ;
- Les marchés de fourniture du matériel électronique et électrique ;
- Les marchés de fourniture et de maintenance des véhicules et engins ;
- Les marchés des autres fournitures ne relevant pas de la compétence d'une autre Commission centrale de contrôle des marchés.

➢ **La commission centrale de contrôle des marchés de services et de prestations intellectuelles (article 31 du code des marchés publics)**

Elle est saisie pour les consultations pour lesquelles le montant cumulé des lots est supérieur ou égal à cent (100) millions de francs CFA et les marchés passés suivant la procédure de gré à gré du même seuil. Elle est compétente pour :

- Les marchés d'études, d'audits, de consultations, d'enquêtes et de sondages ;
- Les marchés de conseils, de réformes institutionnelles, de gestion, de services d'ingénierie, de contrôle, de formation, de services financiers et d'assurance ;
- Les marchés d'études et de maîtrise d'œuvre autres que ceux relevant de la compétence des autres Commissions centrales de contrôle des marchés ;
- Les marchés de définitions des choix de matériels informatiques et de réalisation de logiciels et de progiciels ;
- Les marchés de toutes autres prestations à caractère intellectuel.

C. Composition des commissions centrales de contrôle des marchés (article 33 du code des marchés publics)

Chaque commission centrale de contrôle des marchés est composée de :

- Un président nommé par l'autorité chargée des marchés publics ;
- Un représentant de la présidence de la république ;
- Un représentant des services du premier ministre ;
- Un représentant du ministère chargé des marchés publics ;
- Un représentant du ministère chargé des finances ;
- Un représentant du ministère chargé des investissements publics ;
- Un représentant de la société civile exerçant dans le domaine de compétence de la commission centrale de contrôle des marchés concernée, désigné par le ministre chargé des marchés publics ;
- Un secrétaire désigné par le ministre chargé des marchés publics.

En outre, un représentant du maître d'ouvrage ou du maître d'ouvrage délégué assiste aux travaux de la commission avec voix consultative.

§2. L'observateur indépendant

Au sens de l'article 5 (hh) du code des marchés publics, l'observateur indépendant est un consultant recruté par l'administration afin de veiller au respect de la réglementation, aux règles de transparence et aux principes d'équité dans le processus de passation des marchés.

L'observateur indépendant est une personne physique ou morale recrutée par voie d'appel d'offres par l'agence de régulation des marchés publics. Il a pour missions d'assister aux séances des commissions de passation des marchés et aux travaux des sous-commissions d'analyse des offres pour les marchés dont le montant cumulé des lots est égal ou supérieur à cinquante (50) millions de francs CFA, en vue :

- D'évaluer le processus de passation des marchés et de signaler à chaque étape de la procédure, les manquements au respect de la réglementation, aux règles de transparence et aux principes d'équité ;
- De signaler les pratiques contraires à la bonne gouvernance dans le processus de passation des marchés publics, notamment dans les cas de trafic d'influence, de conflit d'intérêts ou de délit d'initié[126].

Dans cette optique, l'observateur indépendant reçoit copie de toute la documentation relative aux dossiers soumis à la commission de passation des marchés auprès de laquelle il est placé.

L'observateur indépendant a l'obligation, au plus tard dans les 72 heures qui suivent chaque séance de commission de passation des marchés ou chaque session de sous-commission d'analyse des offres, d'adresser à l'agence de régulation des marchés publics, avec copies au président de la commission de passation des marchés et au maître d'ouvrage ou au maître d'ouvrage délégué, un rapport détaillé sur lesdits travaux.

Le président de la commission de passation des marchés ainsi que le maître d'ouvrage ou le maître d'ouvrage délégué disposent d'un délai de 72 heures à compter de la réception du rapport de

[126] Article 42, alinéa 2 du code des marchés publics.

l'observateur indépendant pour notifier à l'agence de régulation des marchés publics, leurs observations.

§3. Le comité chargé de l'examen des recours

Nouvellement institué par le code des marchés publics, le comité chargé de l'examen des recours est un organe créé auprès de l'agence de régulation des marchés publics. Il est chargé d'examiner les recours formulés par les soumissionnaires qui s'estiment lésés à partir de la phase d'ouverture des plis, et de proposer les solutions appropriées à l'autorité chargée des marchés publics (articles 49, alinéa 1 et 176, alinéa 2 du code des marchés publics)[127].

Pour formuler ses propositions de solution, le comité doit s'appuyer sur l'avis de l'agence de régulation des marchés qui, sur sa demande, instruit les recours à lui adresser par les soumissionnaires.

SECTION II
LES ORGANES DE CONTROLE DE L'EXECUTION DES MARCHES PUBLICS

L'exécution des marchés publics fait l'objet d'un contrôle exercé à un double niveau, interne et externe.

§1. Le contrôle interne de l'exécution des marchés publics

Les maîtres d'ouvrage et les maîtres d'ouvrage délégués assurent par eux-mêmes le suivi de l'exécution des marchés publics, ou le font à travers trois organes que sont le chef de service du marché, l'ingénieur du marché et le maître d'œuvre. En outre, des commissions spéciales s'assurent de la bonne exécution des prestations à la fin du marché.

---

[127] Il faut noter ici que le rôle du comité chargé de l'examen des recours consiste uniquement à formuler, après instruction des recours, les mesures appropriées à l'autorité chargée des marchés publics qui, seule, détient le pouvoir de décision.

A. Le suivi de l'exécution des marchés publics par le maître d'ouvrage ou le maître d'ouvrage délégué

Aux termes de l'article 43 du code des marchés publics, le maître d'ouvrage ou le maître d'ouvrage délégué, dans ses prérogatives de suivi de l'exécution des marchés publics :

- Désigne le chef de service et l'ingénieur du marché, et met à leur disposition les moyens appropriés pour un bon accomplissement de leurs missions ;
- Signe les ordres de service de démarrage des prestations ;
- Signe les ordres de service ayant une incidence sur les coûts, délais et objectifs dans les conditions prévues dans le cahier des clauses administratives particulières ;
- Désigne un représentant qui préside la commission de réception des prestations ;
- Ordonne le paiement des décomptes ;
- Résilie les marchés après mise en demeure ;
- Veille à la rédaction du rapport d'achèvement de l'exécution des marchés.

B. Le contrôle du chef de service du marché

Le chef de service du marché est une personne physique de droit public qui est désigné par le maître d'ouvrage ou le maître d'ouvrage délégué pour une assistance générale à caractère administratif, financier et technique aux stades de la définition, de l'élaboration, de l'exécution et de la réception des prestations. Il est responsable de la direction générale de l'exécution du marché. Il arrête toutes les dispositions technico-financières et représente le maître d'ouvrage ou le maître d'ouvrage délégué auprès des instances compétentes de règlement des litiges.

Le chef de service du marché est en principe choisi par le maître d'ouvrage ou le maître d'ouvrage délégué en fonction de la nature des prestations sollicitées à travers le marché, et en considération de son expertise et de son expérience dans le domaine.

Toutefois, en ce qui concerne les marchés délégués aux niveaux régional et départemental, les fonctions de chef de service du marché sont exercées par les délégués régionaux et départementaux des administrations publiques bénéficiaires des projets concernés[128].

Les missions spécifiques du chef de service des marchés sont définies par l'article 44, alinéa 2 du code des marchés publics ainsi qu'il suit :

- S'assurer de la bonne exécution des obligations juridiques, administratives, sociales et contractuelles ;
- Rédiger les rapports d'avancement et d'achèvement de l'exécution des marchés ;
- Liquider les décomptes et suivre leur règlement ;
- Convoquer la commission de réception ou la commission de suivi et de recette technique ;
- Suivre le cas échéant le maître d'œuvre et approuver ses rapports périodiques ;
- Transmettre les rapports et les documents d'exécution au maître d'ouvrage ou au maître d'ouvrage délégué, au ministère des marchés publics et à l'agence de régulation des marchés publics ;
- Arbitrer les conflits entre le cocontractant et l'ingénieur du marché ou le maître d'œuvre ;
- Présider les réunions périodiques de gestion du marché.

Le chef de service du marché rend compte au maître d'ouvrage ou au maître d'ouvrage délégué.

C. Le contrôle de l'Ingénieur du marché

L'ingénieur du marché est défini par l'article 45, alinéa 1 du code des marchés publics comme une *« personne physique ou morale de droit public accréditée par le maître d'ouvrage ou le maître d'ouvrage délégué, pour le suivi de l'exécution du marché. »*

Responsable de l'administration et chargé du suivi technique et financier de l'exécution du marché, il apprécie, décide et donne toutes les instructions n'entraînant aucune incidence financière. Il rend compte au chef de service du marché.

---

[128] Article 44, alinéa 4 du code des marchés publics.

De manière spécifique, ses missions principales consistent, au sens de l'article 45, alinéa 1 du code des marchés publics, à :

- Approuver le projet d'exécution et les différentes modifications proposées par le cocontractant ou par le maître d'œuvre le cas échéant ;
- S'assurer de la fonctionnalité du projet et de son adéquation aux objectifs fixés par le maître d'ouvrage ou le maître d'ouvrage délégué ;
- Assurer le contrôle de la qualité des prestations en cas de maîtrise d'œuvre publique ;
- Vérifier et signer contradictoirement les attachements avec le cocontractant ;
- Viser les décomptes des prestations exécutées ;
- Superviser les opérations préalables à la réception ;
- Assurer la coordination des différents intervenants au projet le cas échéant ;
- S'assurer de la mise en œuvre des différentes garanties tant en phase d'exécution que pour la vie du projet.

D. Le contrôle du maître d'œuvre

Aux termes de l'article 46, alinéa 1 du code des marchés publics, le maître d'œuvre est une personne physique ou morale de droit public ou privé chargée par le maître d'ouvrage ou le maître d'ouvrage délégué de garantir ses intérêts aux stades de la définition, de l'élaboration, de la direction de l'exécution et de la réception des prestations objet du marché. Chargé de la direction et du contrôle permanent de l'exécution du marché, il exerce principalement les prérogatives ci-après :

- Assister le maître d'ouvrage ou le maître d'ouvrage délégué dans la passation des marchés de travaux ou de fournitures le cas échéant ;
- Veiller au respect des clauses des marchés de travaux ou de fournitures par le cocontractant ;
- Assurer le contrôle de la qualité des prestations et procéder ou non à la pré-réception des parties des ouvrages exécutées ;

- Vérifier les quantités à prendre en attachement et approuver les décomptes ;
- Présider les réunions en l'absence du chef de service du marché ;
- Rédiger ou veiller à la rédaction des rapports périodiques de contrôle ;
- Transmettre copie du rapport final de ses prestations au maître d'ouvrage ou au maître d'ouvrage délégué, au ministre chargé des marchés publics et à l'agence de régulation des marchés publics.

Conformément à l'article 151, alinéa 3 du code des marchés publics, pour les marchés de travaux ou de fournitures de montants égaux ou supérieurs à des seuils fixés par un texte de l'autorité chargée des marchés publics, la maîtrise d'œuvre est exercée par une personne physique ou une personne morale de droit privé exclusivement. Toutefois, dans les cas où les administrations publiques concernées disposent des capacités techniques appropriées ou si leurs textes organiques couvrent les études ou contrôles techniques, le ministère des marchés publics peut spécialement leur accorder une dérogation à la maîtrise d'œuvre privée. En outre, pour les marchés dont les montants sont inférieurs aux seuils de la maîtrise d'œuvre privée, il est recommandé aux maîtres d'ouvrage et aux maîtres d'ouvrage délégués de faire appel à une maîtrise d'œuvre externe de droit public (exercée par l'ingénieur du marché exclusivement) ou privé lorsqu'ils ne disposent pas par eux-mêmes des compétences requises (article 151, alinéa 5 du code des marchés publics).

Quant aux marchés de prestations intellectuelles lorsque celles-ci portent sur les études et les audits, la maîtrise d'œuvre se fait à travers une commission de suivi et de recette technique qui doit être composée entre autres de membres externes aux services du maître d'ouvrage ou du maître d'ouvrage délégué (article 151, alinéa 7 du code des marchés publics).

Le maître d'œuvre exécute ses missions sous la supervision de l'ingénieur du marché.

E. Les commissions de réception et les commissions de suivi et de recette technique

Aux termes de l'article 156, alinéa 2 du code des marchés publics, les prestations exécutées dans le cadre des marchés publics de travaux et de fournitures font l'objet de réception par une commission de réception.

Quant aux marchés d'études et d'audits, c'est une commission de suivi et de recette technique qui procède à la réception des prestations (article 156, alinéa 3 du code).

Lors des opérations de réception, la commission compétente vérifie, le cas échéant, l'existence des certificats de conformité ainsi que les rapports de pré-réception avant de prononcer la réception des travaux ou la recette technique des études. A la fin des opérations de réception, un procès-verbal de réception est dressé. Il mentionne si la réception est prononcée ou non et, le cas échéant, les réserves à lever, assorties des délais, avant la prononciation de ladite réception. Le procès-verbal de réception, pour être valable, doit être signé par les deux tiers (2/3) au moins des membres de la commission, y compris son président.

La composition de chaque commission doit être indiquée dans le cahier des clauses administratives particulières du marché.

§2. Le contrôle externe de l'exécution des marchés publics

Le contrôle externe de l'exécution des marchés publics est assuré en premier lieu par le ministère des marchés publics et l'auditeur indépendant. D'autres organismes publics assurent également ce contrôle.

A. Le contrôle du ministère des marchés publics

Le ministère chargé des marchés publics est l'organe principal de contrôle externe des marchés publics.

Aux termes de l'article 47, alinéa 1 du code des marchés publics, ce contrôle s'effectue à travers :

- Des contrôles inopinés dans le but de vérifier l'effectivité et la quantité des prestations réalisées et réceptionnées ;
- La vérification, après sa signature, de l'adéquation du marché avec le dossier d'appel d'offres, la décision d'attribution et l'offre du cocontractant retenu ;
- La vérification *a posteriori*, sur la base de tous les décomptes dont il reçoit copie, de l'adéquation entre les prestations facturées, les paiements effectués et les prestations réalisées ;
- La détection pour le signaler au chef de service du marché, à l'ingénieur du marché et/ou au maître d'œuvre, des cas de manquements observés lors de l'exécution des marchés ;
- L'assistance, en qualité d'observateur, aux opérations de recettes et de réceptions techniques des prestations ;
- La réception des copies des décomptes provisoires et le visa des décomptes définitifs pour les marchés de travaux ou de la dernière facture pour les autres types de marchés ;
- La contribution à l'alimentation de la banque de données sur les marchés publics ;
- Le signalement à l'agence de régulation des marchés publics, des lacunes détectées chez les différents acteurs des marchés publics, nécessitant un renforcement des capacités ;
- L'élaboration des rapports semestriels et annuels sur la situation générale de l'exécution des marchés publics.

Pour la bonne mise en œuvre de ses missions de contrôle de l'exécution des marchés publics, le ministère chargé des marchés publics reçoit des acteurs des marchés publics concernés, copie de toute la documentation nécessaire.

B. Le contrôle *a posteriori* de l'auditeur indépendant

Aux termes de l'article 5 (c) du code des marchés publics, l'auditeur indépendant est un cabinet de réputation établie, recruté par voie d'appel d'offres restreint par l'organisme chargé de la régulation des marchés publics, pour réaliser l'audit *a posteriori* des marchés signés au cours de l'année écoulée, et exécutés ou en cours d'exécution.

L'article 151, alinéa 1 (c) du code des marchés publics dispose que l'exécution des marchés publics fait l'objet d'un contrôle par l'auditeur indépendant à travers des audits *a posteriori* des marchés publics.

Toutefois, contrairement à l'ancienne réglementation qui précisait l'étendue des prérogatives de l'auditeur indépendant, le code des marchés publics de 2018 semble avoir omis cette précision. En l'état actuel de la réglementation, un vide subsiste ainsi quant à l'étendue de la mission de l'auditeur indépendant. Pour mémoire, et en attendant qu'une révision du code des marchés publics en vigueur rétablisse cette omission, il y a lieu de rappeler que, conformément aux dispositions de l'article 153 du code des marchés publics de 2004, applicables avant l'entrée en vigueur de l'actuel code des marchés publics, l'auditeur indépendant était chargé de réaliser annuellement des audits *a posteriori* d'un échantillon comprenant :

- La totalité des marchés exécutés au cours de l'exercice et de montants supérieurs à 500 millions de FCFA et
- vingt-cinq pour cent (25 %) des marchés de l'exercice considéré, dont les montants sont compris entre 30 millions et 500 millions de FCFA, choisis de façon aléatoire.

C. Les autres organismes de contrôle externe des marchés publics

Les marchés publics font l'objet de contrôle par d'autres corps prévus par les lois et règlements en vigueur, à savoir notamment : le Contrôle supérieur de l'Etat, la Chambre des comptes de la cour suprême et la Commission nationale anticorruption.

1. Le contrôle supérieur de l'Etat

Les inspecteurs d'Etat du ministère chargé du contrôle supérieur de l'Etat disposent de pouvoirs étendus pour investiguer et déceler les actes frauduleux perpétrés dans le cadre des marchés publics. *« Ces fonctionnaires ont tout le pouvoir de requérir les pièces justificatives de l'agent contrôlé et en cas de résistance, ils ont le pouvoir de recourir à la force publique… Si la faute est avérée, ces agents de l'Etat peuvent poser des scellés, bloquer les comptes bancaires des intéressés et demander la suspension de la signature engageant les dépenses.* »[129] Leur rapport est transmis au président de la République qui est seul habilité à traduire l'agent incriminé devant le conseil de discipline budgétaire et financière.

2. La chambre des comptes de la cour suprême

Dans ses prérogatives, en matière des marchés publics, La chambre des comptes de la cour suprême procède au contrôle de la dépense publique et adresse un rapport annuel au président de la République et au parlement.

3. La commission nationale anticorruption

La commission nationale anticorruption est un organisme public indépendant chargé de contribuer à la lutte contre la corruption dans tous les secteurs dont celui des marchés publics. Elle a pour principales missions :

- De suivre et d'évaluer l'application effective du plan gouvernemental de lutte contre la corruption ;
- De recueillir, de centraliser et d'exploiter les dénonciations et informations dont elle est saisie ;
- De mener toutes études ou investigations et de proposer toutes mesures de nature à prévenir ou juguler la corruption ;
- De procéder, le cas échéant, au contrôle physique de l'exécution des projets, ainsi qu'à l'évaluation des conditions de passation des marchés publics ;
- De diffuser et de vulgariser les textes sur la lutte contre la corruption.

4. L'observatoire national de lutte contre la corruption

Il dispose des prérogatives pour engager des poursuites contre les auteurs des actes de corruption. A ce titre, il exerce des contrôles inopinés sur le terrain et publie un rapport annuel, transmis au chef du gouvernement qui peut alors donner son quitus pour saisir le parquet.

Aussi, il existe au sein des départements ministériels et autres administrations publiques, des cellules de lutte contre la corruption.

---

[129] NGAKETCHA TADOUM Jean Marie et MEBADA MEBADA Grégoire, Du dispositif de contrôle des marchés publics au Cameroun, www.ippa.org/IPCC5/Part9/PAPER 9-2, p. 2376.

CHAPITRE IX

L'EXECUTANT DU MARCHE PUBLIC

Le marché public est un contrat administratif signé entre un organisme public et un cocontractant de l'administration. Le contrat de marché public est signé *intuitu personae*, c'est-à-dire en considération de la personne. Etant par ailleurs un contrat synallagmatique, il fait naître entre ses signataires des droits et des obligations réciproques[130]. Ainsi, tandis que l'administration a l'obligation de payer le prix des prestations prévues dans le contrat, le cocontractant quant à lui s'engage à exécuter lesdites prestations en contrepartie de la rémunération convenue. L'exécutant du marché public est dès lors le titulaire-signataire du contrat (section I). Toutefois, il existe des situations dans lesquelles, outre son signataire, le contrat de marché public est exécuté par plusieurs personnes. On parle alors de cotraitance (section II). Dans d'autres cas, une partie des prestations peut être exécutée par une personne autre que son titulaire. C'est la sous-traitance (section III).

SECTION I : L'EXECUTANT PRINCIPAL DU MARCHE PUBLIC : LE TITULAIRE DU MARCHE

Le titulaire du marché est la personne physique ou morale à qui un marché public a été attribué et notifié pour exécution. Il est désigné sous le vocable de cocontractant de l'administration. Aux termes de l'article 5 (l) du code des marchés publics, le cocontractant de l'administration est toute personne physique ou morale partie au contrat, chargée de l'exécution des prestations prévues dans le marché.

---

[130] V. 1ère Partie, Chapitre 1, Section 2 supra.

Le cocontractant de l'administration est le candidat à la commande public qui, après mise en concurrence ou dans le cadre de l'une des procédures exceptionnelles prévues par la réglementation, a été déclaré attributaire du marché et a signé le contrat de marché public qui lui a été notifié pour qu'il en devienne le titulaire.

Lorsqu'il s'agit d'un marché de travaux, le titulaire du marché sera nommé *« Entrepreneur »* ; ce sera le *« Fournisseur »* s'il s'agit d'un marché de fournitures, ou le *« Prestataire »*dans le cas d'un marché de services ou de prestations intellectuelles[131].

Le cocontractant de l'administration est avant tout une partie au contrat de marché public, et à ce titre, il est seul habilité à signer le contrat de marché, de même qu'il doit exécuter personnellement l'objet du marché. Toutefois, dans certains cas, le marché peut être exécuté au nom du titulaire par un représentant ou un mandataire de celui-ci ; il existe également des situations dans lesquelles le marché est exécuté par plusieurs personnes distinctes.

§1. Le cocontractant de l'administration est l'unique signataire et l'exécutant personnel du marché public

Le marché public est un contrat synallagmatique, c'est-à-dire un accord de volonté conclu entre l'administration et le titulaire du marché. Ce dernier est donc une partie au contrat de marché public. Seul le candidat attributaire à l'issue de la consultation publique peut signer le marché et en devenir titulaire. Autrement dit, le titulaire du marché ne saurait, même avec son accord, être substitué par une personne autre. Seule sa défaillance dûment constatée entraînant la

[131] S'agissant d'un marché de prestations intellectuelles, la pratique dans le système des marchés publics camerounais, s'appuyant notamment sur les dispositions réglementaires qui tendent à confondre les notions de *« Services »*et de *« Prestations intellectuelles »*, désigne généralement l'exécutant du marché public de prestations intellectuelles, *« Prestataire »*, s'éloignant par-là de la terminologie adoptée dans d'autres systèmes de marchés publics parmi lesquels ceux des organismes internationaux qui constituent des systèmes de référence à plusieurs titres, et qui désignent les cocontractants des marchés de prestations intellectuelles sous le vocable de *« Consultants »*. Il nous semble que ce dernier vocable est le mieux adapté pour désigner ces cocontractants qui, dans leurs activités socioprofessionnelles courantes, sont généralement ainsi nommés.

résiliation du marché peut lui faire perdre la qualité de titulaire du marché.

L'exécution du marché public doit être personnelle : le cocontractant est tenu d'exécuter personnellement ses obligations, en vertu du caractère *intuitu personae* reconnu au contrat de marché public. En effet, le cocontractant de l'administration est supposé avoir été choisi en fonction d'un certain nombre de critères à l'issue de l'examen desquels l'attributaire, et plus tard le titulaire du marché a été sélectionné. C'est donc en considération de la personne du candidat que la confiance de la personne publique a été emportée. Dans ces conditions, il ne saurait être admis qu'une autre personne (qui ne dispose nécessairement pas des mêmes caractères ayant justifié le choix de l'attributaire), puisse lui être substituée.

§2. L'exécution du marché public par un mandataire ou un ayant-droit du cocontractant de l'administration

Si le principe de l'exécution personnelle du contrat de marché public par son titulaire est ainsi acquis, très souvent, le marché est exécuté par un mandataire du titulaire. Il peut aussi être exécuté par un ayant-droit du titulaire.

A. L'exécution du marché public par un mandataire du titulaire

La personne titulaire du marché est dans la majorité des cas une personne morale, une entreprise ou, plus particulièrement dans le contexte des marchés publics camerounais, un établissement.

Dans ces conditions, pour exercer matériellement ses attributions de cocontractant de l'administration, le titulaire du marché est représenté en phase d'exécution du marché public par une personne physique qui est généralement un membre de son personnel et très régulièrement son gérant, directeur ou directeur général. Celui-ci accomplit pour le compte du cocontractant, tous les actes d'exécution administrative, technique et financière du marché public.

B. L'exécution du marché public par un ayant-droit du titulaire[132]

L'exécution du marché public peut aussi être faite par un ayant-droit du titulaire du marché dans les cas et aux conditions suivants :

- En cas de décès ou d'incapacité du titulaire personne physique, les successeurs de ce dernier peuvent être autorisés par le maître d'ouvrage ou le maître d'ouvrage délégué à poursuivre l'exécution du marché s'il accepte les propositions de ceux-ci ;
- En cas de faillite du titulaire du marché, ses créanciers peuvent en poursuivre l'exécution si le maître d'ouvrage ou le maître d'ouvrage délégué accepte leurs conditions de continuation du marché ;
- En cas de liquidation judiciaire du titulaire du marché, le liquidateur peut en poursuivre l'exécution si le maître d'ouvrage ou le maître d'ouvrage délégué accepte ses conditions de poursuite du marché.

SECTION II
L'EXECUTION DU MARCHE PUBLIC PAR PLUSIEURS PERSONNES : LA COTRAITANCE

Aux termes de l'article 135, alinéa 1 du code des marchés publics, *« il y a cotraitance lorsque les prestations objet d'un marché sont réalisées par des entreprises distinctes dans le cadre d'un groupement. »*

Il existe ainsi des cas où l'exécution d'un marché public est confiée à un groupement d'entreprises. En effet, un candidat à un marché public peut se présenter seul ou en groupement, dès lors que les modalités de ce mode de soumission sont fixées dans le dossier d'appel d'offres[133].

Le recours au groupement est très souvent approprié lorsqu'un marché est complexe et fait appel à différentes compétences techniques. Plusieurs entreprises peuvent alors se grouper afin de répondre à l'appel d'offres. La possibilité de se mettre en groupement

---

[132] Article 182 du code des marchés publics.
[133] Article 135, alinéa 2 du code des marchés publics.

permet notamment aux petites et moyennes entreprises de participer à des marchés auxquels toutes seules, elles n'auraient pas pu prétendre faute de disposer des compétences et capacités requises pour exécuter toutes les prestations prévues au marché.

§1. Les formes de groupement

Conformément à l'article 136, alinéa 1 du code des marchés publics, *« le cahier des clauses administratives particulières doit préciser si les entreprises groupées sont conjointes ou solidaires. »* Autrement dit, le droit commun des marchés publics camerounais reconnaît deux formes de groupement : le groupement conjoint et le groupement solidaire.

A. Le groupement conjoint

A la lumière de l'article 136, alinéa 3 du code des marchés publics, les entreprises groupées sont conjointes lorsque, les prestations étant divisées en lots dont chacun est assigné à l'une de ces entreprises, chacune d'entre elles est engagée pour le ou les lots qui lui sont assignés. L'une d'entre elles doit être désignée dans le cahier des clauses administratives particulières comme mandataire. Le mandataire représente l'ensemble des entreprises conjointes vis-à-vis du maître d'ouvrage ou du maître d'ouvrage délégué, pour l'exécution du marché. Chaque entreprise est payée par l'administration dans son propre compte.

La particularité du groupement conjoint tient de ce que les membres du groupement ont très souvent des compétences complémentaires. Ils sont alors des cotraitants et chacun s'engage à exécuter un ou plusieurs lots techniques dont l'ensemble forme les prestations du marché. Ainsi, chaque entreprise ne s'engage que pour la seule partie qu'elle exécute selon l'acte d'engagement. *« Ceci implique que les entreprises qui participent au groupement conjoint sont responsables uniquement quant à la partie qu'elles exécutent. A cet effet, l'entreprise attributaire d'une partie du marché n'est pas tenue pour responsable quant à l'inexécution de la prestation des autres entreprises du groupement.* »[134]

B. Le groupement solidaire

Aux termes de l'article 136, alinéa 2 du code des marchés publics, les entreprises groupées sont solidaires lorsque chacune d'elles est engagée pour la totalité du marché et doit pallier une éventuelle défaillance de ses partenaires. L'une d'entre elles doit être désignée dans le cahier des clauses administratives particulières comme mandataire et représenter l'ensemble des entreprises vis-à-vis du maître d'ouvrage ou du maître d'ouvrage délégué. Les cotraitants se répartissent les sommes qui sont réglées par l'administration dans un compte unique.

Ainsi, dans le groupement solidaire, tous les membres du groupement s'engagent solidairement pour la réalisation du marché vis-à-vis du maître d'ouvrage ou du maître d'ouvrage délégué. Cet engagement solidaire porte sur la totalité du marché. L'acte d'engagement indique le montant ainsi que l'ensemble des prestations du marché que les membres du groupement décident solidairement de réaliser, car les membres du groupement ont la même compétence. MOHAMED NABIH affirme en ce sens que *« les entreprises ayant formé un groupement solidaire pour l'exécution du marché dont elles sont titulaires sont réputées se représenter mutuellement dans toutes les instances relatives aux obligations attachées à l'exécution de ce marché. A cet effet, si une entreprise n'est pas en mesure d'assumer l'exécution de la part qui lui a été attribuée, les autres entreprises du groupement se substituent à elle pour assurer la réalisation de la part de l'entreprise considérée comme défaillante.* »[135]

N.B. : *Quelle que soit la forme du groupement (conjoint ou solidaire), celui-ci en lui-même n'a pas de capacité juridique et, dans les deux cas, les entreprises groupées doivent justifier individuellement de leur capacité juridique avant de pouvoir prétendre se mettre en groupement.*

---

[134]Mohamed NABIH, *op. cit.*, p. 54.

[135] Idem, p. 55.

§2.La matérialisation du groupement

Le règlement général de l'appel d'offres pour les marchés des travaux et celui relatif aux marchés de fournitures stipulent que *« la nature du groupement (conjoint ou solidaire) doit être précisée et justifiée par la production d'une copie de l'accord de groupement en bonne et due forme… (et) le membre du groupement désigné comme mandataire, représentera l'ensemble des entreprises vis-à-vis du maître d'ouvrage et de l'autorité contractante pour l'exécution du marché. »*

De cette disposition, l'on peut déduire que, qu'il soit solidaire ou conjoint, le groupement doit être matérialisé par une convention de groupement signée par tous ses membres, et un mandataire doit être désigné pour représenter l'ensemble des membres et coordonner les opérations.

A. La signature d'une convention

L'accord de groupement constitue en soi un contrat de partenariat passé entre les membres du groupement. Il s'agit d'une convention commerciale qui doit dès lors obéir aux règles conventionnelles en la matière. La constitution d'un groupement d'entreprises doit ainsi être matérialisée par une convention de groupement authentique, c'est-à-dire signée et authentifiée par un organisme habilité, en l'occurrence un notaire assermenté. Cette convention doit contenir notamment les informations sur l'objet de la convention, la nature du groupement, la part des prestations dévolues à chaque membre du groupement et l'indication du mandataire.

B. La désignation d'un mandataire du groupement

Lors de la signature de la convention de groupement, le mandataire doit être nommément indiqué. Représentant du groupement auprès du maître d'ouvrage ou du maître d'ouvrage délégué, les ordres, courriers, demandes à lui adressés par ce dernier sont réputés avoir été donnés à tous les membres du groupement ; de même, les courriers et demandes éventuelles que le mandataire adresse au maître d'ouvrage ou au maître d'ouvrage délégué sont réputés avoir été initiés par l'ensemble des membres du groupement. Le mandataire est donc non seulement solidaire des autres membres du groupement, mais aussi du maître d'ouvrage ou du maître d'ouvrage délégué dont il n'est pourtant pas le mandataire, ce qui fait assimiler le contrat de mandat en matière de groupement d'entreprises dans le cadre des marchés publics, à un contrat *« sui generis. »*

Cependant, cette solidarité du mandataire vis-à-vis de chacun des autres membres du groupement n'est pas éternelle. Notamment, dans le cadre d'un groupement conjoint, la solidarité cesse à la fin du contrat et, *« en cas de sinistre pendant les périodes de garantie, le maître d'ouvrage doit s'adresser à chaque cotraitant pour la part de la mission qu'il a personnellement effectuée. »*[136]

Les obligations du mandataire s'étendent simplement au respect des règles propres au contrat de mandat vis-à-vis des cotraitants. Quant à ses relations avec le maître d'ouvrage ou le maître d'ouvrage délégué, sa mission se limite à la réalisation des actes de coordination de l'exécution du marché.

Toutefois, en cas de groupement solidaire, le mandataire, tout comme les autres membres du groupement, demeurera responsable de l'exécution de la totalité du marché, et sa responsabilité pourra être engagée même pour les prestations qu'il estime ne pas être de sa responsabilité.

SECTION III
L'EXECUTION D'UNE PARTIE DU MARCHE
PAR UNE PERSONNE AUTRE QUE SON TITULAIRE :
LA SOUS-TRAITANCE ET LA SOUS-COMMANDE

Aux termes de l'article 131, alinéa 1 du code des marchés publics, *« tout marché public peut faire l'objet de sous-traitance ou donner lieu à des sous-commandes suivant des modalités fixées par le présent code et les cahiers des clauses administratives générales. »*

La sous-traitance ou la sous-commande peut globalement être définie comme une opération par laquelle, à l'occasion de l'exécution d'un marché public, le titulaire du marché, tout en demeurant seul

[136] Ibidem, p. 57.

responsable de l'exécution de toutes les obligations résultant du marché[137], fait appel à une ou plusieurs autres entreprises non parties au contrat de marché public, pour exécuter certaines des prestations prévues dans le contrat, à la condition préalable de l'accord du maître d'ouvrage ou du maître d'ouvrage délégué.

Dans le contrat de sous-traitance ou de sous-commande, la volonté du maître d'ouvrage ou du maître d'ouvrage délégué bénéficiaire des prestations de l'ensemble du marché est prédominante. En effet, l'article 131, alinéa 1 (*in fine*) précité subordonne le recours à la sous-traitance à l'autorisation préalable du maître d'ouvrage ou du maître d'ouvrage délégué ; toutefois, la sous-traitance ne décharge pas le cocontractant de l'administration de ses obligations liées à l'exécution entière du marché.

§1.L'autorisation écrite du maître d'ouvrage ou du maître d'ouvrage délégué, condition *sine qua nun* de recours à la sous-traitance ou à la sous-commande

Confirmant l'esprit de l'article 131, alinéa 1 (*in fine*) précité, l'article 54, alinéa 2 du cahier des clauses administratives générales applicable aux marchés publics des travaux dispose que l'entrepreneur ne peut sous-traiter l'exécution de certaines parties du marché sans l'autorisation préalable et écrite du maître d'ouvrage.

Cette autorisation, qui marque davantage la toute-puissance du maître d'ouvrage ou du maître d'ouvrage délégué dans le contrat de marché public, vise principalement à renforcer les mesures de contrôle de l'exécution des marchés publics, tout en permettant au maître d'ouvrage ou au maître d'ouvrage délégué d'apprécier les capacités et les performances techniques du sous-traitant ou du sous-commandier proposé et de le refuser en cas de non-satisfaction. En ce sens, l'article 54, alinéa 1 sus-évoqué dispose que : *« Bien que l'entrepreneur reste pleinement responsable, le maître d'ouvrage se réserve le droit de refuser la sous-traitance d'une partie du marché par une personne ou administration spécifique qui ne satisfait pas les conditions administratives ou techniques stipulées dans le marché. »*

[137] Article 64, alinéa 2 du code des marchés publics.

S'agissant de la forme de l'autorisation, elle doit être écrite ainsi que le précise l'article 54, alinéa 2 du cahier des clauses administratives générales applicable aux marchés publics des travaux. Aucun autre formalisme n'est exigé.

Se référant à l'article 8, alinéa 1 du cahier des clauses administratives générales précité qui dispose que *« (...) les ordres de service ayant une incidence sur l'objectif, le coût et le délai des travaux ne peuvent être signés que par le maître d'ouvrage ou après son accord écrit »,* certains auteurs déduisent que l'autorisation du maître d'ouvrage ou du maître d'ouvrage délégué devrait se faire uniquement par ordre de service. Il semble que ce serait limiter la liberté du choix de la forme de l'écrit expressément laissée au maître d'ouvrage ou au maître d'ouvrage délégué par le pouvoir réglementaire. En effet, la réponse écrite et signée par le maître d'ouvrage ou le maître d'ouvrage délégué à la suite d'une demande d'autorisation de sous-traitance constitue une autorisation au sens des textes ci-dessus ; de même, la simple mention *« accord »* du maître d'ouvrage ou du maître d'ouvrage délégué visée et cachetée sur une demande d'autorisation de sous-traitance devrait tenir lieu de ladite autorisation dès lors qu'il s'agit d'un accord écrit.

Le caractère impératif de l'autorisation du maître d'ouvrage ou du maître d'ouvrage délégué dans la sous-traitance et la sous-commande est davantage réaffirmé par le pouvoir réglementaire dès lors que la sous-traitance ou la sous-commande sans autorisation préalable peut entraîner la résiliation du contrat de marché public. En effet, aux termes de l'article 182 (d) du code des marchés publics, le marché est résilié de plein droit par le maître d'ouvrage ou le maître d'ouvrage délégué en cas de sous-traitance, de cotraitance ou de sous-commande sans autorisation préalable.

L'on peut ainsi admettre avec BAHOKEN Valeri Lesmont qu'en droit commun des marchés publics camerounais, *« dès lors qu'une entreprise quelconque se retrouve en relation contractuelle avec le cocontractant de la personne publique et participe directement aux travaux, sans autorisation du maître d'ouvrage, le contrat encourt résiliation. Le maître d'ouvrage a le plein droit de résilier unilatéralement le contrat principal. »*[138]

§2.Dans la sous-traitance ou la sous-commande, le cocontractant de l'administration demeure responsable de l'exécution intégrale du marché

Le titulaire du marché public reste le seul responsable vis-à-vis du maître d'ouvrage ou du maître d'ouvrage délégué, de toutes les obligations résultant du contrat de marché public, y compris celles données en sous-traitance ou en sous-commande. De ce fait, les sous-traitants ou sous-commandiers doivent exécuter les prestations qui leur sont attribuées dans le contrat de sous-traitance ou de sous-commande suivant les prescriptions du maître d'ouvrage ou du maître d'ouvrage délégué.

Cette constance est réaffirmée par l'article 54, alinéa 2 du cahier des clauses administratives générales applicable aux marchés publics des travaux aux termes duquel, l'autorisation de sous-traitance donnée par le maître d'ouvrage ou le maître d'ouvrage délégué ne saurait affranchir l'entrepreneur d'aucune de ses obligations contractuelles. A cet effet, il restera responsable vis-à-vis du maître d'ouvrage de toute action, déficience ou négligence de ses sous-traitants et des agents, employés ou ouvriers de ces derniers, aussi pleinement que s'il s'agissait des siens. L'article 23.1 du cahier des clauses administratives générales applicable aux marchés publics de fournitures énonce quant à lui que *« le consentement du maître d'ouvrage n'engage pas celui-ci envers le ou les sous-traitants, le fournisseur demeurant dans tous les cas, entièrement responsable de l'exécution des prestations. »*

N.B. : *La sous-traitance de la totalité du marché est interdite ; elle est limitée à trente pour cent (30 %) du montant du marché et de ses avenants*[139].

---

[138]BAHOKEN Valeri Lesmont, « Le maître d'ouvrage et le contrat de sous-traitance dans les marchés publics de travaux au Cameroun » in *Juridical Tribune, Vol. 5*, December 2015, p. 189.

[139] Article 54.4 du CCAG applicable aux travaux ; article 26.1 du CCAG applicable aux marchés des fournitures ; article 27.2 du CCAG applicable aux marchés des services et prestations intellectuelles.

TITRE II

LES CADRES FORMELS DES MARCHES PUBLICS

Les cadres formels des marchés publics font référence aux différents types de marchés publics (Chapitre X) ainsi qu'aux différentes formes dans lesquelles les marchés publics peuvent être conclus (Chapitre XI) ; en outre, en fonction de certaines conditions, les marchés publics peuvent être passés suivant divers modes (Chapitre XII).

CHAPITRE X

TYPOLOGIE DES MARCHES PUBLICS

Les types de marchés publics dépendent en général de la nature des prestations sollicitées. En droit commun des marchés publics camerounais, il existe cinq (5) types de marchés publics : les marchés publics de travaux, les marchés publics de fournitures, les marchés publics de services, les marchés publics de prestations intellectuelles et les marchés de conception-réalisation. A côté de ces principaux types de marchés, l'on retrouve également des marchés comportant plusieurs objets et portant simultanément sur des travaux, des fournitures et/ou des services. Ce sont des marchés dits mixtes qui doivent toutefois être catégorisés dans l'un des quatre types principaux énumérés. A chaque type de marchés publics (Section I) sont associées des règles particulières (section II).

SECTION I
LES DIFFERENTS TYPES DE MARCHES PUBLICS

Le code des marchés publics distingue cinq (5) types de marchés à savoir : les marchés publics de travaux, les marchés publics de fournitures, les marchés publics de services, les marchés publics de prestations intellectuelles et les marchés de conception-réalisation, auxquels il convient d'ajouter les marchés publics mixtes bien qu'ils ne soient pas expressément identifiés par le pouvoir réglementaire.

§1. Les marchés publics de travaux

A. Définition

Aux termes de l'article 61 du code des marchés publics, les marchés de travaux sont des marchés qui ont pour objet la réalisation des opérations de construction, reconstruction, démolition, réparation, rénovation de tout bâtiment, route ou ouvrage, y compris la préparation du chantier, les travaux de terrassement, d'installation d'équipements ou de matériels, la décoration et la finition, ainsi que les services accessoires aux travaux, si la valeur de ces services ne dépasse pas celle des travaux eux-mêmes.

B. Champ d'application

L'article 1 du CCAG applicable aux marchés publics des travaux soumet à ce texte toutes les prestations concernant *« l'exécution et le contrôle des marchés publics de génie civil dont les routes, les ouvrages d'art, les voiries urbaines et les bâtiments et autres infrastructures, passés pour le compte de l'Etat, d'une collectivité territoriale décentralisée, d'un établissement public ou d'une entreprise du secteur public ou parapublic. »* Sont ainsi inclus dans cette catégorie de marchés publics, les travaux routiers, les travaux de construction de bâtiments et les travaux relatifs aux infrastructures diverses.

1. Les travaux routiers

Les marchés de travaux routiers englobent :

- Les travaux de construction de nouvelles routes bitumées ou non goudronnées, des nouvelles pistes et routes rurales (travaux routiers neufs) ;
- Les travaux de réhabilitation ou de réfection des routes bitumées ou non goudronnées et des pistes et routes rurales déjà existantes mais en état de dégradation (travaux routiers de réhabilitation) ;
- Les travaux d'entretien des routes bitumées ou non goudronnées et des routes et pistes rurales et villageoises (travaux routiers d'entretien) ;
- Les travaux de voiries et réseaux divers.

2. Les travaux de bâtiments et des équipements collectifs

Sont inclus dans la catégorie des travaux de construction de bâtiments et équipements collectifs :

- Les travaux de construction de bâtiments administratifs et publics neufs (immeubles ministériels, immeubles abritant les

services déconcentrés de l'administration, logements sociaux, formations sanitaires, infrastructures scolaires…) ;
- Les travaux de réhabilitation des mêmes bâtiments publics et administratifs ;
- Les travaux d'aménagement des places publiques et des espaces publics (jardins publics, parcs publics, esplanades…) ;
- Les travaux de maintenance (ascenseurs, appareils médicaux et sanitaires, machines industrielles…)

3. Les travaux des autres infrastructures

Les travaux relevant de la catégorie des travaux des autres infrastructures sont ceux relatifs à :

- La construction d'ouvrages d'art classiques tels que les ponts, les dalots et les buses ;
- La construction d'ouvrages d'art spéciaux (aéroports, ports, chemins de fer, digues, barrages, aqueducs, canaux, écluses, tunnels…) ;
- Les travaux d'hydraulique (adductions d'eau, construction de puits et forages, raccordements aux réseaux…), d'électrification (électrification villageoise, mise en place de systèmes solaires, branchements électriques, installation de lignes électriques…) et de télécommunications (création de lignes téléphoniques, radios, télévisions, systèmes informatiques…)

§2. Les marchés publics de fournitures

A. Définition

Conformément à l'article 62 du code des marchés publics, les marchés de fournitures sont des marchés qui ont pour objet l'achat, la prise en crédit-bail, la location-vente de produits ou de matériels y compris les services et accessoires, si la valeur de ces derniers ne dépasse celle des biens eux-mêmes.

B. Champ d'application

Aux termes de l'article 1 du CCAG applicable aux marchés de fournitures, *« sont soumis aux dispositions du présent CCAG, l'exécution et le contrôle des marchés publics de fourniture des biens et équipements passés pour le compte de l'Etat, d'une collectivité territoriale décentralisée, d'un établissement public ou d'une entreprise du secteur public ou parapublic ».* Les marchés publics de fournitures concernent donc exclusivement les fournitures de biens et équipements. Rentrent ainsi dans cette catégorie :

- La fourniture du matériel de bureau ;
- La fourniture du livre, du matériel scolaire, pédagogique et didactique ;
- La fourniture des médicaments, des consommables, des équipements sanitaires et du matériel biomédical ;
- Les intrants et les matières premières agricoles ;
- La fourniture du matériel électronique et électrique ;
- La fourniture et la maintenance des véhicules et engins ;
- Les fournitures directement ou indirectement rattachées aux travaux de routes, de bâtiments, d'équipements collectifs et des autres infrastructures.

***N.B.* :** *Le terme « fournitures » désigne ici l'ensemble des éléments que le fournisseur est tenu de livrer au maître d'ouvrage ou au maître d'ouvrage délégué, y compris si nécessaire, les services tels que le transport sur site, le montage, les tests, la mise en service, les expertises, la supervision, l'entretien, la réparation, la formation des utilisateurs et toutes autres obligations se rapportant aux éléments à fournir au titre du marché.*

§3. Les marchés publics de services

A. Définition

Les marchés publics de services sont des marchés conclus avec des prestataires de services pour la réalisation de prestations immatérielles dont l'élément prédominant est soit quantifiable, soit non quantifiable (article 5 (y) du code des marchés publics).

B. Champ d'application

La détermination du champ d'application des marchés de services pose quelques difficultés dès lors que le marché public de services peut avoir pour objet des prestations particulièrement hétérogènes qui, même si elles font l'objet d'une classification détaillée, n'en restent pas moins parfois délicates à déterminer, au point que certains auteurs ont tenté de résoudre le problème en définissant simplement le marché public de services comme celui qui n'a pour objet ni des travaux, ni des fournitures[140]. Ceci justifie sans doute la tendance du pouvoir public à intégrer les services et les prestations intellectuelles dans une catégorie homogène de marchés publics[141].

Ceci étant, le code des marchés publics de 2018 distingue deux types de marchés de services : les marchés de services quantifiables et les marchés de services non quantifiables.

1. Les marchés publics de services quantifiables

Aux termes de l'article 5 (aa) du code des marchés publics, les marchés publics de services quantifiables sont les marchés des prestations de services concernant, entre autres, le gardiennage, le nettoyage ou l'entretien des édifices publics ou des espaces verts, l'entretien ou la maintenance des matériels et équipement de bureau ou d'informatique, l'assurance, à l'exclusion de l'assurance maladie, etc.

Ce sont, en vertu de l'article 63, alinéa 1 du code, des marchés pour lesquels les prestations ne font pas nécessairement appel à une conception, et qui se traduisent par un résultat physiquement mesurable.

---

[140] M. DONY, « Les lignes directrices de la réglementation : de la théorie à la pratique », *les marchés publics à l'aube du XXIe siècle. Actes de la journée d'études du 22 octobre 1999 organisée à l'occasion du 100e anniversaire de la Section des Sciences politiques de l'ULB et du 75e anniversaire de la Section des Sciences administratives de l'Institut Cooremans (HE Francisco Ferrer)*, Bruxelles, Editions Bruylant, 2000, p. 35.

[141] Un seul CCAG est applicable aux marchés de services et ceux de prestations intellectuelles sans distinguer expressément les services des prestations intellectuelles ; bien plus, le code des marchés publics de 2018 assimile les services non quantifiables et les prestations intellectuelles, les marchés de services non quantifiables étant définis comme des marchés pour lesquels des prestations revêtent un caractère principalement intellectuel.

2. Les marchés publics de services non quantifiables

Les marchés de services non quantifiables sont des marchés des prestations de services concernant entre autres la délégation des services publics, l'assurance maladie, la publicité, l'audit des comptes, l'organisation des séminaires de formation etc. (article 5 (z) du code des marchés publics). C'est le cas notamment de l'assurance maladie, la publicité et l'organisation des séminaires de formation.

§4. Les marchés publics de prestations intellectuelles

A. Définition

Aux termes de l'article 5 (x) du code des marchés publics, les marchés publics de prestations intellectuelles sont des marchés dont l'objet porte essentiellement sur des prestations à caractère intellectuel et dont l'élément prédominant n'est pas physiquement quantifiable ou consomptible. Ils incluent notamment la maîtrise d'œuvre, les audits, les études, le contrôle et les obligations spécifiques liées à la notion de propriété intellectuelle.

B. Champ d'application

Les prestations qui rentrent dans la catégorie des prestations intellectuelles sont :

- Les prestations d'études ;
- Les prestations d'audits ;
- Les prestations de maîtrise d'œuvre ;
- Les obligations spécifiques liées à la notion de propriété intellectuelle.

N.B. : *Les prestations intellectuelles doivent être distinguées des prestations de services courants. L'objet des marchés des prestations intellectuelles ne consiste pas dans un résultat matériel ou physiquement quantifiable, tel que le transport d'un bien, le nettoyage d'un immeuble ou le seul traitement informatique de données fournies* *par le client, c'est le savoir-faire du consultant qui est primordial pour sa réalisation et non l'importance de ses moyens matériels ou de sa capacité financière, même si ces considérations sont déterminantes lors de la sélection.*

§5. Les marchés publics de conception-réalisation

Aux termes de l'article 64 du code des marchés publics, un marché de conception-réalisation est un marché de travaux qui permet au maître d'ouvrage de confier à un groupement d'opérateurs économiques ou, pour les seuls ouvrages d'infrastructures, à un seul opérateur économique, une mission portant à la fois sur la réalisation des études et l'exécution des travaux.

§6. Les marchés publics mixtes

Un marché public relevant d'une des cinq (5) catégories mentionnées ci-dessus peut comporter, à titre accessoire, des prestations qui, par leur nature, sont du domaine d'une autre de ces catégories. Il y a lieu dans ce cas de distinguer l'objet principal du marché par rapport à l'accessoire selon la valeur respective de chaque objet. C'est la valeur financière estimée au moment du lancement de la consultation qui déterminera sa qualification et définira quel type de régime juridique il y a lieu de lui appliquer. Ainsi :

- Lorsqu'un marché a pour objet principal des travaux qui s'accompagnent de prestations de services ou de fournitures, il est à considérer comme marché de travaux (***Exemple :****travaux de construction de salles de classe et leur équipement en bureaux et tables-bancs*).
- En revanche, lorsque les travaux n'ont qu'un caractère accessoire par rapport à l'objet principal du marché, l'ensemble ne peut être qualifié de marché de travaux (***Exemple :*** *La fourniture d'un groupe électrogène avec construction de son abri est un marché de fournitures dès lors que l'objet principal du marché est la fourniture du groupe électrogène, l'abri n'en étant que l'accessoire*).

- Les marchés comportant à la fois des fournitures et des services sont classés dans le type qui prédomine en valeur (***Exemple :*** *la commande d'une machine assortie de prestations d'entretien sera un marché de fournitures si la valeur de la fourniture de la machine est supérieure à celle de l'entretien, et vice-versa*).

SECTION II
LES PARTICULARITES LIEES AUX TYPES DE MARCHES

Dans le système des marchés publics camerounais, le type de marché est très souvent déterminant du type de consultation à entreprendre, des critères d'évaluation et des conditions d'attribution du marché.

§1. Quant au type de consultation

Si le principe en droit commun des marchés publics camerounais est la liberté de choix du mode de consultation par le maître d'ouvrage ou le maître d'ouvrage délégué, ce principe connaît toutefois des exceptions liées au type de marché considéré. En effet, le pouvoir réglementaire camerounais impose dans certaines situations, le mode de consultation à mettre en œuvre en fonction du type de marché envisagé.

A. L'obligation de la procédure d'appel d'offres restreint pour les marchés de prestations intellectuelles

Le libre choix du type de procédure par le maître d'ouvrage ou le maître d'ouvrage délégué n'est valable qu'en ce qui concerne les marchés de travaux, de fournitures et de services. En effet, s'agissant des marchés de prestations intellectuelles, l'article 78, alinéa 1 du code des marchés publics impose le recours à l'appel d'offres restreint. Les candidats admis à soumissionner pour ces marchés doivent préalablement faire l'objet d'une présélection préalable à l'issue de laquelle seul un appel d'offres restreint pourra être lancé.

Toutefois, conformément aux dispositions de l'article 78, alinéa 3 du code des marchés publics, le maître d'ouvrage ou le maître d'ouvrage délégué peut être exempté de la pré-qualification[142].

B. L'interdiction de la procédure de demande de cotation pour les marchés de prestations intellectuelles, des services non quantifiables et les marchés de travaux de construction

L'article 113, alinéa 1 du code des marchés publics exclut de la liste des prestations pouvant faire l'objet de recours à la procédure de demande de cotation, les marchés de prestations intellectuelles et des services non quantifiables ainsi que les marchés de travaux de construction. La liste de cette disposition étant limitative, il y a lieu de conclure implicitement à l'exclusion des marchés ci-dessus du champ d'application de la demande de cotation.

§2. Quant aux modes d'évaluation

La législation camerounaise des marchés publics fait également une distinction des modes d'évaluation des offres selon qu'il s'agisse des marchés des travaux et de fournitures d'une part, ou des marchés de prestations intellectuelles d'autre part.

A. Le mode binaire de notation exclusivement pour les marchés de travaux, de fournitures et de services quantifiables

Conformément à la réglementation camerounaise des marchés publics, les offres des soumissionnaires pour une consultation relative à un marché de travaux, de fournitures ou de services quantifiables doivent être évaluées suivant le mode binaire de notation exclusivement.

[142] V. Chapitre XII, Section I infra.

B. Le mode de notation par attribution des points uniquement pour les marchés des prestations intellectuelles et des services non quantifiables

Pour les marchés de prestations intellectuelles et des services non quantifiables, les offres des soumissionnaires sont évaluées uniquement suivant le mode de notation par attribution des points.

§3. Quant aux conditions d'attribution des marchés

L'article 99 du code des marchés publics qui fixe les conditions d'attribution des marchés publics distingue les marchés des travaux, des fournitures et des services quantifiables de ceux des services non quantifiables et des prestations intellectuelles.

A. L'attribution au moins disant pour les marchés de travaux, de fournitures et de services quantifiables

Aux termes de l'article 99 (a) du code des marchés publics, l'attribution des marchés de travaux, de fournitures et de services quantifiables se fait au soumissionnaire ayant présenté une offre remplissant les critères de qualification technique et financière requis et dont l'offre est évaluée la moins disante.

B. L'attribution au mieux disant pour les marchés des services non quantifiables, des prestations intellectuelles et les appels d'offres avec concours

Conformément à l'article 99 (b) du code des marchés publics, l'attribution des marchés des services non quantifiables, des prestations intellectuelles et des marchés passés à la suite d'un appel d'offres avec concours se fait au soumissionnaire présentant l'offre évaluée la mieux-disante, par combinaison des critères techniques, financiers et/ou esthétiques.

CHAPITRE XI

LES FORMES DE MARCHES PUBLICS

La forme d'un marché public fait référence à l'ensemble des différentes manières dont celui-ci s'exécute. La forme doit être distinguée de la procédure de passation du marché public qui définit quant à elle les modalités de publicité et de mise en concurrence.

En droit des marchés publics camerounais, il existe plusieurs formes de marchés publics dont la détermination est faite soit en fonction du volume du marché (section I), soit en fonction du mode d'établissement du prix (section II).

NB :*Le code des marchés publics exclut de manière expresse de son champ d'application, les marchés spéciaux dont il n'est dès lors pas fait allusion dans cet ouvrage*[143].

[143] Les marchés spéciaux sont des marchés qui concernent l'acquisition d'équipements ou fournitures et des prestations directement liés à la défense nationale, à la sécurité et aux intérêts stratégiques de l'Etat. Ils comportent par conséquent des clauses secrètes pour des raisons de sécurité et d'intérêts stratégiques de l'Etat, qui ne sauraient être divulgués au *public ordinaire.* D'où le recours à des procédures spéciales de passation de ces marchés. Par contre, les équipements ou fournitures et les prestations de toute nature autres que ceux visés ci-dessus relèvent de la compétence des commissions de passation des marchés. Ceci justifie la présence de ces commissions au sein des principales institutions nationales de défense et de sécurité (ministère de la défense, délégation générale à la sûreté nationale).

SECTION I
LA DETERMINATION DE LA FORME DES MARCHES EN FONCTION DE LEUR VOLUME ET DE LA DIVERSITE DES PRESTATIONS

§1. Les marchés ordinaires

Le marché ordinaire est la forme de marché la plus usitée au Cameroun. C'est le marché public de droit commun. On peut le définir comme le marché dont l'exécution se fait de manière globale. Le maître d'ouvrage ou le maître d'ouvrage délégué est en mesure ici de déterminer avec précision la nature et la consistance des besoins à satisfaire, le montant des prestations et les délais d'exécution (***Exemple :*** *achat de matériel médical, construction d'un bâtiment, etc.*).

§2. Les marchés fractionnés

Il peut arriver que le maître d'ouvrage ou le maître d'ouvrage délégué soit dans l'impossibilité de satisfaire en une seule fois l'ensemble de ses besoins, ou qu'il ne puisse réaliser en une seule fois l'ensemble d'un programme de travaux, ou alors que, pour des besoins de célérité, les travaux, fournitures ou services nécessitent l'intervention de plusieurs prestataires. Dans ce cas, il peut recourir à des formes de marchés spécifiques dits marchés fractionnés. Ce sont les marchés à tranches et les marchés allotis.

A. Les marchés pluriannuels et à tranches

Le marché à tranches est un marché qui comporte une tranche ferme et une ou plusieurs tranches conditionnelles dont la consistance, le prix et les modalités d'exécution sont fixés en amont par le maître d'ouvrage ou le maître d'ouvrage délégué.

Le recours au marché à tranches est consacré au Cameroun par l'article 68 du code des marchés publics dont l'alinéa 1 dispose que : *« lorsque l'intégralité du financement nécessaire pour la réalisation d'un projet ne peut être mobilisée au cours d'un seul exercice budgétaire et que les prestations peuvent s'étaler sur plusieurs années ou s'exécuter en plusieurs phases comprenant une tranche ferme et une ou plusieurs tranches conditionnelles, le maître d'ouvrage doit programmer les dépenses liées à chaque exercice. »*

C'est un mécanisme qui peut s'appliquer à tous les marchés de fournitures, de services et de prestations intellectuelles, et plus particulièrement aux marchés de travaux.

Le recours au marché à tranches est subordonné à des conditions particulières, et le processus de son exécution est autant particulier.

1. Les conditions de recours à un marché à tranches

L'article 68, alinéa 1 du code des marchés publics pose deux conditions pour que le maître d'ouvrage ou le maître d'ouvrage délégué puisse recourir à cette procédure :

a)- L'intégralité du financement ne peut être mobilisée au cours d'un seul exercice budgétaire

Seuls les projets dont le montant est élevé et ne peut être supporté par le maître d'ouvrage ou le maître d'ouvrage délégué sur un seul exercice budgétaire peuvent bénéficier du fractionnement en tranches. C'est le cas des marchés de gros investissements, la réalisation d'opérations de grande ampleur pour lesquelles la disponibilité des crédits nécessaires n'est pas entièrement assurée ou pour lesquelles le financement sera étalé dans le temps et couvrira en conséquence plusieurs exercices budgétaires.

b)- Les prestations peuvent être réparties en phases étalées sur plusieurs années

Le marché ne peut bénéficier du fractionnement que si les prestations peuvent être divisées en tranches formant un ensemble cohérent, autonome et fonctionnel. Le marché dans sa globalité doit ainsi justifier d'une homogénéité fonctionnelle, et chaque tranche issue du fractionnement doit présenter une autonomie d'exécution par rapport aux autres tranches.

2. Le processus d'exécution du marché à tranches

Le marché à tranches est exécuté en deux ou plusieurs phases :

a)- La tranche ferme

Le maître d'ouvrage ou le maître d'ouvrage délégué est engagé sur la tranche ferme du marché, dont le financement doit être obligatoirement disponible. Il doit donc veiller à ce que cette tranche soit effectivement exécutée conformément aux prescriptions définies dans les documents contractuels du marché.

En cours d'exécution, ou à l'issue de l'exécution de la tranche ferme, chaque partie a la possibilité de dénoncer le marché avec préavis, et dans les conditions de dénonciation expressément prévues dans les documents contractuels du marché[144].

b)- Les tranches conditionnelles

L'exécution de chaque tranche conditionnelle est subordonnée à une décision du maître d'ouvrage ou du maître d'ouvrage délégué notifiée au titulaire dans les conditions fixées au marché.

Contrairement au maître d'ouvrage ou au maître d'ouvrage délégué qui n'est engagé que sur la tranche ferme, le cocontractant de l'administration, titulaire du marché est engagé sur la totalité des tranches (tranche ferme et tranches conditionnelles).

Le maître d'ouvrage ou le maître d'ouvrage délégué n'est pas obligé de reconduire les tranches conditionnelles. Il peut y renoncer pour des motifs financiers, techniques ou en raison de la disparition du besoin ou d'une mauvaise exécution de la tranche précédente, sous-réserve de dénonciation[145]. Les tranches non reconduites pourront, le cas échéant, être exécutées par un autre prestataire dans le cadre d'un autre marché.

***N.B. :** Les marchés à tranches doivent indiquer la durée globale pour laquelle ils sont conclus*[146].

---

[144] Article 69, alinéa 3 du code des marchés publics.

[145] Idem.

[146] Article 68, alinéa 2 du code des marchés publics.

B. Les marchés allotis

Afin de susciter la plus large concurrence, et sauf si l'objet du marché ne permet pas l'identification de prestations distinctes, le maître d'ouvrage ou le maître d'ouvrage délégué peut passer chaque marché en lots séparés. Le nombre et la nature des lots sont choisis en tenant notamment compte des caractéristiques techniques des prestations demandées, de la structure du secteur économique en cause et, le cas échéant, des règles applicables à certaines professions. C'est l'allotissement, qui est défini comme la répartition de la commande objet d'un marché en plusieurs lots pour des raisons économiques, financières, techniques ou sociales. Chaque lot constitue une unité autonome et peut être attribué séparément ou avec d'autres lots.

En droit commun des marchés publics camerounais, si des conditions de recours aux marchés allotis ne sont pas formellement imposées, la réglementation organise toutefois les modalités de mise en œuvre de l'allotissement.

L'allotissement des commandes est obligatoire lorsqu'il est de nature à favoriser la participation des entreprises nationales ou lorsqu'il est susceptible de présenter des avantages d'ordre technique, financier ou social.

1. Cas de recours à l'allotissement

Plusieurs situations peuvent justifier le recours à l'allotissement :

a) Le volume des prestations

L'allotissement est particulièrement approprié lorsque l'importance des prestations sollicitées par le maître d'ouvrage ou le maître d'ouvrage délégué risque de dépasser les capacités techniques ou financières d'une seule entreprise. La quête de célérité impose ici que le maître d'ouvrage ou le maître d'ouvrage délégué fasse appel à plusieurs prestataires pour pouvoir obtenir les résultats attendus dans un temps relativement acceptable.

b) La nature diversifiée des prestations

L'allotissement est également adapté pour les marchés ayant pour objet des prestations de différents types et nécessitant dès lors l'intervention de plusieurs corps de métier. C'est le cas par exemple de la construction d'un port qui peut être divisée en plusieurs lots séparés dont un pour les routes d'accès, un pour les jetées et les quais, un pour le dragage, un pour les bâtiments, etc. Le maître d'ouvrage ou le maître d'ouvrage délégué peut dans ce cas faire de chaque type de prestation un lot du marché.

2. Modalités de mise en œuvre du marché alloti

Lorsque le maître d'ouvrage ou le maître d'ouvrage délégué a opté pour un marché alloti, il doit se conformer aux modalités de mise en œuvre qui lui sont imposées par la réglementation, notamment :

a) Indication du nombre maximum de lots dont un candidat peut être attributaire

En cas d'allotissement, le maître d'ouvrage ou le maître d'ouvrage délégué doit indiquer le nombre maximum de lots dont un soumissionnaire peut être attributaire. Cette indication doit être expressément mentionnée dans le règlement particulier de l'appel d'offres.

b) Fixation du coût d'achat du dossier de consultation en fonction du nombre maximum de lots dont un candidat peut être attributaire

En cas d'allotissement, pour fixer le coût d'achat du dossier de consultation, le maître d'ouvrage ou le maître d'ouvrage délégué doit prendre pour base de détermination, non pas le montant prévisionnel global du projet, mais le montant cumulé du nombre maximum de lots dont un soumissionnaire peut être attributaire[147].

3. Modalités d'examen des offres des soumissionnaires

En cas d'allotissement, les offres des soumissionnaires sont examinées lot par lot. Les candidats ne peuvent présenter des offres variables selon le nombre de lots susceptibles d'être obtenus. Si plusieurs lots sont attribués à un même titulaire, il est toutefois interdit de signer avec ce titulaire un seul marché regroupant tous ces lots. En effet, aux termes de l'article 58, alinéa 4 du code des marchés publics, *« en cas d'allotissement, chaque lot doit donner lieu à un marché distinct. »*

---

[147] Cf. article 2, alinéa 2 de l'Arrêté N° 93/CAB/PM du 5 novembre 2002 fixant le montant de la caution de soumission et les frais d'acquisition du DAO.

N.B.* : *Pour l'estimation du montant prévisionnel du marché en vue de déterminer les seuils de compétence, c'est le montant global estimé de la totalité de ces lots qui est pris en compte.

C. Les accords-cadres

Concept nouvellement introduit dans le paysage des marchés publics camerounais, les accords-cadres sont définis par l'alinéa 2 de l'article 65 du code des marchés publics comme *« des marchés conclus par un ou plusieurs maîtres d'ouvrage avec un ou plusieurs prestataires ayant pour objet d'établir les règles relatives aux bons de commande à émettre, ou les dispositions régissant les marchés à commandes subséquentes à passer au cours d'une période donnée, notamment en ce qui concerne les prix, et le cas échéant, les quantités envisagées. »*.

Les accords-cadres sont utilisés notamment lorsque le maître d'ouvrage ou le maître d'ouvrage délégué ne peut pas déterminer avec précision et à l'avance, le volume et le rythme des commandes de fournitures ou de services courants nécessaires à ses besoins.

Aux termes de l'article 65, alinéa 3 du code des marchés publics, la durée des accords-cadres ne peut excéder trois (03) ans. En outre, ils ne peuvent être conclus que pour les prestations de fournitures ou de services courants et pour les travaux de maintenance et de rénovation (article 65, alinéa 5).

SECTION II
LA DETERMINATION DE LA FORME DES MARCHES EN FONCTION DU MODE D'ETABLISSEMENT DES PRIX

Les marchés publics sont des contrats conclus à titre onéreux. Le prix payé pour l'exécution des prestations objet du marché constitue la rémunération du titulaire. *« La détermination d'une juste rémunération est, par conséquent, importante, tant pour l'acheteur, qui doit payer un prix garantissant que le marché sera exécuté dans les conditions prévues par le contrat, mais sans payer plus cher que ce que valent réellement les prestations, que pour le titulaire qui doit trouver dans sa rémunération les moyens de faire vivre son entreprise, ses salariés, en dégageant un bénéfice, indispensable notamment pour investir et innover. »*[148]

En ce qui concerne le mode d'établissement des prix, la forme du marché public peut être déterminée en fonction du type de prix ou en fonction de sa mutabilité.

§1. En fonction du type de prix : marchés à prix forfaitaires, unitaires ou mixtes

Aux termes de l'article144, alinéa 2 du code des marchés publics, *« les prestations faisant l'objet du marché sont réglées, soit par des prix forfaitaires appliqués à tout ou partie du marché quelles que soient les quantités, soit par des prix unitaires appliqués aux quantités réellement exécutées. »*

A. Marchés à prix forfaitaires

« Est forfaitaire tout prix qui rémunère le titulaire pour un ensemble de prestations, un ouvrage ou une partie d'ouvrage, tel que défini dans le marché. La fixation d'un prix forfaitaire est imposée dès lors que les prestations sont bien définies au moment de la conclusion du marché. »[149]

Le marché à prix forfaitaire est ainsi celui dans lequel un prix forfaitaire est appliqué à l'ensemble des prestations objet du marché. Le prix forfaitaire rémunère le titulaire pour l'ensemble des prestations ou de l'ouvrage, ou pour une partie des ouvrages définis dans le marché, quelle que soit la quantité livrée. Les différences enregistrées en cours d'exécution, entre les quantités réellement exécutées et les quantités indiquées dans le contrat de marché ne peuvent conduire à aucune modification dudit prix forfaitaire fixé.

Le prix forfaitaire est donc réputé comprendre toutes les dépenses résultant de toutes sujétions normalement prévisibles pour l'exécution de la totalité du marché. Dans ces conditions, le maître d'ouvrage ou

---

[148] DAJ-MINEFI-France, 2013, « Le prix dans les marchés publics :La formation et la variation des prix dans les marchés publics, éléments juridiques et modalités pratiques », in *Guide et recommandations*, p. 2.

[149] Article 144, alinéa 2(a) du code des marchés publics.

le maître d'ouvrage délégué ne pourra pratiquer une réfaction sur le prix en cas de diminution des quantités mises en œuvre ; à l'inverse, le titulaire ne pourra obtenir un supplément de prix, au motif que les quantités livrées pour la prestation sont supérieures à celles qu'il avait prévues.

C'est en ce sens que Mohamed NABIH estime que : *« Le prix forfaitaire (...) ne peut en aucun cas être diminué au motif que la quantité réellement mise en œuvre est inférieure à ce qui a été prévu. En conséquence, le maître d'ouvrage doit maîtriser parfaitement la définition des besoins afin d'éviter que des écarts importants entre les prix proposés soient le résultat d'une mauvaise définition de ses besoins. »*[150]

C'est pourquoi, afin de minimiser les risques, le maître d'ouvrage ou le maître d'ouvrage délégué doit veiller à définir des spécifications techniques suffisamment détaillées, et concevoir un bordereau de prix qui définisse avec toutes les précisions nécessaires, le contenu de chaque prix forfaitaire. De leur côté, les soumissionnaires doivent évaluer de manière extrêmement objective l'étendue des obligations qui leur incomberont lors de l'exécution du marché, avant de fixer leurs prix.

B. Marchés à prix unitaires

« Est unitaire tout prix qui s'applique à une prestation élémentaire, à une nature ou à un élément d'ouvrage dont les quantités ne sont indiquées au marché qu'à titre prévisionnel. »[151]

Dans l'hypothèse d'un marché à prix unitaire, le maître d'ouvrage ou le maître d'ouvrage délégué donne la liste des travaux et des fournitures demandés dans le dossier de consultation, leurs quantités (***Exemple :*** *achat de cinquante ordinateurs*) ou leurs métriques (***Exemple :*** *revêtement de dix mètres linéaires de trottoir*). Les concurrents remplissent le bordereau des prix unitaires et le détail estimatif en indiquant le prix applicable à chaque prestation. Le prix unitaire est le prix à l'unité d'une prestation bien déterminée et l'offre

---

[150] Mohamed NABIH, op. cit., p. 243.
[151] Article 144, alinéa 2(b) du code des marchés publics.

financière d'une entreprise est obtenue grâce à la multiplication du prix unitaire par les quantités estimées.

L'adjudicataire est payé en fonction des quantités réellement mises en œuvre, les quantités indiquées dans les documents du marché étant simplement présumées. Les sommes effectivement dues au titre du marché sont calculées par application des prix unitaires aux quantités réellement exécutées conformément aux clauses du marché. Par conséquent, le montant définitif du marché à prix unitaire ne peut être connu qu'à son parfait achèvement, à partir du volume des quantités réellement exécutées.

Les prix unitaires s'appliquent en conséquence aux quantités de fournitures livrées (***Exemple :*** *achat de fournitures*) ; aux travaux réalisés mesurés selon les surfaces, volumes ou tonnages des ouvrages ou parties d'ouvrages exécutés (***Exemple :*** *construction de bâtiment englobant les travaux de fondations, de terrassement, d'élévation, d'électricité, de peinture, etc.*) ; aux prestations exécutées, mesurées par exemple en fonction du temps dépensé (***Exemple :*** *prestations intellectuelles*).

Les prix unitaires sont généralement utilisés pour l'achat de fournitures et de prestations courantes, la réalisation de travaux dont la détermination des quantités est aléatoire (travaux de fondations, de terrassement, de dragage, VRD, entretien) et les prestations intellectuelles dont la durée est aléatoire (contrats d'assistance comportant le détachement d'experts à la demande).

C. Marchés à prix mixtes

En fonction de l'objet du marché et de la nature des prestations à exécuter, il peut s'avérer nécessaire de combiner les deux formes de prix dans un même marché. Dans cette hypothèse, le marché devra préciser et individualiser clairement les prestations relevant respectivement du prix forfaitaire et du prix unitaire, afin d'éviter tout litige ultérieur.

La combinaison de prix unitaires et de prix forfaitaires est généralement utilisée à l'occasion des marchés comportant des types de prestations aisément quantifiables et d'autres prestations comportant des aléas, notamment techniques, qui rendent difficile leur forfaitisation.

« Cette combinaison est fréquente, chaque fois que l'on peut décomposer le contenu du marché entre une prestation permanente et des prestations ponctuelles (services itératifs) : par exemple, dans un marché d'entretien d'équipements techniques, la maintenance préventive est forfaitaire, et la maintenance corrective (les prestations de dépannage) est traitée sur devis, sur la base de prix unitaires ou, dans un marché de travaux, les fondations sont payées sur la base de prix unitaires et la superstructure est traitée au forfait. »[152]

Dans le cas de marchés de travaux, le maître d'ouvrage peut, par exemple prévoir dans le cadre du détail quantitatif et estimatif les postes donnant lieu à l'utilisation des prix unitaires et ceux pour lesquels un prix forfaitaire sera appliqué.

§2. En fonction de la mutabilité du prix : marchés à prix fermes, révisables ou actualisables

Aux termes de l'article 145 du code des marchés publics, qu'il soit forfaitaire ou unitaire, le prix du marché public est ferme lorsqu'il ne peut être modifié en raison de mutations économiques (alinéa 1) ; dans le cas contraire, il est révisable (alinéa 2) ; le prix peut être aussi actualisable.

A. Marchés à prix fermes

Un marché public est dit à prix fermes lorsqu'il n'est pas susceptible d'être modifié en raison des variations économiques intervenues pendant le délai d'exécution.

Le marché à prix ferme est donc invariable ; le prix ferme ne peut pas évoluer, notamment au gré des variations éventuelles des conditions économiques et financières qui entourent le marché[153]. Ainsi, lorsque l'on est en présence d'un prix ferme, le prix initial constitue normalement le prix de règlement puisque le prix initial reste

---

[152] DAJ-MINEFI-France, op. cit., p. 17.
[153] Mohamed NABIH, op. cit., p. 252.

ferme pendant toute la période d'exécution des prestations. Ainsi, Le prix fixé dans la proposition ou l'offre remise par le soumissionnaire sera celui payé au titulaire, sous-réserve de corrections apportées par la sous-commission d'analyse des offres lors de l'évaluation des offres, ou de pénalités et intérêts moratoires éventuels en fin d'exécution du marché.

B. Marchés à prix révisables

Le marché à prix révisables est un marché public dont le prix peut faire l'objet de modification en raison des variations économiques intervenues en cours de son exécution. Le prix initial est, dans cette situation, revu soit à la hausse, soit à la baisse selon le cas.

Aux termes de l'article 146, alinéa 1 du code des marchés publics, le prix du marché doit être convenu ferme aussi souvent que possible. Toutefois, le même texte offre la possibilité de prévoir des modifications du montant initial par révision au fur et à mesure de l'exécution du marché, dans le cas exclusif des marchés dont la durée est supérieure à douze (12) mois[154].

Conformément à l'article 147, alinéa 1 du code des marchés publics, les modalités de révision du prix doivent être explicitement prévues dans le marché.

La révision est destinée à modifier (à la hausse comme à la baisse) le prix initial d'un marché pour tenir compte des variations économiques survenues en cours d'exécution des travaux. La révision s'applique entre la date d'établissement des prix et les dates successives de règlement des situations à l'aide d'une formule prescrite dans les pièces du marché.

C. Marchés à prix actualisables

L'actualisation est un mode de variation du prix qui consiste à modifier le prix initial fixé dans le marché en tenant compte des variations économiques survenues entre la date de fixation de ce prix et la date de commencement d'exécution des prestations. Il s'agit de

[154]Article 146, alinéa 2 du code des marchés publics.

réinitialiser le prix qui avait été fixé dans le marché, lorsqu'un délai relativement long s'est écoulé entre la date de l'ouverture des plis et la date du début effectif d'exécution des prestations.

L'actualisation a pour but de compenser un décalage (qui n'est pas toujours un retard) entre la période de fixation du prix et le début d'exécution, la révision compensant les variations de prix tout au long de l'exécution du marché. L'actualisation ne peut donc être effectuée qu'une seule fois pour un marché considéré, excepté pour les marchés à tranches où chaque tranche conditionnelle peut faire l'objet d'actualisation.

En droit commun des marchés publics camerounais, l'actualisation des prix ne peut intervenir que dans deux hypothèses spécifiques :

- S'il s'est écoulé une période d'au moins six (06) mois entre la date d'ouverture des plis et celle des notifications du marché ;
- En cas de dépassement de plus de deux (02) mois des délais contractuels du marché de base non imputable au titulaire du marché.

Le cahier des charges doit indiquer dans ce cas les formules d'actualisation.

N.B. : *Tout prix ferme n'est pas nécessairement actualisable, mais seul le prix ferme peut être actualisable. Quand l'actualisation est prévue dans un marché à tranches, les tranches conditionnelles sont, de fait, actualisables dans les mêmes conditions que la tranche ferme. C'est le prix de chaque tranche conditionnelle qui est actualisable. L'actualisation se fait dans ce cas à la date effective de début d'exécution de la tranche conditionnelle concernée, s'il s'est écoulé six (6) mois entre la date de début prévue dans le contrat et la date effective de début, ou, en cas de prorogation du délai d'exécution non imputable à l'adjudicataire, à l'expiration du délai contractuel d'exécution de la tranche.*

CHAPITRE XII

LES MODES DE PASSATION DES MARCHES PUBLICS

Le mode de passation d'un marché est la procédure par laquelle, dans le respect des conditions légales et réglementaires qui la régisse, un maître d'ouvrage ou un maître d'ouvrage délégué peut faire appel à un entrepreneur, un fournisseur ou un prestataire de services et conclure un marché public avec lui.

Le code des marchés publics consacre le principe de l'appel d'offres comme mode par excellence de passation des marchés publics[155]. La procédure d'appel d'offres est ainsi la procédure de droit commun (section I). A côté de l'appel d'offres, le droit commun des marchés publics camerounais reconnaît d'autres formes de consultation qui sont ainsi des *« procédures d'exception »* dont l'utilisation dépend essentiellement de l'objet du marché (section II).

---

[155]Aux termes de l'article72, alinéa 1 du code des marchés publics,*« les marchés publics sont passés par voie d'appel d'offres après mise en concurrence des cocontractants potentiels de l'Administration. »*

SECTION I
LA PROCEDURE DE DROIT COMMUN : L'APPEL D'OFFRES

L'article 73 du code des marchés publics définit l'appel d'offres comme étant *« la procédure par laquelle l'attribution d'un marché intervient après un appel public à concurrence. »*

L'appel d'offres est donc la procédure par laquelle le maître d'ouvrage ou le maître d'ouvrage délégué choisit l'attributaire sur la base de critères objectifs préalablement portés à la connaissance de tous les candidats dans l'avis d'appel d'offres, le règlement de la consultation ou la lettre d'invitation à soumissionner envoyée aux candidats présélectionnés.

Selon Cindy FOURNIER, l'appel d'offres est la procédure principale selon laquelle s'organise la mise en concurrence en vue du choix d'une ou plusieurs offres, sur la base de critères objectifs préalablement établis. La personne publique choisit l'offre économiquement la plus avantageuse (sur des critères variables selon l'objet du marché, notamment le coût d'utilisation, la valeur technique, le délai d'exécution, les qualités esthétiques et fonctionnelles, la rentabilité, le service après-vente et l'assistance technique, la date et le délai de livraison, le prix des prestations), sans négociation et sur la base de critères objectifs préalablement portés à la connaissance des candidats[156].

Lors de la procédure d'appel d'offres, toute personne physique ou morale ayant retiré le dossier d'appel d'offres, peut soumettre une offre. La publicité est réalisée au moyen d'un avis d'appel d'offres publié dans le Journal des marchés édité par l'agence de régulation des marchés publics.

Le marché sur appel d'offres est attribué sur la base de plusieurs critères, notamment le prix, la valeur technique, la qualité et la capacité professionnelle des candidats, le délai d'exécution ou de livraison et, éventuellement, les modalités du service après-vente.

Pour Mohamed NABIH, *« la procédure d'appel d'offres a l'avantage de faire jouer la concurrence sous l'angle du rapport*

---

[156]Cindy FOURNIER, Guide de procédures internes achats/marchés publics, CCI, janvier 2015, p. 28.

qualité/prix et quantité/prix, et d'évaluer les concurrents les plus aptes à réaliser les prestations les plus complexes. »[157]

D'après les dispositions de l'article 74 du code des marchés publics, l'appel d'offres peut être national ou international, ouvert, restreint, avec concours ou en deux (02) étapes.

§1. Appel d'offres national ou international

A. L'appel d'offres national

L'appel d'offres est national lorsqu'il s'adresse aux personnes physiques ou morales ayant leur domicile ou leur siège social au Cameroun.

La procédure d'appel d'offres national est recommandée pour la passation des marchés publics de travaux ou de fournitures qui, en raison de leur nature ou de leur ampleur, ont peu de chance d'intéresser les candidats étrangers du fait que :

- Soit les montants en jeu sont peu élevés,
- Soit les travaux sont dispersés ou étalés dans le temps,
- Soit les travaux nécessitent une haute intensité de main-d'œuvre,
- Soit enfin les biens ou les travaux peuvent être fournis localement à des prix inférieurs à ceux du marché international[158].

B. L'appel d'offres international

L'appel d'offres est international lorsqu'il s'adresse aux personnes physiques ou morales ayant leur domicile ou leur siège social à l'intérieur ou à l'extérieur du territoire national.

Cette procédure est recommandée pour la passation des marchés de services et prestations intellectuelles dont le montant est supérieur à cent (100) millions de Francs CFA, ou pour la passation de tous types

---

[157] Mohamed NABIH, *op. cit.*, p. 123.

[158] Cf. Circulaire N° 004/CAB/PM du 30 décembre 2005 relative à l'application du code des marchés publics.

de marchés lorsqu'il n'existe pas de compétence au niveau local pour la réalisation des prestations objet de l'Appel d'offres[159].

L'intérêt de l'étude des différentes modes de passation des marchés publics se dégage plus spécifiquement à travers la distinction de l'appel d'offres ouvert, de l'appel d'offres restreint, de l'appel d'offres avec concours et de l'appel d'offres en deux (2) étapes.

§2. Appel d'offres ouvert, restreint, avec concours ou en deux étapes

A. L'appel d'offres ouvert

L'appel d'offres ouvert est un appel d'offres par lequel l'avis public invite tous les candidats intéressés à remettre, à une date indiquée, leurs offres. Il est encore désigné sous le terme « appel public à la concurrence ». Dans cette catégorie de consultation, chaque candidat qui satisfait aux exigences administratives, techniques et financières prévues par le règlement particulier de l'appel d'offres et dont l'offre est régulière, doit être pris en considération. Le maître d'ouvrage ou le maître d'ouvrage délégué laisse la possibilité à tous les concurrents de remettre des offres.

En procédure d'appel d'offres ouvert, tout candidat intéressé et qui souhaite présenter une offre reçoit, sur simple demande, le dossier d'appel d'offres suivant les modalités fixées dans le règlement particulier de l'appel d'offres. Les offres reçues sont analysées et l'attributaire est choisi suite à une procédure de sélection comportant la vérification de la régularité des pièces administratives, l'analyse des offres techniques et la vérification des propositions financières des soumissionnaires.

Une place prépondérante est accordée à la publicité. En effet, l'appel d'offres ouvert doit faire l'objet d'une large publicité, notamment par la publication obligatoire de l'avis d'appel d'offres dans le Journal des marchés édité par l'agence de régulation des marchés publics, et facultative dans tout autre média approprié.

---

[159] Idem.

L'appel d'offres ouvert constitue le mode de dévolution des marchés publics auquel doivent recourir par principe tous les maîtres d'ouvrage et maîtres d'ouvrage délégués. L'on ne peut déroger à l'obligation de mise en œuvre d'une procédure d'appel d'offres ouvert que dans des cas limitatifs prévus par la réglementation.

1. Champ d'application

Aux termes de l'article 75, alinéa 1 du code des marchés publics, l'appel d'offres est dit ouverte lorsque l'avis public invite tous les candidats intéressés à remettre, dans un intervalle de temps donné leurs offres.

Le principe de liberté d'accès à la commande publique[160] trouve ainsi sa source principale dans l'illimitation de l'appel d'offres ouvert. Ce principe peut doublement s'apprécier : du point de vue des candidats à la commande publique et du point de vue du type de marché en présence.

a. Du point de vue des candidats

Comme indiqué ci-dessus, l'appel d'offres ouvert est destiné à *« tous les candidats intéressés. »*Autrement dit, le champ d'application de l'appel d'offres ouvert est illimité en ce qui concerne les candidats. Toute personne intéressée peut donc soumettre son offre à l'occasion d'un appel d'offres ouvert, à condition de remplir toutes les exigences imposées dans le dossier d'appel d'offres.

b. Du point de vue des types de marchés en présence

La procédure d'appel d'offres ouvert peut être utilisée pour la passation de tous les marchés de travaux, de fournitures et de services quantifiables, ainsi que pour la passation de certains marchés de services non quantifiables et de prestations intellectuelles, sous-réserve dans ce dernier cas qu'à l'issue de la présélection préalable obligatoire, moins de trois (3) candidats aient été évalués aptes[161].

2. Procédure

Tout marché public passé par voie d'appel d'offres ouvert doit scrupuleusement respecter les étapes suivantes :

---

[160] V. 1ère partie, chapitre V supra.
[161] V. chapitre X, section II supra.

N°	DÉSIGNATION ACTIVITÉ	RESPONSABLE
1	Elaboration des études préalables ou obtention du visa de maturité du projet	MO ou MOD /SIGAM
2	Elaboration du projet de DAO	MO ou MOD /SIGAM
3	Saisine de la CPM	MO ou MOD /SIGAM
4	Convocation des membres, examen du DAO et notification des observations au MO ou MOD	Pdt/CPM
5	Saisine de la CCCM le cas échéant pour examen DAO adopté par la CPM	MO ou MOD /SIGAM
6	Publication Avis d'appel d'offres	MO ou MOD
7	Préparation et remise des offres	Soumissionnaires/ MO ou MOD /SIGAM
8	Ouverture des plis et constitution SCAO	CPM
9	Analyse des offres et transmission du rapport à la CPM	SCAO
10	Convocation des membres, examen rapport d'analyse, formulation de la proposition et notification au MO ou MOD	Pdt/CPM
11	Saisine de la CCCM le cas échéant pour examen de la proposition d'attribution faite par la CPM	MO ou MOD /SIGAM
12	Signature de la décision d'attribution du marché et publication des résultats	MO ou MOD /SIGAM
13	Notification de la décision d'attribution à l'attributaire	MO ou MOD /SIGAM
14	Elaboration du projet marché et souscription par l'attributaire	MO ou MOD /SIGAM
15	Signature et notification du marché à l'attributaire	MO ou MOD /SIGAM

B. L'appel d'offres restreint

L'appel d'offres restreint est un appel d'offres précédé d'une pré-qualification. Il s'adresse à un nombre de candidats préalablement retenus à l'issue d'une procédure de pré-qualification. Ainsi, seuls sont admis à remettre une offre, les candidats préalablement présélectionnés par le maître d'ouvrage ou le maître d'ouvrage délégué à l'issue de la publication d'un avis à manifestation d'intérêt.

Au départ de l'appel d'offres restreint, tous les candidats intéressés peuvent ainsi participer à l'appel à manifestation d'intérêt mais seuls ceux satisfaisant aux critères de présélection peuvent présenter une offre.

1. Champ d'application

L'article 78 du code des marchés publics fixe de manière non exhaustive, le champ d'application de la procédure d'appel d'offres restreint.

a) L'appel d'offres restreint, procédure obligatoire pour les marchés des prestations intellectuelles

En droit commun des marchés publics, l'appel d'offres restreint est la procédure obligatoire des marchés des prestations intellectuelles. En effet, l'article 78, alinéa 1 du code des marchés publics dispose que *« le recours à l'appel d'offres restreint est obligatoire pour les marchés de prestations intellectuelles. »*

Ainsi, tous les marchés de prestations intellectuelles ne peuvent être passés que par la procédure d'appel d'offres restreint.

Le caractère obligatoire du recours à la procédure d'appel d'offres restreint pour les marchés publics de prestations intellectuelles trouve cependant une dérogation importante à travers l'article 78, alinéa 3 du code des marchés publics. En effet, conformément à cette disposition, le maître d'ouvrage ou le maître d'ouvrage délégué peut être exempté de la pré-qualification dans les situations suivantes :

- Pour des prestations intellectuelles relevant des lettres-commandes ;
- Lorsque la pré-qualification a été infructueuse ou a débouché sur moins de trois (03) candidats par lot ;
- Lorsque le chronogramme de passation des marchés élaboré conformément à la réglementation en vigueur montre que les

délais de procédures ne permettent pas de respecter les dates prévisionnelles de démarrage ou d'achèvement des prestations ;
- Lorsque l'appel d'offres s'adresse à des prestataires retenus dans le cadre de la catégorisation.

b) L'appel d'offres restreint, procédure recommandée pour certains marchés de travaux, fournitures et services

Aux termes de l'article 78, alinéa 2 du code des marchés publics, l'appel d'offres restreint peut aussi être utilisé pour les marchés des travaux et équipements spécifiques de grande importance ou complexes et ceux de fourniture de matériels devant être fabriqués sur commande et services spécialisés. L'usage de la procédure d'appel d'offres restreint est ainsi recommandé (et non imposé) en fonction de la spécificité des travaux, équipements et fournitures. C'est le cas lorsque les prestations exigent des compétences techniques particulières ou ne peuvent être exécutées que par un nombre limité d'entrepreneurs qui détiennent un savoir-faire ou un outillage et des capacités financières particuliers (***Exemple :*** *A l'occasion de la fourniture des équipements dont la vente est subordonnée à l'autorisation du fabriquant, celle-ci n'étant accessible qu'à un nombre limité de prestataires car nécessitant la disposition d'un personnel de qualification spéciale pour le vendeur ; Appel d'offres pour le recrutement d'entreprises pour assurer le service de protection-incendie*).

La pré-qualification des candidats a pour but ici de favoriser la célérité dans le traitement des offres en écartant dès le départ les candidats fantaisistes ou techniquement inaptes.

2. Procédure

La procédure de l'appel d'offres restreint se déroule en deux phases :

- Une phase première phase de pré-qualification préalable des candidats admis à soumissionner qui consiste à publier un avis à manifestation d'intérêt, sur la base des termes de référence qui prévoient les conditions de participation, la méthodologie et les critères de présélection des candidats ;

- Une seconde phase d'appel d'offres restreint qui consiste à inviter les candidats présélectionnés à présenter leurs offres.

a) La phase de présélection : l'appel à manifestation d'intérêt (AMI)

Elle comporte les étapes suivantes :

N°	DESIGNATION ACTIVITE	RESPONSABLE
1	Elaboration des études préalables ou obtention du visa de maturité du projet le cas échéant	MO ou MOD/SIGAM
2	Préparation des termes de références et de l'avis à manifestation d'intérêt	MO ou MOD/SIGAM
3	Lancement de l'avis à manifestation d'intérêt par publication dans le Journal des marchés de l'ARMP ou toute autre publication habilitée	MO ou MOD/SIGAM
4	Réception des candidatures	MO ou MOD/SIGAM
5	Examen des dossiers de candidatures et rédaction du rapport de pré-qualification	Comité ad hoc mis en place par le MO ou MOD
6	Etablissement de la liste restreinte	MO ou MOD/SIGAM

b) La phase d'appel d'offres restreint

Elle se déroule ainsi qu'il suit :

N°	DESIGNATION ACTIVITE	RESPONSABLE
1	Elaboration du dossier d'appel d'offres	MO ou MOD/SIGAM
2	Transmission du DAO à la CPM accompagné du rapport de présélection	MO ou MOD/SIGAM
3	Convocation des membres, examen du DAO et notification des résolutions au MO ou MOD	Pdt/CPM
4	Saisine de la CCCM le cas échéant pour examen DAO adopté par la CPM	MO ou MOD/SIGAM

5	Envoi des lettres d'invitation à soumissionner aux candidats de la liste restreinte et publication de l'avis d'appel d'offres	MO ou MOD/SIGAM
6	Réception des offres des soumissionnaires	MO ou MOD /SIGAM
7	Ouverture des offres administratives et techniques	CPM
8	Evaluation des offres administratives et techniques et élaboration du rapport intermédiaire d'évaluation	SCAO
9	Validation du rapport intermédiaire d'analyse des offres administratives et techniques	CPM
10	Ouverture des offres financières des soumissionnaires déclarés techniquement aptes	CPM
11	Analyse des offres financières et rédaction du rapport de synthèse	SCAO
12	Validation du rapport de synthèse et proposition d'attribution	CPM
13	Saisine de la CCCM le cas échéant pour examen proposition attribution faite par la CPM	MO ou MOD/SIGAM
14	Signature et publication de la décision d'attribution	MO ou MOD/SIGAM
15	Elaboration projet marché et souscription par l'attributaire	MO ou MOD/SIGAM/ attributaire
16	Signature du marché et notification à l'attributaire	MO ou MOD/SIGAM

***N.B. :** La publication de l'avis d'appel d'offres restreint emporte résultat de l'avis à manifestation d'intérêt.*

Le délai entre la publication de l'appel à manifestation d'intérêt et le lancement de l'appel d'offres ne doit pas excéder un semestre, sauf dérogation expresse de l'autorité chargée des marchés publics.

C. L'appel d'offres avec concours

L'appel d'offres avec concours est une procédure d'appel d'offres qui est utilisée lorsque des motifs d'ordre technique, esthétique ou financier justifient des recherches particulières ou nécessitent une spécialisation particulière de la part des participants, ou lorsque les informations dont dispose le maître d'ouvrage ou le maître d'ouvrage délégué ne lui permettent pas de définir avec précision les spécifications techniques ou les conditions financières des travaux à réaliser ou des biens à acquérir.

1. Champ d'application

Aux termes de l'article 80, alinéa 1 du code des marchés publics, l'appel d'offres avec concours porte soit sur la conception d'un projet, soit à la fois sur la conception d'un projet et la réalisation de l'étude y afférente, soit à la fois sur la conception d'un projet, la réalisation de l'étude y afférente et le suivi et le contrôle de sa réalisation, soit la conception et la réalisation du projet lorsqu'il s'agit d'un marché de conception-réalisation.

Le projet est ici entendu sous plusieurs variables, notamment :

a) Projet civil (architecture civile) :

Peuvent faire l'objet d'un appel d'offres avec concours, les projets relatifs à :

- La conception des plans de construction des monuments, musées, palais des sports, ponts, synagogues, temples, églises, mosquées ;
- La conception des schémas directeurs, des plans d'urbanisme, des plans d'occupation des sols, d'aménagement des parcs botaniques et zoologiques, des cartes communales.

b) Projet industriel (architecture industrielle) :

Il s'agit par exemple de la conception des plans de construction des usines, des entrepôts, des grandes infrastructures industrielles.

c) Projet informatique (architecture informatique) :

Rentrent notamment dans cette variable, les projets de conception des outils et programmes informatiques, des logiciels de traitement de données informatiques ou de communication.

2. Procédure

La procédure de l'appel d'offres avec concours se déroule ainsi qu'il suit :

N°	DESIGNATION ACTIVITE	RESPONSABLE
1	Elaboration du dossier d'appel d'offres avec concours	MO ou MOD/SIGAM
2	Transmission du DAO à la CPM	MO ou MOD/SIGAM
3	Examen du DAO et notification des résolutions au MO ou MOD	Pdt/CPM
4	Saisine de la CCCM le cas échéant pour examen DAO adopté par la CPM	MO ou MOD/SIGAM
	Publication de l'avis d'appel d'offres	MO ou MOD
5	Réception des offres des soumissionnaires	MO ou MOD /SIGAM
6	Ouverture des offres administratives et des propositions artistiques des soumissionnaires	CPM
7	Constitution du jury du concours par la commission de passation des marchés	CPM
8	Evaluation des offres administratives et des propositions artistiques par le jury du concours et rédaction du rapport intermédiaire	Jury du concours
9	Validation du rapport intermédiaire d'analyse par la commission de passation des marchés	CPM
10	Ouverture des propositions techniques et des propositions financières des soumissionnaires jugés admissibles par le jury du concours	CPM
11	Evaluation des propositions techniques et financières par le jury du concours	Jury du concours
12	Classement des concurrents et élaboration du procès-verbal d'évaluation contenant les résultats définitifs du concours par le jury du concours	Jury du concours

13	Transmission des résultats contenant ses propositions à la Commission de passation des marchés par le jury du concours	Jury du concours
14	Examen du procès-verbal d'évaluation et proposition d'attribution et d'octroi des primes par la Commission de passation des marchés	CPM
15	Saisine de la CCCM le cas échéant pour examen proposition attribution faite par la CPM	MO ou MOD/SIGAM
16	Signature et publication de la décision d'attribution de l'appel d'offres avec concours	MO ou MOD
17	Elaboration projet marché et souscription par l'attributaire	MO ou MOD/SIGAM/ attributaire
18	Signature du marché et notification à l'attributaire	MO ou MOD/SIGAM

N.B. : *Conformément aux dispositions de l'article 80 du code des marchés publics, lorsque l'appel d'offres avec concours porte sur la conception d'un projet, des primes, récompenses ou avantages sont allouées pour les projets mieux classés et jugés satisfaisants ; en outre, le règlement particulier de l'appel d'offres prévoit soit que les projets primés deviennent en tout ou partie propriété du maître d'ouvrage ou du maître d'ouvrage délégué, soit que ce dernier se réserve le droit de faire exécuter tout ou partie des projets primés, moyennant le versement d'une indemnité compensatrice fixée dans le règlement particulier de l'appel d'offres.*

D. L'appel d'offres en deux étapes

La procédure d'appel d'offres en deux étapes est également un concept nouvellement introduit à la faveur du code des marchés publics de 2018.

1. Champ d'application

L'appel d'offres en deux étapes peut être mis en œuvre lorsque le maître d'ouvrage ou le maître d'ouvrage délégué souhaite baser son choix sur les critères de performance, de contrainte d'exploitation et de coût économique en lieu et place de simples spécifications techniques détaillées, et qu'il peut justifier de ne pas être en mesure soit de définir les moyens permettant de satisfaire ses besoins, soit d'évaluer les solutions techniques ou financières disponibles (article 83, alinéa 1 du code des marchés publics).

Conformément à l'alinéa 2 de l'article 83, le recours à l'appel d'offres en deux étapes est soumis à l'autorisation préalable du ministre chargé des marchés publics lors de la programmation.

2. Procédure

La procédure de passation d'un marché par appel d'offres en deux étapes se déroule en deux phases :

a) Première étape

- Le maître d'ouvrage ou le maître d'ouvrage délégué invite, par appel public à candidatures, les candidats à remettre des propositions se rapportant aux caractéristiques techniques, qualitatives ou autres du projet sur la base des principes généraux de conception ou des normes de performance définies dans le dossier d'appel d'offres et sous réserve d'ajustement ultérieur d'ordre technique et/ou commercial ;
- Les soumissionnaires soumettent leurs propositions au maître d'ouvrage ou au maître d'ouvrage délégué. Ils doivent dans tous les cas justifier également de leurs qualifications en fournissant les renseignements demandés, et ne doivent proposer aucun prix au cours de cette première étape ;
- Le maître d'ouvrage ou le maître d'ouvrage délégué engage au besoin avec les soumissionnaires toute discussion sur son programme ;
- Le maître d'ouvrage ou le maître d'ouvrage délégué transmet le procès-verbal de discussion à la commission de passation des marchés pour avis.

b) Deuxième étape

- Le maître d'ouvrage ou le maître d'ouvrage délégué, en fonction des informations recueillies au cours de la première étape, élabore le dossier d'appel à concurrence et lance la consultation ;
- Les candidats soumettent leurs propositions techniques définitives assorties de prix, sur la base du dossier d'appel à la concurrence.

N.B. *:Le soumissionnaire qui ne souhaite pas soumettre une offre définitive peut se retirer de la procédure. Dans ce cas, le maître d'ouvrage ou le maître d'ouvrage délégué est tenu de libérer sa caution de soumission. En outre, le maître d'ouvrage ou le maître d'ouvrage délégué peut prévoir une rémunération forfaitaire pour les candidats ayant présenté les meilleures propositions selon les modalités définies dans le dossier d'appel à concurrence.*

SECTION II
LES PROCEDURES D'EXCEPTION

A côté de l'appel d'offres, le droit commun des marchés publics camerounais reconnaît trois autres formes de consultation qui ne peuvent être mises en œuvre que dans des circonstances exceptionnelles. Ce sont la procédure de gré à gré, la demande de cotation et le recrutement des consultants individuels. En outre, la conclusion des accords-cadres obéit à une procédure spécifique.

§1. La procédure de gré à gré

Un marché de gré à gré est un marché qui est passé sans appel d'offres et sans publicité préalable, après simple consultation d'entreprises. L'étude de cette procédure exceptionnelle concerne son champ d'application, les conditions de mise en œuvre et la procédure.

A. Le champ d'application de la procédure de gré à gré

L'article 109 du code des marchés publics prévoit limitativement quatre (4) quatre cas de figure pour lesquels la procédure de gré à gré peut être utilisée :

- **Pour les besoins ne pouvant être satisfaits que par une prestation nécessitant l'emploi d'un brevet d'invention, d'un procédé, d'un savoir-faire, d'une licence ou de droits exclusifs détenus par un seul entrepreneur, un seul prestataire ou un seul fournisseur :** Les projets rentrant dans cette catégorie sont ceux dont les potentiels exécutants détiennent un droit d'exclusivité formelle de mise en œuvre soit du fait qu'ils sont les propriétaires de la marque, soit parce qu'ils sont seuls détenteurs de licence d'exploitation des procédés d'exécution des prestations attendues, ou de licence d'importation des fournitures sollicitées.
- **Nécessité impérieuse de remplacement, en cas d'urgence, d'entrepreneurs ou de fournisseurs défaillants :** C'est le cas à la suite de la résiliation d'un marché public dont la fin de l'exécution requière une intervention immédiate. Dans ce cas, au lieu de procéder à une consultation normale (par appel d'offres), le maître d'ouvrage ou le maître d'ouvrage délégué peut faire recours à la procédure de gré à gré justifiée par l'urgence impérieuse à achever les prestations.
- **Cas des travaux, fournitures, services et prestations intellectuelles qui, dans le cas d'urgence impérieuse motivée par un cas de force majeure, ne peuvent subir les délais d'une procédure d'appel d'offres :** Il s'agit ici des cas où les prestations doivent être exécutées d'urgence en raison d'un danger que court le bien ou l'investissement déjà matérialisé sur le terrain, et qui ne peuvent plus en conséquence s'accommoder des délais des procédures normales de passation des marchés publics (appel d'offres ouvert, appel d'offres restreint).

  N.B. : *Les circonstances à l'origine de l'urgence ne doivent pas être prévisibles pour le maître d'ouvrage ou le maître d'ouvrage délégué, et ne doivent pas non plus être le résultat de manœuvres dilatoires de sa part.*

- **Pour des fournitures, services ou travaux qui complètent ceux ayant fait l'objet d'un premier marché exécuté par le même titulaire :** Il s'agit ici de prestations uniquement complémentaires au marché initial. Celui-ci doit avoir été passé suivant la procédure d'appel d'offres, et le marché complémentaire qui en découle ne doit porter que sur des fournitures, services ou travaux qui ne figurent pas dans le marché initial, mais qui sont rendus nécessaires à la suite d'une circonstance imprévue et extérieure aux parties ; en outre, ces fournitures, services ou travaux ne doivent pas pouvoir être techniquement ou économiquement séparés du marché principal.

B. La condition de recours à la procédure de gré à gré : l'autorisation préalable de l'autorité chargée des marchés publics

Conformément à l'article 108 du code des marchés publics, le marché de gré à gré ne peut être passé qu'*« après autorisation préalable de l'autorité chargée des marchés publics. »* Autrement dit, l'autorisation préalable du ministre des marchés publics est la condition incontournable de l'usage de la procédure de gré à gré. Cette autorisation est accordée à la suite d'une demande motivée[162] du maître d'ouvrage ou du maître d'ouvrage délégué.

Pour être recevable, la demande d'autorisation de gré à gré doit être exclusivement motivée par l'un des quatre cas limitatifs énumérés ci-dessus.

En outre, la circulaire N° 002/CAB/PM du 31 janvier 2011 relative à l'amélioration de la performance du système des marchés publics renforce les conditions de recours à la procédure de gré à gré en imposant :

- Que les maîtres d'ouvrage et maîtres d'ouvrage délégués ne sollicitent l'autorisation de la procédure de gré à gré que si celle-ci procure un avantage comparatif par rapport à la procédure ordinaire d'appel d'offres, du fait notamment du monopole technologique ou de la nécessité d'une réduction significative des délais de passation du marché concerné ;

---

[162] Article 110, alinéa 1 du code des marchés publics.

- Que le dossier de demande de gré à gré soit accompagné d'une liasse documentaire comprenant notamment, le justificatif du choix de la procédure, le chronogramme de passation dudit marché en cas d'obtention de l'autorisation, les critères de qualification du candidat à retenir ou proposé, l'état de l'exécution des éventuels accords de gré à gré déjà reçus.

Par ailleurs, l'article 111, alinéa 6 du code des marchés publics exige que le marché issu d'une autorisation de gré à gré soit signé et notifié à l'attributaire au plus tard dans un délai de trente (30) jours ouvrables pour les cas visés aux alinéas (a) et (d) de l'article 109 du code et de quarante-cinq (45) jours pour les cas visés aux alinéas(b) et (c) de l'article 109 du code, ceci à compter de l'obtention de l'autorisation préalable de l'autorité chargée des marchés publics, sous peine de forclusion de ladite autorisation.

N.B. : *L'autorisation du ministre des marchés publics est impérative lorsqu'il s'agit de projets initiés par les maîtres d'ouvrage et maîtres d'ouvrage délégués autres que le MINMAP. Pour les projets initiés par le MINMAP, dès lors qu'ils sont identifiés comme entrant dans les cas limitativement prévus par la réglementation, le ministre des marchés publics passe directement le marché de gré à gré puisqu'étant autorité chargée des marchés publics. Il serait incongru d'exiger qu'il se délivre à lui-même une autorisation pour passer son marché de gré à gré.*

C. La procédure de passation des marchés de gré à gré

Les étapes de la passation des marchés de gré à gré varient suivant que l'on se trouve en présence de l'un ou l'autre des quatre (4) cas évoqués dans le champ d'application ci-dessus. Trois (3) principaux cas de figure sont ainsi recensés :

1. Cas de l'article 109 (a) et (d) du code des marchés publics

Aux termes de l'article 111 du code des marchés publics, le maître d'ouvrage ou le maître d'ouvrage délégué attribue directement le marché dès que l'autorisation de l'autorité chargée des marchés publics est donnée.

Bien que les textes ne le précisent pas expressément, la pratique courante veut que la demande d'autorisation de gré à gré porte directement l'indication du prestataire au bénéfice duquel l'autorisation de gré à gré est sollicitée, ainsi que les éléments relatifs au montant du marché et au délai d'exécution. L'autorisation de gré à gré mentionne également toutes ces indications. Dès lors, il n'est plus besoin pour le maître d'ouvrage ou le maître d'ouvrage délégué de soumettre la procédure à la formalité de consultation préalable d'entreprises.

La procédure dans le cas où le cocontractant est connu dès l'autorisation de gré à gré se déroule ainsi qu'il suit :

- **Demande de l'autorisation de gré à gré par le maître d'ouvrage ou le maître d'ouvrage délégué :** Le maître d'ouvrage ou le maître d'ouvrage délégué formule sa demande d'autorisation qui est adressée au ministre des marchés publics, autorité chargée des marchés publics. La demande contient directement l'indication de l'entreprise qui doit exécuter les prestations, ainsi que le montant du marché et le délai d'exécution.
- **Délivrance de l'autorisation de gré à gré par le ministre des marchés publics :** Sur la base des éléments présentés au soutien de la demande, le ministre des marchés publics délivre l'autorisation d'user de la procédure de gré à gré en précisant l'attributaire, le montant et le délai d'exécution.
- **Attribution du marché et publication des résultats par le maître d'ouvrage ou le maître d'ouvrage délégué :** Une fois en possession de l'autorisation de gré à gré, le maître d'ouvrage ou le maître d'ouvrage délégué procède à la signature de la décision d'attribution et à la publication des résultats dans le Journal des marchés de l'agence de régulation des marchés publics.
- **Préparation du dossier de consultation, consultation du candidat et élaboration du projet de marché par le maître d'ouvrage ou le maître d'ouvrage délégué :** Après décision d'attribution, le maître d'ouvrage ou le maître d'ouvrage délégué prépare le dossier de consultation et consulte le candidat qui produit ses offres. Il élabore le projet de marché qui est souscrit par l'attributaire et transmis à la commission de

passation des marchés accompagné du dossier de consultation et des offres du candidat pour validation.

- **Examen et validation du projet de marché par la commission de passation des marchés :** La commission de passation des marchés, sur la base du dossier de consultation et des offres de l'attributaire, examine et valide le projet de marché.
- **Transmission du dossier à la commission de contrôle des marchés compétente le cas échéant par le maître d'ouvrage :** Si le montant du marché est de la compétence d'une des commissions centrales de contrôle des marchés, celle-ci est saisie du dossier à la diligence du maître d'ouvrage ou du maître d'ouvrage délégué.
- **Signature et notification du marché par le maître d'ouvrage ou le maître d'ouvrage délégué :** Le maître d'ouvrage ou le maître d'ouvrage délégué signe le marché après souscription par l'attributaire et le notifie à celui-ci.

2. Cas de l'article 109 (b) du code des marchés publics

En cas de remplacement en cas d'urgence, d'entrepreneurs ou fournisseurs défaillants, la réglementation impose la consultation d'au moins trois (3) entreprises. La procédure de passation du marché de gré à gré dans ce cas est la suivante :

- **Demande d'autorisation de gré à gré par le maître d'ouvrage ou le maître d'ouvrage délégué :** Le maître d'ouvrage ou le maître d'ouvrage délégué formule sa demande d'autorisation qui est adressée au ministre des marchés publics.
- **Délivrance de l'autorisation par le ministre des marchés publics :** Sur la base des éléments présentés au soutien de la demande, le ministre des marchés publics délivre l'autorisation d'user de la procédure de gré à gré.
- **Elaboration du dossier de consultation par le maître d'ouvrage ou le maître d'ouvrage délégué, consultation directe d'au moins trois candidats et réception des offres :** Une fois en possession de l'autorisation de gré à gré, le maître d'ouvrage ou le maître d'ouvrage délégué élabore le dossier de consultation et consulte au moins trois entreprises, sans obligation de publicité, en les invitant à produire leurs offres.

Celles-ci déposent leurs offres suivant les indications du dossier de consultation.

- **Ouverture des offres par la commission de passation des marchés :** Les offres reçues sont transmises avec le dossier de consultation à la commission de passation des marchés pour ouverture. Celle-ci procède à l'ouverture des plis suivant la procédure usuelle et commet une sous-commission d'analyse pour leur évaluation.
- **Analyse et évaluation des offres par la sous-commission d'analyse des offres :** La sous-commission d'analyse procède à la vérification minutieuse de la conformité des offres et l'évaluation des propositions financières des soumissionnaires jugés techniquement aptes. Elle établit ensuite un classement des soumissionnaires en fonction du mode d'attribution retenu et rédige un rapport d'analyse qu'elle soumet à la validation de la Commission de passation des marchés.
- **Validation du rapport et proposition d'attribution par la commission de passation des marchés :** A la réception du rapport de la sous-commission d'analyse des offres, la commission de passation des marchés tient une séance consacrée à l'examen et à la validation des résultats d'analyse. Elle fait ensuite sa proposition d'attribution au maître d'ouvrage ou au maître d'ouvrage délégué.
- **Transmission du dossier à la commission de contrôle des marchés compétente le cas échéant par le maître d'ouvrage ou le maître d'ouvrage délégué :** Si le montant du marché est de la compétence d'une des commissions centrales de contrôle des marchés, celle-ci est saisie du dossier à la diligence du maître d'ouvrage ou du maître d'ouvrage délégué.
- **Attribution du marché et publication des résultats par lemaître d'ouvrage ou le maître d'ouvrage délégué :** Sur la base de la proposition d'attribution faite par la commission de passation des marchés, le maître d'ouvrage ou le maître d'ouvrage délégué rend une décision d'attribution du marché qui est notifiée à l'adjudicataire, et publie le résultat, avec indication des prix et délai d'exécution, dans un journal habilité.
- **Elaboration du projet de marché par le maître d'ouvrage ou le maître d'ouvrage délégué :**A l'issue de l'attribution, le maître d'ouvrage ou le maître d'ouvrage délégué élabore le projet de marché conformément à l'offre du soumissionnaire

retenu telle qu'analysée et éventuellement corrigée par la sous-commission d'analyse des offres dont le rapport aura été adopté par la commission de passation des marchés.

- **Examen du projet de marché par la commission de passation des marchés :** Le projet de marché préparé par le maître d'ouvrage ou le maître d'ouvrage délégué est soumis à la commission de passation des marchés pour adoption.
- **Transmission du dossier à la commission de contrôle des marchés compétente le cas échéant par le maître d'ouvrage ou le maître d'ouvrage délégué :** Si le montant du marché est de la compétence d'une des commissions centrales de contrôle des marchés, celle-ci est saisie du dossier à la diligence du maître d'ouvrage ou du maître d'ouvrage délégué.
- **Signature et notification du marché par le maître d'ouvrage ou le maître d'ouvrage délégué :** Le maître d'ouvrage ou le maître d'ouvrage délégué signe le marché après souscription par l'attributaire et le notifie à celui-ci.

3. Cas de l'article 109 (c) du code des marchés publics

Il s'agit des travaux, fournitures ou services et prestataires intellectuelles qui, dans le cas d'urgence impérieuse motivée par un cas de force majeure, ne peuvent subir les délais d'une procédure d'appel d'offres. La procédure dans ces cas suit le cheminement suivant :

- **Demande d'autorisation de gré à gré par le maître d'ouvrage ou le maître d'ouvrage délégué :** Le maître d'ouvrage ou le maître d'ouvrage délégué formule sa demande d'autorisation qui est adressée au ministre des marchés publics.
- **Délivrance de l'autorisation par le ministre des marchés publics :** Sur la base des éléments présentés au soutien de la demande, le ministre des marchés publics délivre l'autorisation d'user de la procédure de gré à gré.
- **Elaboration du dossier de consultation par le maître d'ouvrage ou le maître d'ouvrage délégué, consultation directe d'au moins trois candidats et réception des offres :** Une fois en possession de l'autorisation de gré à gré, le maître d'ouvrage ou le maître d'ouvrage délégué élabore le dossier de consultation et consulte au moins trois entreprises, sans obligation de publicité, en les invitant à produire leurs offres.

Celles-ci déposent leurs offres suivant les indications du dossier de consultation.

- **Analyse des offres par un comité ad hoc :** Les offres reçues sont confiées à un comité ad hoc désigné par le maître d'ouvrage ou le maître d'ouvrage délégué qui les analyse sur la base des indications du dossier de consultation et élabore un rapport correspondant qu'il transmet au maître d'ouvrage ou au maître d'ouvrage délégué.
- **Elaboration du projet de marché par le maître d'ouvrage ou le maître d'ouvrage délégué et souscription par l'attributaire :** Sur la base du rapport comité ad hoc d'analyse, le maître d'ouvrage ou le maître d'ouvrage délégué élabore le projet de marché conformément au dossier de consultation et à l'offre du soumissionnaire retenu telle qu'analysée et éventuellement corrigée par le comité ad hoc d'analyse.
- **Examen du projet de marché par la commission de passation des marchés :** Le projet de marché préparé par le maître d'ouvrage ou le maître d'ouvrage délégué et souscrit par l'attributaire est soumis, accompagné de l'autorisation de gré à gré, du dossier de consultation, de l'offre de l'attributaire et du rapport d'évaluation du comité ad hoc, à la commission de passation des marchés pour adoption.
- **Transmission du dossier à la commission de contrôle des marchés compétente le cas échéant par le maître d'ouvrage ou le maître d'ouvrage délégué :** Si le montant du marché est de la compétence d'une des commissions centrales de contrôle des marchés, celle-ci est saisie du dossier à la diligence du Maître d'ouvrage ou du Maître d'ouvrage délégué.
- **Attribution du marché et publication des résultats par le maître d'ouvrage ou le maître d'ouvrage délégué :** Après validation du projet de marché par la commission de passation des marchés, le maître d'ouvrage ou le maître d'ouvrage délégué rend une décision d'attribution du marché, et publie le résultat, avec indication des prix et délai d'exécution, dans un journal habilité.
- **Signature et notification du marché par le maître d'ouvrage ou le maître d'ouvrage délégué :** Le maître d'ouvrage ou le maître d'ouvrage délégué signe le marché et le notifie à l'attributaire.

§2. La procédure de demande de cotation

L'article 112, alinéa 1 du code des marchés publics définit la demande de cotation comme une procédure simplifiée de consultation d'entreprises ou d'organismes de la société civile pour la passation des certaines lettres-commandes ne nécessitant pas la proposition par le soumissionnaire d'une méthodologie d'exécution et dont la vérification de la conformité aux spécifications techniques ne requiert pas une évaluation en Sous-commission d'analyse.

Jadis réglementée par l'arrêté N° 023/CAB/PM du 02 février 2011, elle est aujourd'hui régie par le code des marchés publics qui en fixe le champ d'application et les modalités. L'étude de cette procédure exceptionnelle concerne son champ d'application, les conditions de mise en œuvre et les étapes de procédure.

A. Champ d'application de la demande de cotation

L'alinéa 2 de l'article 112 du code des marchés publics définit de manière limitative les prestations qui peuvent faire l'objet de demande de cotation. Ce sont :

- Les fournitures, consommables et matérielles ;
- Le mobilier ;
- L'outillage et le petit équipement ;
- Les matériels informatiques ;
- Le matériel roulant léger ;
- L'entretien courant des édifices publics et des petits ouvrages ;
- Les travaux de cantonnage routier notamment : le débroussaillage, le désherbage, le curage des ouvrages et caniveaux et l'enlèvement des ordures ;
- Le traitement des points critiques des routes en terre ou revêtues ;
- La fabrication et/ou la pose des pavés dans le cadre des travaux à haute intensité de main-d'œuvre ;
- Les services quantifiables dont ceux de gardiennage, d'entretien des espaces verts.

***N.B. :** Les travaux de construction de bâtiments et autres infrastructures ainsi que les prestations intellectuelles et les services non quantifiables sont formellement exclus de ce champ d'application et ne sauraient faire l'objet d'une procédure de demande de cotation.*

B. Conditions de recours à la procédure de demande de cotation

La définition de la demande de cotation par l'article 112, alinéa 1 du code des marchés publics pose le principe de l'applicabilité de cette procédure aux seules lettres-commande, et pour des prestations qui ne requièrent pas une grande technicité.

1. La demande de cotation s'applique aux lettres-commande uniquement

La procédure de demande de cotation ne peut être mise en œuvre que lorsqu'on est en présence d'un projet donnant lieu à une lettre-commande.

Au sens de l'art. 5 (q) du code des marchés publics, la lettre-commande est un marché public dont le montant est au moins égal à cinq (05) millions et inférieur à cinquante (50) millions de FCFA. Ainsi, seuls les projets de montant prévisionnel supérieur ou égal à cinq (5) millions et inférieur à cinquante (50) millions de francs CFA peuvent faire l'objet d'un recours à la procédure de demande de cotation. Au-delà de ce seuil, le maître d'ouvrage ou le maître d'ouvrage délégué devra lancer un appel d'offres régulier, à moins d'obtenir une autorisation de gré à gré le cas échéant.

2. la demande de cotation s'applique aux prestations de moindre envergure qui ne nécessitent pas une grande technicité

Les prestations qui peuvent faire l'objet d'une procédure de demande de cotation doivent être de petite envergure technique, de sorte que l'on n'ait pas besoin d'une méthodologie d'exécution particulière.

Ainsi, le recours à la sous-commission d'analyse ne doit pas être nécessaire pour l'évaluation des offres, la vérification de la conformité pouvant être sommairement faite par la commission de passation des marchés. Ce qui justifie la particularité des étapes procédurales de la demande de cotation.

C. Les étapes procédurales de la demande de cotation

- **La préparation du dossier de demande de cotation par le maître d'ouvrage ou le maître d'ouvrage délégué :** Le maître d'ouvrage ou le maître d'ouvrage délégué prépare le dossier de demande de cotation. A cet effet, un dossier-type est disponible à l'agence de régulation des marchés publics pour faciliter la préparation de leurs dossiers par les maîtres d'ouvrage ou les maîtres d'ouvrage délégués.
- **Adoption du dossier de demande de cotation par la commission de passation des marchés :** Une fois que le dossier de demande de cotation est élaboré, il est transmis à la commission de passation des marchés pour examen et adoption.
- **Publication de l'avis de consultation par le maître d'ouvrage ou le maître d'ouvrage délégué :** La publication de l'avis de consultation se fait à la diligence du maître d'ouvrage ou du maître d'ouvrage délégué, par une annonce publiée obligatoirement dans le Journal des marchés de l'agence de régulation des marchés publics et par voie d'affichage dans les locaux de du maître d'ouvrage ou du maître d'ouvrage délégué.
- **Acquisition et retrait du dossier de consultation par les soumissionnaires :** Dès publication de l'avis de consultation, tout soumissionnaire intéressé doit payer les frais d'acquisition du dossier de consultation auprès des services financiers compétents. Seule la présentation de la quittance de paiement desdits frais lui permet d'entrer en possession du dossier de consultation.
- **Réception des offres par le maître d'ouvrage ou le maître d'ouvrage délégué :** La réception des offres est ouverte dès le jour de publication de l'avis de consultation, et ce jusqu'aux date et heure limites de recevabilité des offres fixées expressément dans l'avis de consultation. Les offres sont déposées dans les services du maître d'ouvrage ou du maître d'ouvrage délégué expressément mentionnés dans l'avis de consultation.

- **Ouverture des plis par la commission de passation des marchés :** L'ouverture des plis se fait au plus tard une heure après l'expiration de l'heure limite de dépôt des offres. La séance d'ouverture des plis n'est pas publique et seuls les soumissionnaires qui le désirent peuvent y prendre part, à raison d'un seul représentant par soumissionnaire. Elle se déroule suivant la même procédure qu'en matière d'appel d'offres.
- **Evaluation des offres et proposition d'attribution par la commission de passation des marchés :** A l'issue de l'ouverture des plis, et *hors la présence des soumissionnaires*, la commission de passation des marchés procède immédiatement à la vérification des offres et fait sa proposition au maître d'ouvrage ou au maître d'ouvrage délégué. Aux termes des dispositions de l'article 113, alinéa 6 du code des marchés publics, *« la commission de passation des marchés propose à l'attribution, le soumissionnaire dont l'offre est entièrement conforme aux exigences administratives et aux prescriptions du descriptif technique et est la moins disante. »*
- **Attribution de la demande de cotation et publication des résultats :** Sur la base de la proposition d'attribution faite par la commission de passation des marchés, le maître d'ouvrage ou le maître d'ouvrage délégué rend une décision d'attribution qui est notifiée à l'adjudicataire, et publie le résultat dans le Journal des marchés de l'agence de régulation des marchés publics.
- **Elaboration du projet de lettre-commande par le maître d'ouvrage ou le maître d'ouvrage délégué :** A l'issue de l'attribution, le maître d'ouvrage ou le maître d'ouvrage délégué élabore le projet de lettre-commande correspondant conformément au dossier de consultation et à l'offre du soumissionnaire retenu.
- **Signature et notification de la lettre-commande par le maître d'ouvrage ou le maître d'ouvrage délégué :** Le maître d'ouvrage ou le maître d'ouvrage délégué signe la lettre-commande et la notifie à l'attributaire.

§3. La procédure de sélection des consultants individuels

Jadis organisée dans la réglementation des marchés publics camerounais par l'arrêté N° 022/CAB/PM du 02 février 2011, la procédure de sélection des consultants individuels a été également intégrée dans le code des marchés publics de 2018 tout comme la procédure de demande de cotation. Aux termes de l'article 117, alinéa 1 dudit texte, les consultants individuels sont des personnes physiques recrutées par le maître d'ouvrage ou le maître d'ouvrage délégué en raison de leurs compétences pour la réalisation des prestations intellectuelles ne nécessitant pas le recours à une équipe pluridisciplinaire.

A. Champ d'application

Les cas de recours à la procédure de recrutement des consultants individuels sont déterminés en fonction de la nature des prestations attendues d'une part, et des qualifications du consultant d'autre part.

Conformément à l'article 117, alinéa 1 ci-dessus, il est fait appel à des consultants individuels quand une équipe pluridisciplinaire n'est pas nécessaire et l'expérience et les qualifications spécifiques de l'expert constituent un critère de choix majeur.

Ces deux conditions sont indissociables. Dès lors, si la réalisation de la prestation exige un nombre important d'experts et qu'il risque d'être difficile de coordonner et d'administrer leurs activités ou de définir leur responsabilité collective, le maître d'ouvrage ou le maître d'ouvrage délégué devra faire recours à un bureau de consultants, et donc procéder par un appel d'offres restreint.

B. Procédure

Les étapes principales qui concourent à la sélection des consultants individuels sont les suivantes :

- **Le lancement de l'avis de sollicitation à manifestation d'intérêt par le maître d'ouvrage ou le maître d'ouvrage délégué :** Tout comme dans la procédure d'appel d'offres restreint, le maître d'ouvrage ou le maître d'ouvrage délégué lance un avis de sollicitation à manifestation d'intérêt définissant les conditions de recrutement, à la suite de duquel les candidats intéressés déposent leurs candidatures suivant les conditions prédéfinies dans la manifestation d'intérêt.

- **L'évaluation et la sélection des candidats par un jury de sélection nommé par le maître d'ouvrage ou le maître d'ouvrage délégué :** Une fois les candidatures reçues, le maître d'ouvrage ou le maître d'ouvrage délégué procède à l'évaluation des candidats sur la base des qualifications minima pertinentes requises. L'évaluation est généralement menée par un jury ou une commission commise par le maître d'ouvrage ou le maître d'ouvrage délégué. Toutefois, il peut aussi faire recours à des cabinets spécialisés à cette fin. Seuls les candidats les mieux qualifiés et pleinement capables de mener à bien la mission doivent être sélectionnés pour le recrutement. L'évaluation de leurs capacités contenues dans les curricula vitae, se fait sur la base de leurs diplômes, de leur expérience professionnelle et, s'il y a lieu, de leur connaissance du contexte local. Un rapport de pré-qualification faisant ressortir le classement des candidats par ordre de mérite est établi par le maître d'ouvrage ou le maître d'ouvrage délégué, et le projet de lettre-commande élaboré.
- **La validation du rapport de pré-qualification par la commission de passation des marchés :** Le rapport de pré-qualification ainsi que le projet de lettre-commande sont transmis à la commission de passation des marchés compétente pour adoption.
- **La production de la proposition financière par le candidat classé le meilleur et les négociations éventuelles :** Une fois le rapport de pré-qualification adopté par la commission de passation des marchés, le maître d'ouvrage ou le maître d'ouvrage délégué transmet au candidat classé le meilleur, les termes de références de la mission et sollicite sa proposition financière en vue d'engager des négociations conformément aux dispositions du code des marchés publics. Si les négociations ne se révèlent pas concluantes, le maître d'ouvrage ou le maître d'ouvrage délégué invite le prochain candidat qualifié de la liste à la négociation.
- **Attribution du marché et publication des résultats :** Sur la base des résultats des négociations, le maître d'ouvrage ou le maître d'ouvrage délégué rend une décision d'attribution qui est notifiée à l'adjudicataire, et publie le résultat dans le Journal des marchés de l'agence de régulation des marchés publics.

- **Elaboration du projet de lettre-commande par le maître d'ouvrage ou le maître d'ouvrage délégué :** A l'issue de l'attribution, le maître d'ouvrage ou le maître d'ouvrage délégué élabore le projet de lettre-commande correspondant conformément au dossier de consultation et à l'offre du consultant retenu.
- **Signature et notification de la lettre-commande par le maître d'ouvrage ou le maître d'ouvrage délégué :** Le maître d'ouvrage ou le maître d'ouvrage délégué signe la lettre-commande et la notifie au consultant attributaire.

***N.B.* :** *Les consultants individuels peuvent être sélectionnés par procédure de gré à gré dans des cas exceptionnels, à savoir : pour des missions qui constituent une continuation des activités antérieures et pour lesquelles le consultant avait été choisi après appel à la concurrence, lorsque le consultant en question est l'un des rares à posséder les qualifications voulues ou dans une situation d'urgence résultant d'un cas de force majeure.*

§4. La procédure de passation des accords-cadres

Les accords-cadres constituent une innovation du code des marchés publics de 2018. La procédure de leur passation varie suivant que l'accord-cadre soit passé avec un (1) prestataire unique par lot ou avec un minimum de trois (3) prestataires par lot.

Lorsque l'accord-cadre fixe un minimum et un maximum des fournitures ou prestations susceptibles d'être commandées au cours d'une période déterminée et exécutées au fur et à mesure de l'émission de bons de commande, il est passé avec un seul prestataire par lot, suivant la procédure d'appel d'offres ouvert (article 114, alinéa 1 du code des marchés publics)[163].

[163] V. Section I, §2-A supra.

Par contre, si l'accord-cadre donne lieu à des commandes subséquentes et est en conséquence passé avec au moins trois (3) prestataires par lot, il est passé suivant la procédure d'appel d'offres restreint, après pré-qualification préalable (article 115, alinéa 1 du code des marchés publics)[164].

[164] V. Section I, §2-B supra.

TROISIEME PARTIE

LE REGIME SPECIFIQUE DES MARCHES DES ENTREPRISES PUBLIQUES

« Certes, la perfection est le propre de Dieu, que le commun des mortels ne peut pas atteindre. Cependant, même si nous ne pouvons l'atteindre, agissons toujours de manière à nous en rapprocher, pour nous rapprocher davantage de Lui. »

Mahatma Gandhi

Aux termes de l'article 119, alinéa 1 de la loi N° 2017/011 du 12 juillet 2017 portant statut général des entreprises publiques, celles-ci *« ne sont pas assujetties aux dispositions du code des marchés publics. »* En application de cette disposition, depuis le 12 juin 2018, à la faveur du décret N° 2018/355, les entreprises publiques sont sorties du cadre du droit commun des marchés publics au Cameroun. En effet, ce décret fixe désormais les règles communes applicables aux marchés des entreprises publiques. Il est du reste relayé par l'article 4, alinéa 3 (d) du décret N° 2018/366 du 20 juin 2018 portant code des marchés publics d'après lesquelles les dispositions dudit code *« ne s'appliquent pas aux marchés passés par les entreprises publiques. »*

Si l'exploitation des deux textes ci-dessus permet de relever plusieurs similitudes quant aux règles des marchés des entreprises publiques et celles relevant du code des marchés publics, il demeure constant que les deux systèmes de marchés publics actuellement en vigueur au Cameroun recèlent de nombreuses différences.

Le but annoncé de cet ouvrage étant de familiariser le lecteur à l'environnement général des marchés publics camerounais, cette partie traite des règles spécifiques de passation, de suivi et de contrôle de l'exécution des marchés des entreprises publiques. Compte tenu des nombreuses similitudes évoquées ci-dessus avec le droit commun des marchés publics qui est incarné par le code des marchés publics, et qui a fait l'objet de la deuxième partie de l'ouvrage, nous ferons l'économie de nombreuses répétitions en renvoyant le lecteur, chaque fois que cela sera le cas, à cette précédente partie pour mieux cerner les concepts.

Cette partie comporte deux sous-parties à savoir, les cadres organiques des marchés des entreprises publiques (Titre I) et les cadres formels des marchés des entreprises publiques (Titre II).

TITRE I

LES CADRES ORGANIQUES DES MARCHES DES ENTREPRISES PUBLIQUES

Dans le cadre des marchés des entreprises publiques, le décret N° 2018/355 du 12 juin 2018 fixant les règles communes applicables aux marchés des entreprises publiques distingue les organes de gestion des marchés des entreprises publiques (Chapitre XIII), les organes de contrôle des marchés des entreprises publiques (Chapitre XIV) et l'exécutant des marchés des entreprises publiques (Chapitre XV).

CHAPITRE XIII

LES ORGANES DE GESTION DES MARCHES DES ENTREPRISES PUBLIQUES

Cinq (05) organes sont en charge de la gestion des marchés des entreprises publiques. Ce sont le conseil d'administration (Section I), le président du conseil d'administration (Section II), le maître d'ouvrage (Section III), la commission interne de passation des marchés (Section IV) et la structure interne de gestion administrative des marchés (Section V).

SECTION I
LE CONSEIL D'ADMINISTRATION

Aux termes de l'article 6 du décret N° 2018/355 du 12 juin 2018 fixant les règles communes applicables aux marchés des entreprises publiques, le conseil d'administration est l'organe investi des pouvoirs les plus étendus pour agir en toutes circonstances au nom de l'entreprise publique. Dans le cadre des marchés publics, il s'assure du respect des règles de concurrence, d'égalité de traitement des candidats, de transparence et de juste prix dans le processus d'attribution des marchés. A ce titre, il :

- Emet un avis conforme sur les propositions d'attribution des marchés suivant les seuils qu'il définit ;
- Approuve le plan de passation des marchés proposé par la direction générale ;
- Fixe les modalités d'organisation et de fonctionnement de la commission interne de passation des marchés, de désignation de son président, de ses membres, du secrétaire et d'évaluation des offres ;
- Examine et émet son avis sur les demandes des procédures exceptionnelles introduites par le directeur général ;

- Commet des audits et toute autre investigation pour s'assurer de la régularité des procédures et de la qualité de la passation ;
- Reçoit et se prononce sur le rapport annuel de passation et d'exécution des marchés préparé par le directeur général ;
- Sanctionne les procédures qui violent la réglementation en vigueur, ainsi que leurs auteurs ; à cet effet, il reçoit tous les documents générés dans le cadre de la passation, de l'exécution et du contrôle des marchés ;
- Examine les rapports de missions de contrôle effectuées par les organes de contrôle et prescrit les mesures qui en découlent ;
- Arbitre les cas de désaccords survenant entre le maître d'ouvrage et la commission interne de passation des marchés ;
- Crée le comité d'arbitrage et d'examen des recours, chargé de connaître des cas de contestations et dénonciations introduits par les soumissionnaires à la phase de la passation des marchés et de toute autre affaire dont il est saisi par le conseil d'administration ;
- Accorde des autorisations expresses pour la passation d'un marché suivant les procédures adaptées et de gré à gré ;
- Fixe les seuils des bons de commande, des lettres-commande, des avenants, des avances de démarrage, des sous-traitances et sous-commandes, et du taux des marchés passés suivant la procédure de gré à gré.

Au regard de ces exorbitantes prérogatives, le conseil d'administration apparaît pour le système des marchés des entreprises publiques, comme l'autorité en charge des marchés publics dans le cadre du droit commun des marchés publics issu du code des marchés publics.

SECTION II
LE PRESIDENT DU CONSEIL D'ADMINISTRATION

Dans le cadre des marchés des entreprises publiques, le président du conseil d'administration joue un rôle prépondérant.

Aux termes des dispositions de l'article 7 du décret N° 2018/355 du 12 juin 2018, le président du conseil d'administration détient les prérogatives suivantes :

- L'autorisation, après avis du conseil d'administration, des procédures exceptionnelles ;
- La signature avec un membre du conseil d'administration, des actes de désignation du président et des membres de la commission interne de passation des marchés ;
- La transmission à l'autorité chargée des marchés publics et à l'organisme chargé de la régulation, des copies des actes de sanction des procédures irrégulières et de leurs auteurs.

En outre, en raison de la célérité que requièrent très souvent les procédures de passation et d'exécution des marchés publics, il apparaît difficile de réunir le conseil d'administration chaque fois que le besoin se pose dans le cadre de ses missions évoquées à la section précédente. Dès lors, le décret N° 2018/355 du 12 juin 2018 prévoit que *« le conseil d'administration peut, en tant que de besoin, conférer certaines de ses attributions au président du conseil d'administration. »*[165] C'est ainsi que, sans que la liste soit limitative, il apparaisse normal que les prérogatives suivantes du conseil d'administration soient confiées au bénéfice de cette disposition, au président du conseil d'administration :

- La délivrance des accords préalables à l'attribution et à la signature des marchés égaux ou supérieurs à certains seuils ;
- La délivrance au directeur général, de l'accord préalable pour la maîtrise d'œuvre interne des marchés dont les montants sont égaux ou supérieurs à certains seuils ;
- L'entérinement des avis du comité d'arbitrage et d'examen des recours ;
- La délivrance au directeur général, de l'accord préalable à l'annulation des consultations non encore attribuées.

SECTION III
LE MAITRE D'OUVRAGE

Aux termes de l'article 5 (l) du décret N° 2018/355 du 12 juin 2018 fixant les règles communes applicables aux marchés des entreprises publiques, le maître d'ouvrage est le directeur général d'une entreprise

[165] Article 6, alinéa 3 du décret 2018/355 du 12 juin 2018.

publique, représentant la structure bénéficiaire des prestations prévues dans le marché. Comme dans le cadre du droit commun des marchés publics, le maître d'ouvrage est donc la personne publique pour le compte de laquelle le marché est attribué et les prestations exécutées. L'alinéa 1 de l'article 8 précise que l'initiative et la conduite des opérations de passation et d'exécution des marchés incombent au maître d'ouvrage qui exerce notamment les prérogatives suivantes :

- Conduit toutes les opérations relatives aux préalables à la passation et à l'exécution des marchés ;
- Elabore et met à jour le plan de passation des marchés et transmet une copie à l'autorité chargée des marchés publics et à l'organisme en charge de la régulation ;
- Prépare les projets de dossiers d'appel d'offres et de consultation et les soumet à l'examen de la commission interne de passation des marchés ;
- Lance les appels d'offres ;
- Attribue, publie les résultats, signe et notifie les marchés et les avenants ;
- Signe et notifie les ordres de service ;
- Suit l'exécution physico-financière des marchés ;
- Résilie en tant que de besoin les contrats ;
- Sollicite l'accord préalable du conseil d'administration pour les procédures exceptionnelles.

N.B. : *Aux termes de l'alinéa 2 de l'article 8 du décret N° 2018/355, « pour chaque entreprise publique, le maître d'ouvrage peut, après délibération du conseil d'administration, déléguer en tant que de besoin, ses fonctions de maître d'ouvrage à un ou plusieurs responsables de ses services ».*

SECTION IV
LA STRUCTURE INTERNE DE GESTION ADMINISTRATIVE DES MARCHES

La structure interne de gestion administrative des marchés (SIGAM) est instituée par l'article 17 du décret N° 2018/355 du 12 juin 2018. Conformément à l'alinéa 1 de cette disposition, Le conseil d'administration met en place la structure interne de gestion administrative des marchés qui est la principale interface entre les organes de contrôle et l'entreprise publique. Elle assiste le maître d'ouvrage dans l'exécution de ses attributions, notamment aux stades :

- De la maturation des projets ;
- De l'élaboration et du suivi des plans de passation des marchés ;
- De l'élaboration des projets de dossiers de consultation ;
- De la réception des offres ;
- De la finalisation des projets de marchés et d'avenants ;
- De la préparation des notes de présentation des projets ;
- De la centralisation et de l'archivage de tous les documents et données relatifs aux marchés de l'entreprise ;
- De la préparation et de la transmission au secrétariat de la commission de passation des marchés de tous les documents nécessaires ;
- De l'examen et de la mise en œuvre des observations de la commission de passation des marchés sur les documents des marchés ;
- De la rédaction des rapports trimestriels, semestriels et annuels sur la situation générale des marchés passés par l'Entreprise publique.

En phase de passation et d'exécution des marchés des entreprises publiques, tout comme dans le système commun du code des marchés publics, la SIGAM est désormais l'organe technique central et à ce titre, elle exerce la plupart des attributions du maître d'ouvrage.

SECTION V
LES COMMISSIONS INTERNES DE PASSATION DES MARCHES

Aux termes de l'article 9 du décret N° 2018/355 du 12 juin 2018, la commission interne de passation des marchés est un organe d'appui technique placé auprès du maître d'ouvrage pour la passation des marchés. L'étude de la commission interne de passation des marchés des entreprises publiques inclut ses attributions et sa composition.

§1. Les attributions des commissions internes de passation des marchés

Conformément aux dispositions de l'article 9 du décret N° 2018/355 du 12 juin 2018, les commissions internes de passation des marchés des entreprises publiques ont pour rôles :

- D'examiner les dossiers d'appel d'offres et de consultation préparés par le maître d'ouvrage ;
- D'organiser les séances d'ouverture des plis ;
- De commettre des sous-commissions pour l'analyse des offres ;
- De proposer au maître d'ouvrage l'attribution des marchés ;
- D'examiner les projets de marchés et d'avenants ;
- D'adresser au maître d'ouvrage, un rapport semestriel de ses activités avec copie au conseil d'administration, au ministre chargé des marchés publics et à l'organisme chargé de la régulation.

§2. La composition des commissions internes de passation des marchés des entreprises publiques

Suivant l'article 10 du décret N° 2018/355 du 12 juin 2018, la commission interne de passation des marchés placée auprès d'une entreprise publique est composée d'un président, de quatre (04) membres et d'un secrétaire.

Le président et les membres des commissions internes de passation des marchés des entreprises publiques sont désignés par le conseil d'administration, et *« choisis parmi les personnalités jouissant d'une bonne moralité et disposant d'une expertise avérée dans le domaine des marchés publics et en tenant compte de leur lieu de résidence. »*[166]Quant au secrétaire de la commission, il est,aux termes de l'article 11, alinéa 2 du décret N° 2018/355, désigné par le conseil d'administration de l'entreprise publique au sein de la structure interne de gestion administrative des marchés.

Ainsi, contrairement au système du droit commun des marchés publics dans lequel le président est désigné par l'autorité chargée des marchés publics tandis que les membres sont les représentants des

[166] Article 13 du décret N° 2018/355.

administrations publiques nommément désignés, et le secrétaire nommé par le maître d'ouvrage ou le maître d'ouvrage délégué suivant le cas, dans le système des marchés des entreprises publiques, tant le président, les membres que le secrétaire de la commission sont nommés par le conseil d'administration. Les seules exigences réglementaires concernent le président de la commission qui doit être une personnalité extérieure à l'entreprise publique, le secrétaire qui doit être exclusivement choisi parmi le personnel de la structure interne de gestion administrative des marchés, ainsi que le nombre des membres de la commission qui doit être fixé à quatre (4) impérativement.

CHAPITRE XIV

LES ORGANES DE CONTROLE DES MARCHES DES ENTREPRISES PUBLIQUES

Dans le cadre des marchés des entreprises publiques, il existe deux niveaux de contrôle : un contrôle interne exercé par le maître d'ouvrage et certains de ses collaborateurs, et un contrôle externe piloté par le ministère des marchés publics.

SECTION I
LE CONTROLE INTERNE DE L'EXECUTION DES MARCHES DES ENTREPRISES PUBLIQUES

Aux termes de l'article 18 du décret N° 2018/355 du 12 juin 2018, *« le contrôle interne de l'exécution des marchés passés par les entreprises publiques est assuré par le maître d'ouvrage à travers le chef de service, l'ingénieur du marché et éventuellement le maître d'œuvre ».*

Ainsi, comme dans le cadre du droit commun des marchés publics, les directeurs généraux des entreprises publiques assurent par eux-mêmes le suivi de l'exécution des marchés publics en leur qualité de maître d'ouvrage, ou le font à travers trois organes que sont le chef de service du marché, l'ingénieur du marché et le maître d'œuvre. En outre, un comité d'arbitrage et d'examen des recours est institué par le décret N° 2018/355 auprès du maître d'ouvrage.

§1. Le contrôle du maître d'ouvrage, du chef de service du marché, de l'ingénieur du marché et du maître d'œuvre

Les règles de contrôle interne de l'exécution des marchés des entreprises publiques par le maître d'ouvrage et ses collaborateurs ci-dessus sont les mêmes qu'en ce qui concerne le contrôle interne de l'exécution des marchés publics en droit commun des marchés publics, et auxquelles le lecteur est prié de se référer[167].

§2. Le Comité d'arbitrage et d'examen des recours

Le comité d'arbitrage et d'examen des recours est un organe placé auprès de l'entreprise publique, et chargé d'examiner les recours formulés par les soumissionnaires qui s'estiment lésés à partir de la phase d'ouverture des plis, et de proposer les solutions appropriées au conseil d'administration[168].

SECTION II
LE CONTROLE EXTERNE DE L'EXECUTION DES MARCHES DES ENTREPRISES PUBLIQUES

Conformément aux dispositions de l'article 19, alinéa 1 du décret N° 2018/355 du 12 juin 2018, *« le contrôle externe de l'exécution des marchés passés par les entreprises publiques est exercé par le ministère en charge des marchés publics »*. A côté du ministère des marchés publics, la réglementation prévoit le contrôle et la régulation de l'agence de régulation des marchés publics. Enfin tout comme en droit commun des marchés publics, d'autres organismes publics assurent également ce contrôle.

§1. Le contrôle de l'exécution des marchés des entreprises publiques par le ministère des marchés publics

Le ministère chargé des marchés publics est l'organe principal de contrôle externe des marchés des entreprises publiques. A ce titre, aux termes des dispositions de l'article 19, alinéa 1 ci-dessus, le ministère en charge des marchés publics :

- Procède, avec le concours de ses services compétents, à des contrôles périodiques ou inopinés sur les marchés en cours

---

[167] Pour plus de détails, se reporter à la Deuxième partie de l'ouvrage, Titre 1, Chapitre 8, Section 2, §1 supra.

[168] Il faut noter ici que le rôle du comité chargé de l'examen des recours consiste uniquement à formuler, après instruction des recours, les mesures appropriées au conseil d'administration qui, seul, détient le pouvoir de décision finale.

d'exécution, en vue notamment de s'assurer du respect des clauses du marché et des règles de l'art ;

- Effectue des contrôles *a posteriori* pour analyser le bon comportement d'un ouvrage ou d'une fourniture sous garantie.

A l'issue de son contrôle, le ministère en charge des marchés publics adresse au conseil d'administration une copie de ses rapports périodiques sur le contrôle de l'exécution des marchés passés par les Entreprises publiques (article 19, alinéa 2 du décret N° 2018/355).

Pour lui assurer un contrôle efficient et efficace, les acteurs des marchés des entreprises publiques ont l'obligation, conformément aux dispositions de l'article 19, alinéa 3 du décret ci-dessus, de transmettre au ministère en charge des marchés publics, copie de toute la documentation générée par l'exécution des prestations, notamment :

- Les marchés et avenants signés et notifiés ;
- Les ordres de services, y compris ceux prescrivant le démarrage des prestations ;
- Les copies des décomptes provisoires et finaux ;
- Les procès-verbaux de réception et de recette technique ;
- Les rapports d'achèvement de l'exécution technico-financière des projets ;
- Les rapports des maîtres d'œuvre.

§2. Le contrôle et la régulation des marchés des entreprises publiques par l'Agence de régulation des marchés publics

L'agence de régulation des marchés publics joue dans le cadre des marchés des entreprises publiques, un double rôle de contrôle et de régulation.

A. La régulation des marchés des entreprises publiques par l'ARMP

Conformément à l'article 20, alinéa 1 du décret N° 2018/355 du 12 juin 2018 fixant les règles communes applicables aux marchés des entreprises publiques, l'organisme chargé de la régulation des marchés publics assure conformément à ses missions, la régulation des procédures de passation des marchés.

Dans ses prérogatives de régulation du système des marchés des entreprises publiques, l'article 20 ci-dessus assigne à l'ARMP les missions principales ci-après :

- Veiller à l'application de la réglementation des marchés passés par les entreprises publiques ;
- Procéder à la collecte et à la conservation de tous les documents des marchés passés par les entreprises publiques en vue de leur archivage ;
- Veiller au renforcement de capacités des intervenants impliqués dans le processus des marchés des entreprises publiques ;
- Publier dans le Journal des marchés publics les actes relatifs à la passation et au contrôle de l'exécution des marchés publics ;
- Adresser au conseil d'administration, chaque fois qu'il est requis par ce dernier, des avis sur les recours des soumissionnaires.

L'agence de régulation des marchés publics adresse aux intervenants impliqués dans le processus de passation des marchés passés par les entreprises publiques, des actes de régulation prescrivant des mesures *à caractère didactique*, en cas d'irrégularité sans incidence sur l'observation des règles de publicité et de mise en concurrence (article 20, alinéa 2 du décret N° 2018/355).

Enfin, tous les documents générés dans le cadre de la passation, de l'exécution et du contrôle des marchés des entreprises publiques sont transmis à l'agence de régulation des marchés publics pour conservation et archivage dans les soixante-douze (72) heures à compter de leur signature (article 21 du décret N° 2018/355).

B. Le contrôle *a posteriori* des marchés des entreprises publiques par l'ARMP

Le contrôle *a posteriori* des marchés des entreprises publiques par l'agence de régulation des marchés publics se fait à travers l'auditeur indépendant. Aux termes de l'article 5 (a) du décret N° 2018/255 du 12 juin 2018 fixant les règles communes applicables aux marchés des entreprises publiques, l'auditeur indépendant est un cabinet de réputation établie recruté par l'organisme chargé de la régulation des marchés publics pour la réalisation de l'audit annuel des marchés.

Ainsi, conformément à l'article 22 du décret N° 2018/355 du 12 juin 2018, les marchés passés par les entreprises publiques *« font l'objet d'un audit a posteriori réalisé par un auditeur indépendant recruté par voie d'appel d'offres par l'organisme chargé de la régulation »*[169].

§3. Les autres organismes de contrôle externe des marchés des entreprises publiques

De même qu'en ce qui concerne les marchés relevant du droit commun des marchés publics, les marchés des entreprises publiques font l'objet de contrôle par d'autres corps prévus par les lois et règlements en vigueur, à savoir notamment : le contrôle supérieur de l'Etat, la chambre des comptes de la cour suprême, la commission nationale anti-corruption et l'observatoire national de lutte contre la corruption[170].

---

[169] Toutefois, tout comme en ce qui concerne les marchés relevant du code des marchés publics, contrairement à l'ancienne réglementation qui précisait l'étendue des prérogatives de l'auditeur indépendant, le décret N° 2018/355 du 12 juin 2018 laisse subsister un vide quant à l'étendue de cette mission : concerne-t-elle l'ensemble des marchés passés par les entreprises publiques ou alors une partie seulement de ces marchés ?

[170]Pour plus de détails, se reporter à la Deuxième partie de l'ouvrage, Titre 1, Chapitre 8, Section 2, §2 supra.

CHAPITRE XV

L'EXECUTANT DES MARCHES DES ENTREPRISES PUBLIQUES

Aux termes de l'article 5 (e) du décret N° 2018/355 du 12 juin 2018 fixant les règles communes applicables aux marchés des entreprises publiques, le *« cocontractant de l'entreprise publique est toute personne physique ou morale partie au contrat, en charge de l'exécution des prestations prévues dans le marché, ainsi que son ou ses représentant (s), personnel, successeur (s) et / ou mandataire (s) dûment désigné (s) »*

Il découle de cette disposition que l'exécutant principal du marché d'une entreprise publique est son titulaire, le cocontractant de l'entreprise publique (Section I). Toutefois, le pouvoir réglementaire admet que le contrat de marché d'une entreprise publique puisse être exécuté non pas seulement par son signataire, mais aussi par plusieurs personnes, dans le cadre de la cotraitance (Section II) ; de même, une partie des prestations peut être exécutée par une personne autre que son titulaire, dans le cadre de la sous-traitance ou de la sous-commande (Section III).

SECTION I
LE COCONTRACTANT DE L'ENTREPRISE PUBLIQUE EST L'EXECUTANT PERSONNEL DU MARCHE[171]

Le cocontractant de l'entreprise publique est avant tout une partie au contrat, et à ce titre, il est seul habilité à signer le contrat de marché, de même qu'il doit exécuter personnellement l'objet du marché. En effet, l'exécution du marché de l'entreprise publique doit être personnelle : le cocontractant est tenu d'exécuter personnellement ses obligations, en vertu du caractère *intuitu personae* reconnu au

---

[171]Pour plus de détails, se reporter à la Deuxième partie de l'ouvrage, Titre 1, Chapitre 9, Section 1 supra.

contrat. Car comme dans le système du droit commun des marchés publics, c'est en considération de la personne du candidat que la confiance de l'entreprise publique a été emportée. Dans ces conditions, il ne saurait être admis qu'une personne autre que le cocontractant puisse lui être substituée.

SECTION II
L'EXECUTION DU MARCHE DE L'ENTREPRISE PUBLIQUE PAR PLUSIEURS PERSONNES : LA COTRAITANCE[172]

Aux termes de l'article 88, alinéa 1 du décret N° 2018/355 du 12 juin 2018, *« il y a cotraitance lorsque les prestations objet d'un marché sont réalisées par des entreprises distinctes dans le cadre d'un groupement. »*

Ainsi qu'il a été exposé plus haut, comme dans le cadre du droit commun des marchés publics, le recours au groupement dans les marchés des entreprises publiques est approprié en cas de marché complexe ou faisant appel à différentes compétences techniques. Aussi, la cotraitance permet aux petites et moyennes entreprises de participer à des marchés auxquels toutes seules, elles n'auraient pas pu prétendre faute de disposer des compétences et capacités requises pour exécuter toutes les prestations prévues au marché.

Dans le système des marchés des entreprises publiques, le groupement obéit aux mêmes règles qu'en droit commun des marchés publics, notamment quant à leurs formes et à leur matérialisation.

§1. Les formes de groupement

Aux termes de l'article 88, alinéa 2 du décret N° 2018/355 du 12 juin 2018, le cahier des clauses administratives particulières doit préciser si les entreprises groupées sont conjointes ou solidaires. Ce texte reconnaît ainsi deux formes de groupement comme en droit commun des marchés publics : le groupement conjoint et le groupement solidaire.

---

[172]Pour plus de détails, se reporter à la Deuxième partie de l'ouvrage, Titre 1, Chapitre 9, Section 2 supra.

A. Le groupement conjoint

Conformément aux dispositions de l'article 88, alinéa 4 du décret N° 2018/355 du 12 juin 2018, les entreprises groupées sont conjointes lorsque, les prestations étant divisées en parts, dont chacune est assignée à l'une de ces entreprises, chacune d'entre elles est engagée pour la ou les parts qui lui sont assignées dans la convention de groupement. L'une d'entre elles doit être désignée dans le cahier des clauses administratives particulières comme mandataire, celui-ci étant solidaire de chacune des autres entreprises dans les obligations contractuelles à l'égard du maître d'ouvrage.

Aux termes de l'alinéa 5 de la même disposition, le mandataire représente l'ensemble des entreprises conjointes vis-à-vis de l'entreprise publique pour l'exécution du marché, et chaque entreprise est payée dans son propre compte.

B. Le groupement solidaire

Aux termes de l'article 88, alinéa 3 du décret N° 2018/355 du 12 juin 2018, les entreprises groupées sont solidaires lorsque chacune d'elles est engagée pour la totalité du marché et doit pallier une éventuelle défaillance de ses partenaires. L'une d'entre elles doit être désignée dans le cahier des clauses administratives particulières comme mandataire et représenter l'ensemble des entreprises vis-à-vis du maître d'ouvrage. Les cotraitants se répartissent les sommes qui sont réglées par l'entreprise publique dans un compte unique.

Ainsi, dans le groupement solidaire, tous les membres du groupement s'engagent solidairement pour la réalisation du marché vis-à-vis de l'entreprise publique. Cet engagement financier et solidaire porte sur la totalité du marché.

§2.La matérialisation du groupement

La matérialisation du groupement dans le cadre des marchés des entreprises publiques se fait de la même manière qu'en droit commun des marchés publics. Ainsi, conformément au règlement général de l'appel d'offres, le groupement doit être matérialisé par la signature d'un accord de groupement (ou convention de groupement) authentifié par un notaire assermenté.

En outre, lors de la signature de la convention de groupement, le mandataire doit être nommément indiqué. En tant que représentant du groupement auprès l'entreprise publique, les ordres, courriers, demandes à lui adressés par cette dernière sont réputés avoir été donnés à tous les membres du groupement ; de même, les courriers et demandes éventuelles que le mandataire adresse à l'entreprise publique sont réputés avoir été initiés par l'ensemble des membres du groupement. Le mandataire est donc solidaire des autres membres du groupement, dans le cadre de l'exécution du marché de l'entreprise publique.

SECTION III
L'EXECUTION D'UNE PARTIE DU MARCHE DE L'ENTREPRISE PUBLIQUE PAR UNE PERSONNE AUTRE QUE SON TITULAIRE : LA SOUS-TRAITANCE OU LA SOUS-COMMANDE[173]

Aux termes de l'article 86, alinéa 1 du décret N° 2018/355 du 12 juin 2018 fixant les règles communes applicables aux marchés des entreprises publiques, *« un marché peut faire l'objet de sous-traitance ou donner lieu à des sous-commandes suivant des modalités fixées par le cahier des clauses administratives générales. »*

§1.La sous-traitance

Conformément à l'alinéa 3 de l'article 86 ci-dessus, *« les marchés sous-traités sont des contrats par lesquels le titulaire d'un marché cède à des tiers l'exécution d'une partie de ce marché. »*

Ainsi qu'il a été plus amplement défini dans la deuxième partie de l'ouvrage, la sous-traitance est une opération par laquelle, à l'occasion de l'exécution d'un marché, le titulaire du marché, tout en demeurant seul responsable de l'exécution de toutes les obligations résultant du marché, fait appel à une ou plusieurs autres entreprises non parties au

---

173Pour plus de détails, se reporter à la Deuxième partie de l'ouvrage, Titre 1, Chapitre 9, Section 3 supra.

contrat, pour exécuter certaines des prestations prévues dans le contrat.

Aux termes de l'alinéa 2 de l'article 86 du décret N° 2018/355 du 12 juin 2018, en cas de sous-traitance, le montant cumulé des prestations concernées ne peut excéder le plafond de cinquante pour cent (50 %) du montant du marché.

§2.La sous-commande

Les sous-commandes sont, à la lumière de l'article 86, alinéa 4 du décret N° 2018/355 du 12 juin 2018, des commandes faites à des tiers par le titulaire d'un marché en vue :

- Soit de la fabrication d'objets ou de matières intermédiaires devant entrer dans la composition de la prestation ;
- Soit de l'exécution de certaines opérations conditionnant la réalisation de cette prestation.

N.B. : *La sous-traitance et la sous-commande, ne sont possibles qu'à la condition incontournable de l'accord du maître d'ouvrage, et le cocontractant de l'entreprise publique demeure responsable de l'exécution de toutes les obligations résultant du marché.(Article 87 du décret N° 2018/355 du 12 juin 2018).*

TITRE II

LES CADRES FORMELS DES MARCHES DES ENTREPRISES PUBLICS

Dans le système spécifique des marchés des entreprises publiques, il existe différents types de marchés (Chapitre XVI) qui revêtent différentes formes (Chapitre XVII) et sont conclus suivant diverses procédures (Chapitre XVIII).

CHAPITRE XVI

LES TYPES DE MARCHES DES ENTREPRISES PUBLIQUES

Le décret N° 2018/355 du 12 juin 2018 fixant les règles communes applicables aux marchés des entreprises publiques distingue trois (3) principaux types de marchés : les marchés de travaux, les marchés de fournitures et les marchés de services.

SECTION I
LES MARCHES DE TRAVAUX

Aux termes de l'article 24 du décret N° 2018/355 du 12 juin 2018, les marchés de travaux sont des marchés conclus avec des entrepreneurs en vue de la réalisation des opérations de construction, reconstruction, démolition, réparation, rénovation de tout bâtiment ou ouvrage, y compris la préparation du chantier, les travaux de terrassement, l'installation d'équipements ou de matériels, la décoration et la finition, ainsi que les services accessoires aux travaux, si la valeur de ces services ne dépasse pas celle des travaux eux-mêmes.

Il découle de cette disposition que les marchés des travaux regroupent non seulement la réalisation des travaux proprement dits (construction, reconstruction, démolition, réparation, rénovation des bâtiments et ouvrages), mais aussi les équipements et services accessoires auxdits travaux.

S'agissant des services accessoires aux travaux, ceux-ci ne seront considérés comme marchés de travaux qu'à la condition que leur valeur ne dépasse pas celle des travaux dont ils sont accessoires. A défaut, le maître d'ouvrage devra passer un marché de services différent.

SECTION II
LES MARCHES DE FOURNITURES

Les marchés de fournitures sont, conformément à l'article 25 du décret N° 2018/355 du 12 juin 2018, *« des marchés conclus avec des fournisseurs pour l'achat, la prise en crédit-bail, la location-vente de produits ou matériels y compris les services et accessoires, si la valeur de ces derniers ne dépasse pas celle des biens eux-mêmes. »*

Les marchés publics de fournitures concernent donc la fourniture, la prise en crédit-bail ou la location-vente de biens et équipements tels que le matériel de bureau, le matériel scolaire, les médicaments, consommables et équipements sanitaires, les intrants agricoles, le matériel électronique et électrique, le matériel automobile...

Sont également assimilés aux marchés de fournitures, les services rattachés auxdites fournitures tels que le transport sur site, le montage, les tests, la mise en service, les expertises, la supervision, l'entretien, la réparation, la formation des utilisateurs et toutes autres obligations se rapportant aux éléments à fournir au titre du marché.

SECTION III
LES MARCHES DE SERVICES

Aux termes de l'article 26, alinéa 1 du décret N° 2018/355 du 12 juin 2018, les marchés de services sont des marchés autres que les marchés de travaux ou de fournitures, conclus avec des prestataires pour la réalisation de prestations immatérielles dont la substance peut être quantifiable ou non quantifiable.

Ainsi, il existe trois (3) types de marchés de services :

§1.Les marchés de services quantifiables

Ce sont des marchés des prestations de services qui ne font pas nécessairement appel à une conception, et qui se traduisent par un résultat physiquement mesurable. Il s'agit entre autres, du gardiennage, du nettoyage ou de l'entretien des édifices publics ou des espaces verts, de l'entretien ou de la maintenance des matériels et équipements de bureau ou d'informatique, de l'assurance, à l'exclusion de l'assurance maladie (article 26, alinéa 2 du décret 2018/355).

§2.Les marchés de services non quantifiables autres que les prestations intellectuelles

Ce sont des marchés des prestations de services non quantifiables qui ne font pas nécessairement appel à une conception. Il s'agit entre autres, de l'assurance maladie, de la publicité, de l'audit des comptes, de l'organisation des séminaires de formation (article 26, alinéa 3 du décret N° 2018/355).

§3.Les marchés de prestations intellectuelles

Les marchés de prestations intellectuelles sont des marchés de services non quantifiables dont l'objet porte sur des prestations à caractère principalement intellectuel (article 26, alinéa 4 du décret N° 2018/355)[174].

[174] Contrairement au droit commun des marchés publics qui distingue les prestations intellectuelles des services, dans le système des marchés des entreprises publiques, les prestations intellectuelles sont classées dans la catégorie des marchés des services.

CHAPITRE XVII

LES FORMES DE MARCHES DES ENTREPRISES PUBLIQUES

Dans le système des marchés des entreprises publiques, il existe plusieurs formes de marchés publics. Outre le marché ordinaire qui est la forme de marché la plus utilisée (Section I), le décret N° 2018/355 du 12 juin 2018 distingue également les accords-cadres (Section II), les marchés pluriannuels ou à tranches (Section III), les marchés réservés (Section IV) et les marchés adaptés (Section V).

SECTION I
LES MARCHES ORDINAIRES

Comme en droit commun des marchés publics, le marché ordinaire est la forme de marché la plus usitée dans le système des marchés des Entreprises publiques. Il s'agit d'un marché dont l'exécution se fait de manière globale. Le maître d'ouvrage est en mesure ici de déterminer avec précision la nature et la consistance des besoins à satisfaire, le montant des prestations et les délais d'exécution.

SECTION II
LES ACCORDS-CADRES

Aux termes de l'article 27, alinéa 2 du décret N° 2018/355 du 12 juin 2018, les accords-cadres sont *« des marchés conclus par un ou plusieurs maîtres d'ouvrage avec un ou plusieurs prestataires ayant pour objet d'établir les règles relatives aux bons de commande à émettre, ou les dispositions régissant les marchés à commandes subséquentes à passer au cours d'une période donnée, notamment en ce qui concerne les prix, et le cas échéant, les quantités envisagées. »*

Les accords-cadres sont utilisés lorsque le maître d'ouvrage ne peut pas déterminer à l'avance, le volume et le rythme des commandes de fournitures ou de services courants nécessaires à ses besoins. En outre, Le recours aux accords-cadres est limité, au sens de l'alinéa 5 de l'article 27 ci-dessus, aux fournitures ou services courants et aux travaux de maintenance et de rénovation.

Aux termes de l'article 27, alinéa 3 du décret N° 2018/355, la durée des Accords-cadres ne peut excéder trois (03) ans. En outre, ils ne peuvent être conclus que pour les prestations de fournitures ou de services courants et pour les travaux de maintenance et de rénovation (alinéa 5).

SECTION III
LES MARCHES PLURIANNUELS OU A TRANCHES

Un marché pluriannuel est un marché dont l'exécution s'étale sur plus d'un exercice budgétaire. Généralement, le marché pluriannuel comporte une tranche ferme et une ou plusieurs tranches conditionnelles dont la consistance, le prix et les modalités d'exécution sont fixés en amont par le maître d'ouvrage.

Le recours au marché à tranches dans le cadre des marchés des entreprises publiques est réglementé par l'article 29 du décret N° 2018/355 du 12 juin 2018 fixant les règles communes applicables aux marchés des entreprises publiques. Son alinéa 1 dispose en effet que : *« lorsque l'intégralité du financement nécessaire pour la réalisation d'un projet ne peut être mobilisée au cours d'un seul exercice budgétaire alors que les prestations sont étalées sur plusieurs exercices ou s'exécutent en plusieurs tranches, le maître d'ouvrage doit programmer les dépenses liées à chaque exercice ou à chaque tranche. »*

Le recours au marché à tranches est subordonné, conformément à l'alinéa 1 de l'article 29 du décret N° 2018/355 à des conditions particulières, notamment :

- **L'intégralité du financement ne peut être mobilisée au cours d'un seul exercice budgétaire :** Seuls les projets dont le montant est élevé et ne peut être supporté par le maître d'ouvrage sur un seul exercice budgétaire peuvent bénéficier du fractionnement en tranches.

- **Les prestations peuvent être réparties en phases étalées sur plusieurs années :** Le marché ne peut bénéficier du fractionnement que si les prestations peuvent être divisées en tranches formant un ensemble cohérent, autonome et fonctionnel.

Les modalités d'exécution des marchés pluriannuels ou à tranches dans le système des marchés des entreprises publiques sont les mêmes qu'en droit commun des marchés publics[175]

SECTION IV
LES MARCHES RESERVES

Certains marchés, suivant l'article 30 du décret N° 2018/355 du 12 juin 2018 peuvent être réservés exclusivement à certaines catégories de prestataires, notamment, aux artisans, aux personnes vulnérables, aux organisations communautaires à la base et aux organisations de la société civile.

Quant aux modalités de recours aux marchés réservés et de leur application, le pouvoir réglementaire confie au conseil d'administration les pleins pouvoirs pour leur fixation.

SECTION V
LES MARCHES ADAPTES

Organisés par l'article 31 du décret N° 2018/355 du 12 juin 2018, les marchés adaptés sont un concept propre au système des marchés des entreprises publiques. Prévus uniquement pour des projets qui revêtent une certaine spécificité, ils obéissent également à des procédures particulières.

Le recours aux marchés adaptés peut se faire dans deux cas de figure :

- **Pour les travaux, approvisionnements et services qui ne peuvent être obtenus que chez des entreprises ou prestataires dont le choix s'impose par leur spécialité, leurs connaissances ou leurs aptitudes particulières, ou ceux**

---

175 Pour plus de détails, se reporter à la Deuxième partie de l'ouvrage, Titre 2, Chapitre 11, Section 1, §2, A supra.

détenteurs des brevets d'invention, distributeurs exclusifs, en situation de monopole ou possédant un savoir-faire : Dans ce cas, le maître d'ouvrage peut passer directement la commande des travaux ou des services ou procéder à l'achat direct des fournitures au juste prix auprès des prestataires concernés, sur la base d'un contrat. Une fois les prestations réceptionnées, il adresse une demande de validation en régularisation au président du conseil d'administration dans un délai de dix (10) jours[176].

- **Pour les travaux, fournitures et services qui revêtent un caractère urgent :** Dans ce cas, le maître d'ouvrage peut, après consultation d'au moins trois (03) prestataires par tout moyen laissant trace écrite, passer directement la commande au candidat présentant l'offre la moins disante pour les travaux et fournitures, et la mieux-disante pour les services et prestations intellectuelles. L'offre de l'attributaire, le rapport d'analyse, la décision d'attribution et le projet de contrat sont ensuite soumis à la commission interne de passation des marchés qui dispose d'un délai de trois (03) jours pour émettre son avis[177].

N.B. :*Comme dans le cadre du droit commun des marchés publics, le décret N° 2018/355 du 12 juin 2018 fixant les règles communes applicables aux marchés des entreprises publiques exclut de manière expresse de son champ d'application, les marchés spéciaux dont il n'est dès lors pas fait allusion dans cet ouvrage*[178].

[176] Article 31, alinéas 1 et 2 du décret N° 2018/355 du 12 juin 2018.

[177] Article 31, alinéa 3 du décret N° 2018/355 du 12 juin 2018.

[178] Les marchés spéciaux sont des marchés qui concernent l'acquisition d'équipements ou fournitures et des prestations directement liés à la défense nationale, à la sécurité et aux intérêts stratégiques de l'Etat. Ils comportent par conséquent des clauses secrètes pour des raisons de sécurité et d'intérêts stratégiques de l'Etat, qui ne sauraient être divulgués au *« public ordinaire »*. D'où le recours à des procédures spéciales de passation de ces marchés. Par contre, les équipements ou fournitures et les prestations de toute nature autres que ceux visés ci-dessus relèvent de la compétence des Commissions de passation des marchés. Ceci justifie la présence de ces Commissions au sein des principales institutions nationales de défense et de sécurité (Ministère de la défense, Délégation générale à la sûreté nationale).

CHAPITRE XVIII

LES PROCEDURES DE PASSATION DES MARCHES DES ENTREPRISES PUBLIQUES

Le décret N° 2018/355 du 12 juin 2018 fixant les règles communes applicables aux marchés des entreprises publiques, tout comme le code des marchés publics dans le système du droit commun des marchés publics, consacre l'appel d'offres comme mode principal de passation des marchés publics (Section I). A côté de celui-ci, la réglementation des marchés des entreprises publiques institue d'autres procédures que sont : la procédure de gré à gré (Section II), la procédure de passation des accords-cadres (Section III), la procédure de demande de cotation (Section IV) et la procédure de recrutement des consultants individuels (Section V).

SECTION I
L'APPEL D'OFFRES

L'article 34, alinéa 1 du décret N° 2018/355 du 12 juin 2018 définit l'appel d'offres comme étant *« la procédure par laquelle l'attribution d'un marché intervient après appel public à concurrence. »*

Conformément aux dispositions de l'article 35 du décret N° 2018/355, l'appel d'offres peut être national ou international, ouvert, restreint ou avec concours.

§1. Appel d'offres national ou international

Aux termes de l'article 36 du décret ci-dessus, l'appel d'offres est national lorsqu'il s'adresse aux personnes physiques ou morales ayant leur domicile ou leur siège social au Cameroun ; il est international quand il s'adresse aux personnes physiques ou morales ayant leur domicile ou leur siège social à l'intérieur ou à l'extérieur du territoire national.

§2. Appel d'offres ouvert, restreint ou avec concours

A. L'appel d'offres ouvert

L'appel d'offres est, aux termes de l'article 37, alinéa 1 du décret N° 2018/355 du 12 juin 2018, dit ouvert lorsque l'appel public invite tous les candidats intéressés à déposer leurs offres à une date fixée.

Dans le système des marchés des entreprises publiques, la procédure d'appel d'offres ouvert peut être utilisée pour la passation de tous types, y compris les marchés de prestations intellectuelles, au choix du maître d'ouvrage.

En procédure d'appel d'offres ouvert, dès publication de l'avis d'appel d'offres, tout candidat intéressé reçoit une copie du dossier d'appel d'offres contre paiement des frais d'acquisition dudit dossier, fixé par le maître d'ouvrage conformément au barème en vigueur. Par ailleurs, chaque offre doit être accompagnée d'une caution de soumission dont le montant, forfaitairement fixé par le maître d'ouvrage, ne saurait cependant excéder deux pour cent (2 %) de l'enveloppe prévisionnelle du projet[179].

L'avis d'appel d'offres doit, au sens de l'article 40, alinéa 1 du décret N° 2018/355, faire l'objet d'une large diffusion par insertion obligatoire dans le Journal des marchés publics édité par l'agence de régulation des marchés publics, les autres moyens de publicité ne pouvant être utilisés qu'en sus.

Les délais accordés aux soumissionnaires pour la remise des offres ne peuvent être inférieurs à quinze (15) jours pour les appels d'offres nationaux, et doivent être compris entre trente (30) et soixante (60) jours pour les appels d'offres internationaux, sauf dérogation exceptionnelle du conseil d'administration.

Comme dans le système du droit commun des marchés publics, les offres reçues sont analysées et l'attributaire est choisi suite à une procédure de sélection comportant la vérification de la régularité des pièces administratives, l'analyse des offres techniques et la vérification de la proposition financière des soumissionnaires.

[179] Article 39, alinéa 1 du décret N° 2018/355 du 12 juin 2018.

S'agissant des étapes de la procédure de passation des marchés par appel d'offres ouvert, elles sont les mêmes que celles en vigueur dans le système du droit commun des marchés publics, à l'exception des étapes consacrées à la saisine des commissions centrales de contrôle des marchés qui est exclue du système des marchés des entreprises publiques[180].

B. L'Appel d'offres restreint

L'appel d'offres restreint est régi par les articles 57 et 58 du décret N° 2018/355 du 12 juin 2018 fixant les règles communes applicables aux marchés des entreprises publiques.

Aux termes de l'article 57 dudit texte, c'est un appel d'offres ouvert précédé d'une pré-qualification. A cet effet, l'appel d'offres restreint s'adresse exclusivement aux candidats retenus à l'issue d'une procédure de pré-qualification. La pré-qualification se fait au travers d'un appel public à candidatures qui se fait par insertion dans le Journal des marchés publics.

La pré-qualification peut porter soit sur un appel d'offres particulier, soit sur un ensemble d'appels d'offres à lancer au cours d'une période d'un même exercice budgétaire, à condition que les prestations concernées soient de même nature.

Au sens de l'article 58 du décret N° 2018/355 du 12 juin 2018, l'appel d'offres restreint *peut*[181] être utilisé pour les cas suivants :

- Prestations intellectuelles et les autres services non quantifiables ;

---

[180]Pour plus de détails, se reporter à la Deuxième partie de l'ouvrage, Titre 2, Chapitre 12, Section 1, §2, A supra.

[181] Le vocable *« peut »* utilisé dans cette disposition laisse ainsi au maître d'ouvrage la latitude d'utiliser ou non la procédure d'appel d'offres restreint lorsqu'il est en présence de l'un de ces trois cas limitatifs, sans que cela constitue pour lui une obligation. Ainsi, contrairement au droit commun des marchés publics qui exige l'usage de cette procédure notamment pour les marchés de prestations intellectuelles, dans le système des marchés des entreprises publiques, le maître d'ouvrage est libre dans le choix de sa procédure. Toutefois, il y a lieu de noter au bénéfice cet article 58 qu'en dehors des trois cas limitatifs énumérés par cette disposition, le maître d'ouvrage ne saurait utiliser la procédure d'appel d'offres restreint.

- Fournitures et services spécialisés ;
- Travaux ou équipements spécifiques de grande importance ou complexes.

C. L'appel d'offres avec concours

L'appel d'offres avec concours est une procédure d'appel d'offres qui est utilisée lorsque des motifs d'ordre technique, esthétique ou financier justifient des recherches particulières[182].

Conformément à l'article 59, alinéa 2 du décret N° 2018/355 du 12 juin 2018, l'appel d'offres avec concours s'effectue selon la procédure d'appel d'offres ouvert ou restreint[183].

SECTION II
LA PROCEDURE DE GRE A GRE

Un marché est dit de gré à gré lorsqu'il est passé sans appel d'offres, après autorisation préalable du conseil d'administration.

§1. Champ d'application de la procédure de gré à gré

L'article 62 du décret N° 2018/355 du 12 juin 2018 énonce quatre (4) quatre cas de figure pour lesquels la procédure de gré à gré peut être utilisée :

a) Pour les travaux, fournitures ou services exécutés à titre de recherche, d'études, d'essai, d'expérimentation ou de mise au point, et qui ne peuvent être confiés qu'à des entreprises ou prestataires dont le choix s'impose par leur spécialité, leurs connaissances ou leurs aptitudes particulières ;

b) Pour le remplacement d'entrepreneurs ou de fournisseurs défaillants ;

182 Article 59, alinéa 1 du décret N° 2018/355 du 12 juin 2018.

183 V. A et B supra.

c) Pour les travaux, fournitures ou services et prestations intellectuelles qui, dans les cas d'urgence impérieuse motivée par des circonstances imprévisibles, ne peuvent subir les délais d'une procédure d'appel d'offres ;

d) Pour les besoins ne pouvant être satisfaits que par une prestation nécessitant l'emploi d'un brevet d'invention, d'un procédé, d'un savoir-faire, ou d'un organisme de gestion et de commercialisation d'une licence ou de droits exclusifs détenus par un seul entrepreneur, un seul prestataire ou un seul fournisseur.

§2. Le processus de passation des marchés de gré à gré

Le décret N° 2018/355 du 12 juin 2018 fixant les règles communes applicables aux marchés des entreprises publiques prévoit deux cas de figure :

A. Cas des marchés visés à l'article 61 (a) et (d) du décret N° 2018/355

Lorsque le marché porte l'un de ces deux cas, la procédure se déroule ainsi qu'il suit :

- **Demande de l'autorisation de gré à gré par le maître d'ouvrage :** Le maître d'ouvrage formule sa demande d'autorisation qui est adressée au conseil d'administration. La demande contient directement l'indication de l'entreprise qui doit exécuter les prestations, ainsi que le montant du marché et le délai d'exécution.
- **Délivrance de l'autorisation de gré à gré par le président du conseil d'administration :** Sur la base des éléments présentés au soutien de la demande, et après avis du conseil d'administration, le président dudit conseil délivre l'autorisation d'user de la procédure de gré à gré.
- **Elaboration du dossier de consultation et consultation d'une entreprise par le maître d'ouvrage :** Une fois l'autorisation de gré à gré accordée, le maître d'ouvrage élabore le dossier de

consultation et consulte une entreprise qui lui soumet son offre conformément aux exigences du dossier de consultation.

- **Elaboration du projet de marché et transmission du dossier à la commission interne de passation des marchés par le maître d'ouvrage :** Une fois l'offre de l'attributaire reçue, le maître d'ouvrage élabore le projet de marché et le transmet, accompagné de l'autorisation de gré à gré, du dossier de consultation et de l'offre du soumissionnaire à la commission interne de passation des marchés pour examen et avis.
- **Avis de commission interne de passation des marchés :** Après examen du dossier, la commission interne de passation des marchés donne son avis au maître d'ouvrage.
- **Attribution, signature et notification du marché par le maître d'ouvrage :** Le maître d'ouvrage attribue, signe et notifie le marché à l'attributaire.

B. Cas des marchés visés à l'article 61 (b) et (c) du décret N° 2018/355

Dans les deux autres cas de recours à la procédure de gré à gré, la réglementation impose la consultation d'au moins trois (3) entreprises dont les références sont similaires dans le domaine concerné par le projet. La procédure est ainsi diligentée :

- **Demande d'autorisation de gré à gré par le maître d'ouvrage :** Le maître d'ouvrage formule sa demande d'autorisation qui est adressée au conseil d'administration.
- **Délivrance de l'autorisation par le président du conseil d'administration :** après avis du conseil d'administration, le président du conseil d'administration délivre l'autorisation de gré à gré.
- **Elaboration du Dossier de consultation par le maître d'ouvrage, consultation directe d'au moins trois candidats et réception des offres :** Une fois en possession de l'autorisation de gré à gré, le maître d'ouvrage élabore le dossier de consultation et consulte au moins trois entreprises, sans obligation de publicité, en les invitant à produire leurs offres. Celles-ci déposent leurs offres suivant les indications du dossier de consultation.

- **Ouverture des offres par la commission interne de passation des marchés :** Les offres reçues sont transmises, accompagnée de l'autorisation de gré à gré et du dossier de consultation, à la commission interne de passation des marchés qui procède à l'ouverture des plis suivant la procédure usuelle et commet une sous-commission d'analyse pour leur évaluation.
- **Analyse et évaluation des offres par la sous-commission d'analyse des offres :** La sous-commission d'analyse procède à la vérification de la conformité des offres et l'évaluation des propositions financières des soumissionnaires jugés techniquement aptes. Elle établit ensuite un classement des soumissionnaires en fonction du mode d'attribution retenu et rédige un rapport d'analyse qu'elle soumet à la validation de la commission de passation des marchés.
- **Validation du rapport et proposition d'attribution par la commission de passation des marchés :** A la réception du rapport de la sous-commission d'analyse des offres, la commission de passation des marchés tient une séance consacrée à l'examen et à la validation des résultats d'analyse. Elle fait ensuite sa proposition d'attribution au maître d'ouvrage.
- **Attribution du marché et publication des résultats par le maître d'ouvrage :** Sur la base de la proposition d'attribution faite par la commission de passation des marchés, le maître d'ouvrage rend une décision d'attribution du marché qui est notifiée à l'adjudicataire, et publie le résultat, avec indication des prix et délai d'exécution, dans un journal habilité.
- **Elaboration du projet de marché par le maître d'ouvrage :** A l'issue de l'attribution, le maître d'ouvrage élabore le projet de marché conformément à l'offre du soumissionnaire retenu telle qu'analysée et éventuellement corrigée par la sous-commission d'analyse des offres dont le rapport aura été adopté par la commission de passation des marchés.
- **Examen du projet de marché par la commission de passation des marchés :** Le projet de marché préparé par le maître d'ouvrage est soumis à la commission de passation des marchés pour examen et validation.
- **Signature et notification du marché par le maître d'ouvrage :** Le maître d'ouvrage signe le marché après souscription par l'attributaire et le notifie à celui-ci.

SECTION III
LA PROCEDURE DE PASSATION DES ACCORDS-CADRES

Le décret N° 2018/355 du 12 juin 2018 fixant les règles communes applicables aux marchés des entreprises publiques ne prévoit pas une procédure particulière de passation des accords-cadres. Dès lors, il semble que la latitude est ainsi laissée aux entreprises publiques de choisir la procédure qui leur convient en fonction de la spécificité du marché considéré.

SECTION IV
LA PROCEDURE DE DEMANDE DE COTATION

Aux termes de l'article 65 du décret N° 2018/355 du 12 juin 2018 fixant les règles communes applicables aux marchés des entreprises publiques, *« La demande de cotation est une procédure simplifiée de consultation de prestataires pour la passation des marchés ne nécessitant pas une méthodologie d'exécution et dont la vérification de la conformité aux spécifications techniques ne requiert pas une évaluation en sous-commission d'analyse. »*

§1. Champ d'application de la procédure de demande de cotation

L'article 66, alinéa 1 du décret N° 2018/355 énumère les prestations qui peuvent faire l'objet de demande de cotation. Ce sont :

- Les fournitures, consommables et matériels divers ;
- Le mobilier ;
- L'outillage et le petit équipement ;
- Les matériels informatiques ;
- Le matériel roulant léger ou flottant.

Toutefois, cette liste n'est pas limitative. En effet, l'alinéa 2 de la même disposition donne la latitude au conseil d'administration de préciser d'autres prestations éligibles à la procédure de demande de cotation.

S'agissant du plafond financier des prestations éligibles à cette procédure, l'article 69 du décret N° 2018/355, tout en limitant celui-ci à cinquante millions (50 000 000) de francs CFA, laisse toutefois la latitude au conseil d'administration d'accorder au maître d'ouvrage des dérogations spéciales pour recourir à la procédure de demande de cotation pour des prestations de montant supérieur à ce plafond.

§2. Les étapes de la procédure de la demande de cotation

- **Préparation du dossier de demande de cotation par le maître d'ouvrage :** Le maître d'ouvrage prépare le dossier de demande de cotation. A cet effet, un dossier-type est disponible à l'agence de régulation des marchés publics pour faciliter la préparation de leurs dossiers par les maîtres d'ouvrage.
- **Adoption du dossier de demande de cotation par la commission interne de passation des marchés :** Une fois que le dossier de demande de cotation est préparé, il est transmis à la commission interne de passation des marchés pour examen et adoption.
- **Publication de l'avis de consultation par le maître d'ouvrage :** La publication de l'avis de consultation se fait à la diligence du maître d'ouvrage, par une annonce publiée dans le Journal des marchés de l'agence de régulation des marchés publics, ou par voie d'affichage dans les locaux de du maître d'ouvrage, ou dans toute autre publication habilitée[184].
- **Acquisition et retrait du dossier de consultation par les soumissionnaires :** Dès publication de l'avis de consultation, tout soumissionnaire intéressé doit payer les frais d'acquisition du dossier de consultation auprès des services financiers compétents. Seule la quittance de paiement desdits frais lui permet d'entrer en possession du dossier de consultation.
- **Réception des offres par le maître d'ouvrage :** La réception des offres est ouverte dès le jour de publication de l'avis de consultation, et ce jusqu'aux date et heure limites de recevabilité des offres fixées expressément dans l'avis de consultation. Les offres sont déposées dans les services du maître d'ouvrage expressément mentionnés dans l'avis de consultation.
- **Ouverture des plis et vérification des offres et proposition d'attribution par la commission de passation des marchés :** L'ouverture des plis se fait au plus tard une heure après

[184] Confère article 67, alinéa 4 du décret N° 2018/355 du 12 juin 2018.

l'expiration de l'heure limite de dépôt des offres. A l'issue de l'ouverture des plis, et *hors la présence des soumissionnaires*, la commission de passation des marchés procède immédiatement à la vérification des offres et fait sa proposition au maître d'ouvrage. Aux termes des dispositions de l'article 68, alinéa 3 du décret N° 2018/355 du 12 juin 2018, *« la commission interne de passation des marchés propose à l'attribution, le soumissionnaire dont l'offre est conforme pour l'essentiel aux exigences administratives et aux prescriptions du descriptif technique et qui présente l'offre de prix la moins disante. »*

- **Attribution de la demande de cotation et publication des résultats :** Sur la base de la proposition d'attribution faite par la commission interne de passation des marchés, le maître d'ouvrage rend une décision d'attribution qui est notifiée à l'adjudicataire, et publie le résultat dans le Journal des marchés de l'agence de régulation des marchés publics.
- **Elaboration du projet de lettre-commande par le maître d'ouvrage :** A l'issue de l'attribution, le maître d'ouvrage élabore le projet de marché conformément à l'offre du soumissionnaire retenu telle qu'analysée et éventuellement corrigée par la sous-commission d'analyse des offres dont le rapport aura été adopté par la commission de passation des marchés.
- **Examen du projet de lettre-commande par la commission de passation des marchés :** Le projet de lettre-commande préparé par le maître d'ouvrage est soumis à la commission de passation des marchés pour examen et validation.
- **Signature et notification de la lettre-commande par le maître d'ouvrage :** Le maître d'ouvrage signe la lettre-commande et la notifie à l'attributaire.

SECTION V
LA PROCEDURE DE SELECTION DES CONSULTANTS INDIVIDUELS

Aux termes de l'article 70, alinéa 1 du décret N° 2018/355 du 12 juin 2018 fixant les règles communes applicables aux marchés des Entreprises publiques, le consultant individuel est une personne physique recrutée par le maître d'ouvrage pour la réalisation des prestations intellectuelles ou la fourniture des services non quantifiables ne nécessitant pas absolument le recours à un cabinet.

§1. Champ d'application de la procédure de recrutement des consultants individuels

Conformément à l'article 70, alinéa 3 du décret N° 2018/355 du 12 juin 2018, le recours aux consultants individuels s'impose dans le cas des missions pour lesquelles le travail en équipe n'est pas nécessaire ou l'expérience et les qualifications de l'expert constituent un critère de choix majeur. Par contre, *« si la réalisation de la prestation exige un nombre important d'Experts et qu'il risque d'être difficile de coordonner et d'administrer leurs activités ou de définir leur responsabilité collective, le maître d'ouvrage devra faire recours à un bureau de consultants. »*[185].

Enfin, aux termes de l'alinéa 2 de l'article 70 ci-dessus, le recours à la procédure de recrutement des consultants individuels n'est possible que si le montant des prestations du consultant individuel n'excède pas cinquante millions (50 000 000) de francs CFA.

§2. Processus de recrutement des consultants individuels

Le recrutement des consultants individuels se fait suivant les étapes ci-après :

- **Publication de l'appel public à candidature par le maître d'ouvrage :** Le maître d'ouvrage publie un appel public à candidatures définissant les conditions de recrutement, à la suite duquel les candidats intéressés déposent leurs candidatures suivant les conditions prédéfinies dans la manifestation d'intérêt.
- **Evaluation et la sélection des candidats par le maître d'ouvrage :** Une fois les candidatures reçues, le maître d'ouvrage procède à l'évaluation des candidats sur la base des qualifications minima pertinentes requises. L'évaluation de leurs capacités, se fait sur la base de leurs curricula vitae, de leurs diplômes, de leur expérience professionnelle et, s'il y a lieu, de

[185]Article 70, alinéa 4 du décret N° 2018/355 du 12 juin 2018.

leur connaissance du contexte local. Un rapport de pré-qualification faisant ressortir le classement des candidats par ordre de mérite est établi par le maître d'ouvrage et le projet de lettre-commande élaboré.

- **Validation du rapport de pré-qualification et du projet de lettre-commande par la commission interne de passation des marchés :** Le rapport de pré-qualification ainsi que le projet de lettre-commande sont transmis à la commission de passation des marchés compétente pour adoption.
- **Production de la proposition financière par le candidat classé le meilleur et les négociations éventuelles :** Une fois le rapport de pré-qualification adopté par la commission interne de passation des marchés, le maître d'ouvrage transmet au candidat classé le meilleur, les termes de références de la mission et sollicite sa proposition financière en vue d'engager des négociations. Si les négociations ne se révèlent pas concluantes, le maître d'ouvrage invite le prochain candidat qualifié de la liste à la négociation.
- **Attribution de l'appel public à candidature et publication des résultats par le maître d'ouvrage :** Sur la base des résultats des négociations, le maître d'ouvrage rend une décision d'attribution qui est notifiée au consultant adjudicataire, et publie le résultat dans le Journal des marchés de l'agence de régulation des marchés publics.
- **Signature et notification de la lettre-commande par le maître d'ouvrage :** Le maître d'ouvrage signe la lettre-commande et la notifie au consultant attributaire.

CONCLUSION

Le système des marchés publics au Cameroun est régulé par un ensemble de normes qui en fixent le fonctionnement. A la base, il est impératif que les acteurs et les apprenants de la matière des marchés publics soient imprégnés des notions de base sur les marchés publics que sont notamment sa définition, son origine, ses sources, ses principes de base et ses cadres.

Cette gymnastique a pour finalité de se familiariser avec l'environnement juridique et institutionnel des marchés publics, cette familiarisation devant à terme permettre la meilleure mise en œuvre des règles de passation, d'exécution et de contrôle des marchés publics dans un cadre plus élargi et plus soutenu de la pratique des marchés publics.

BIBLIOGRAPHIE

OUVRAGES

Benjamin MARTINEZ et Fabien SERR, 2013, *Exécution des Marchés Publics, mise en œuvre administrative et financière*, Editions Le Moniteur, Paris.

BIAKAN (Jacques), 2011, *Droit des marchés publics au Cameroun : Contribution à l'étude des contrats publics*, Edition L'Harmattan, Paris.

BOLLEN (S.), LAMBERT (M.) et VAN RILLAER (M.-L.), 2013, *Vade-mecum des marchés publics des pouvoirs locaux,* Edition Politeia/UVCW, Bruxelles.

CARTER (Stephen), 1996, *Intégrité*, Harper Perennial, Paris.

FOURNIER (Cindy), Guide de procédures internes achats/marchés publics, CCI, janvier 2015.

LAJOYE (C.), 2008, *Droit des marchés publics*, mémentos LMD, 3è éd. GUALINO, Paris.

MESSENGUE AVOM (Bernard), 2013, *La gouvernance des marchés publics au Cameroun*, éd. Le Kilimandjaro, Yaoundé.

MONTEFIORE (Alan), « Integrity : A philosophers introduction », *A. Montefiore and D. Vines, (eds), Integrity in the public and private domains*, Routledge, London, 1999.

NABIH (Mohamed), 2014, *Droit des marchés publics, Aspects juridiques, financiers et contentieux*, Konrad-Adenauer-Stiftung e.V.

OCDE, 2007, *« L'intégrité dans les marchés publics, les bonnes pratiques de A à Z »*, Les Editions de l'OCDE, Paris.

OCDE, 2007, *Corruption dans les marchés publics, méthodes, acteurs et contre-mesures*, Les Editions de l'OCDE, Paris.

OCDE, 2010, *Principes de l'OCDE pour renforcer l'intégrité dans les marchés publics*, Les Editions de l'OCDE, Paris.

THESES

BONTRON(Marie-Charlotte), *Les fonctions des principes fondamentaux de la commande publique*, Thèse de Doctorat de l'Université de Montpellier, 2015.

KALFLÈCHE (Grégory), *Des marchés publics à la commande publique : L'évolution du droit des marchés publics*, Thèse de Doctorat de l'Université Panthéon-Assas (Paris II), 2014.

SEYNABOU (Samb), *Le droit de la commande publique en Afrique noire francophone : contribution à l'étude des mutations du droit des contrats administratifs au Sénégal, au Burkina Faso, en Côte d'Ivoire et au Cameroun*, Thèse de Doctorat de l'Université de Bordeaux, 2015.

MEMOIRES

ABDELMOUHCINE HANINE (Mohamed), *La procédure de passation des marchés publics au Maroc :Etude analytique et réflexions à la lumière du code français des marchés publics (et des directives européennes) et des directives de la Banque Mondiale*, Mémoire de Master en administration publique de l'ENA, Paris, 2008

DJOSSOU (Raymond), *Gouvernance et performance des projets publics*, Mémoire de DESS HE-GPE, Université de Cocody, 2009.

JOUONANG (Paul René), *Réforme des marchés publics et performance du système, cas des nouveaux acteurs de la passation des marchés publics de la ville de Maroua*, Mémoire de Master en Sciences Sociales pour le Développement, Université de Maroua, 2014.

KATABUKA MUGISA (Benjamin), *Marchés publics : procédure de passation, protection juridictionnelle et contrat*, Mémoire de Master in Business Law, Université de Genève, Novembre 2004.

NDIAYE (Catherine Daba), *Analyse du processus de passation des marchés dans un projet de développement : cas du Projet d'éducation de qualité pour tous (PEQT)*, Mémoire de Master en Gestion de Projet du Centre Africain d'Etudes Supérieures en Gestion (CESAG), 2010.

NDOLO EKANEY, *Etude exploratoire de l'impact des déterminants de la passation des marchés publics sur la qualité des projets d'infrastructures routières au Cameroun*, Mémoire de Maîtrise en Gestion de Projet, Université du Québec à Chicoutimi, 2014.

NKOU SONGUE (Félix), Marchés publics au Cameroun : entre recherche d'efficacité et pesanteurs systémiques, Mémoire de Master en Administration publique, Université de Strasbourg, 2014.

ARTICLES

« Le prix dans les marchés publics », *Le Moniteur* du 06 décembre 2013.

BAHOKEN (Valeri Lesmont), « Le maître d'ouvrage et le contrat de sous-traitance dans les marchés publics de travaux au Cameroun » in *Juridical Tribune, Vol. 5*, December 2015

BETH (E.) et HRUBI (A.), « Renforcer l'intégrité dans les marchés publics : Étude d'apprentissage mutuel au Maroc », *document interne, Direction de la Gouvernance publique et du développement territorial*, OCDE, Paris, 2008.

BLUNDO (Giorgio), « La corruption quotidienne dans la passation des marchés au Sénégal », *Politiques Africaines N° 83*, octobre 2001, pp. 79-97.

BOLLEN (S.), LAMBERT (M.), VANDER BORGHT (L.), VAN RILLAER (M.-L.) et VERCRUYSSE (E.), « Vade-mecum des marchés publics des pouvoirs locaux », *Edition Politeia/UVCW*, Bruxelles, 2013, pp. 352 et s.

BUEB (Jean-Pierre), « La lutte contre la fraude et la corruption dans les marchés publics », *Forum Mondial de l'OCDE sur la gouvernance, 30 novembre-1er décembre 2006*, *Editions OCDE,* Paris.

DAJ-MINEFI-France, 2013, « Le prix dans les marchés publics :La formation et la variation des prix dans les marchés publics, éléments juridiques et modalités pratiques », in *Guide et recommandations*

DEOM (Diane) et NIHOUL (Pierre), « Les marchés publics : concurrence, transparence et neutralité. » *Revue générale de droit*, *36* (4), 2006.

DONY (M.), « Les lignes directrices de la réglementation : de la théorie à la pratique », *les marchés publics à l'aube du XXIe siècle. Actes de la journée d'études du 22 octobre 1999 organisée à l'occasion du 100e anniversaire de la Section des Sciences politiques de l'ULB et du 75e anniversaire de la Section des Sciences administratives de l'Institut Cooremans (HE Francisco Ferrer)*, Bruxelles, Editions Bruylant, 2000.

HELSON (Julie), « Modes de passation des marchés publics », *ERAP (Ecole Régionale d'Administration Publique)*, 9 septembre 2008.

IDLO, « Les marchés publics dans les pays en développement : leçons apprises des activités récentes de l'IDLO », *Actualités du droit du développement - N° 1*, 2007.

KAUFMANN (Daniel), « 10 idées reçues sur la bonne gouvernance et la corruption », *L'ABC de l'Economie*, septembre 2005, pp. 41-43.

MOUNGOU MBENDA (Sabine Patricia) et (BEKONO Emmanuel Rémy), « La déviance comme mauvaise pratique : cas du système des marchés publics au Cameroun », *Management international, vol. 16, n° 3*, 2012, p. 153-164.

NELL (Philippe G.), « Transparence dans les marchés publics : », *Revue internationale de droit économique 3/ 2004 (t. XVIII, 3)*, p. 355-379.

NGAKETCHA TADOUM (Jean Marie) et MEBADA MEBADA (Grégoire), « Du dispositif de contrôle des marchés publics au Cameroun ».

Transparency International, « La lutte contre la corruption en termes clairs », 2009.

RAPPORTS

AKOUWERABOU (Denis B.) et BAKO (Parfait), *« Marchés Publics et Petites et Moyennes Entreprises au Burkina-Faso : Quelle Gouvernance ? »* Rapport d'étude du Fonds de Recherche sur le Climat d'Investissement et l'Environnement des Affaires (FR-CIEA), Dakar, Sénégal, septembre 2013.

ARMP, Rapport annuel sur la situation générale des marchés publics au Cameroun, exercice 2018.

CONAC, « 1er rapport sur l'état de la lutte contre la corruption au Cameroun », 2010.

REGLEMENTATION

LOIS

Loi N° 90/031 du 10 août 1990 régissant l'activité commerciale au Cameroun

Loi N° 92/007 du 14 août 1992 portant code du travail

Loi N° 96/06 du 18 janvier 1996 portant révision de la Constitution de la République du Cameroun

Loi-cadre N° 96/12 du 05 août 1996 relative à la gestion de l'environnement.

Loi N° 2004/018 du 22 juillet 2004 fixant les règles applicables aux communes.

Loi n° 2006/012 du 29 décembre 2006 fixant le régime général des contrats de partenariat.

Loi N° 2016/007 du 12 juillet 2016 portant code pénal.

Loi N° 2017/011 du 12 juillet 2017 portant statut général des Entreprises publiques.

Loi N°2018/012 du 11 juillet 2018 portant régime financier de l'Etat et des autres entités publiques.

Loi N°2018/011 du 12 juillet 2018 portant code de transparence et de bonne gouvernance dans la gestion des finances publiques au Cameroun.

DECRETS

Décret N° 58-15 du 08 janvier 1958 relatif au règlement des marchés de l'Etat et des établissements publics nationaux non soumis aux lois et usages du commerce passés ou exécutés dans les territoires d'outre-mer.

Décret N° 59-144 du 14 août 1959 fixant les règles applicables aux marchés passés au nom de l'Etat et des établissements publics nationaux non soumis aux lois et usages du commerce.

Décret N° 59-161 du 19 septembre 1959 régissant les marchés passés par les communes, les syndicats de communes et établissements publics communaux de bienfaisance ou d'assistance dans l'Etat du Cameroun.

Décret N° 70/DF/530 du 29 octobre 1970 portant réglementation des marchés publics.

Décret N° 75/513 du 5 juillet 1975 modifiant et complétant le décret N° 70/DF/530 du 29 octobre 1970 portant réglementation des marchés publics.

Décret N° 78/487 du 9 novembre 1978 portant création de la Direction centrale des marchés.

Décret N° 79/035 du 2 février 1979 portant réglementation des marchés publics.

Décret N° 80/272 du 18 juillet 1980 modifiant le décret N° 79/035 du 2 février 1979 portant réglementation des marchés publics.

Décret N° 80/273 du 18 juillet 1980 modifiant le décret N° 78/487 du 9 novembre 1978 portant création de la Direction centrale des marchés.

Décret N° 82/012 du 18 juillet 1980 modifiant le décret N° 79/035 du 2 février 1979 portant réglementation des marchés publics.

Décret N° 81/151 du 13 avril 1981 modifiant le décret N° 79/035 du 2 février 1979 portant réglementation des marchés publics.

Décret N° 82/12 du 8 janvier 1982 modifiant le décret N° 79/035 du 2 février 1979 portant réglementation des marchés publics.

Décret N° 82/331 du 19 juillet 1982 modifiant le décret N° 78/487 du 9 novembre 1978 portant création de la Direction centrale des marchés.

Décret N° 86/903 du 18 juillet 1986 portant réglementation des marchés publics.

Décret N° 87/395 du 18 mars 1987 modifiant le décret N° 86/903 du 18 juillet 1986 portant réglementation des marchés publics.

Décret N° 88/1671 du 8 novembre 1988 portant création et fixant les attributions, l'organisation et les règles de fonctionnement de la DGTC.

Décret N° 89/913 du 31 mai 1989 Portant réorganisation de la Commission Permanente des Marchés de Défense et de sécurité.

Décret N° 90/952 du 29 mai 1990 définissant les domaines de compétence des ministres chargés de missions à la Présidence de la république.

Décret N° 93/307 du 18 novembre 1993 portant réorganisation de la DGTC.

Décret N° 95/101 du 9 juin 1995 portant réglementation des marchés publics.

Décret N° 95/102 du 9 juin 1995 portant attribution, organisation et fonctionnement des commissions des marchés publics.

Décret N° 2000/155 du 30 juin 2000 modifiant et complétant certaines dispositions du décret N° 95/101 du 9 juin 1995 portant réglementation des marchés publics.

Décret N° 2001/048 du 23 février 2001 portant création, organisation et fonctionnement de l'Agence de régulation des marchés publics.

Décret N° 2002/030 du 28 janvier 2002 portant création, organisation et fonctionnement des Commissions des marchés publics.

Décret N° 2004/275 du 24 septembre 2004 portant code des marchés publics.

Décret N° 2005/5155/PM du 30 novembre 2005fixant les modalités de fonctionnement du compte d'affectation spéciale pour la régulation des marchés publics.

Décret n° 2005/493 du 31 décembre 2005 fixant les modalités de délégation des services publics de l'eau potable et de l'assainissement liquide en milieu urbain et périurbain.

Décret N° 2008/0115/PM du 24 janvier 2008 précisant les modalités d'application de la loi N° 2006/012 du 29 décembre 2006 fixant régime général des contrats de partenariat.

Décret N° 2011/1339 du 23 mai 2011 portant exonération des droits de régulation des marchés publics et accordant le bénéfice des frais d'acquisition du dossier d'appel d'offres des marchés aux Collectivités territoriales décentralisées.

Décret N° 2012/074 du 8 mars 2012 portant création, organisation et fonctionnement des Commissions de passation des marchés publics.

Décret N° 2012/075 du 8 mars 2012 portant organisation du Ministère des marchés publics.

Décret N° 2012/076 du 8 mars 2012 modifiant et complétant le décret N° 2001/048 du 23 février 2001 portant création, organisation et fonctionnement de l'Agence de régulation des marchés publics.

Décret N° 2013/271 du 05 août 2013modifiant et complétant certaines dispositions du décret n° 2012/074 du 08 mars 2012 portant création, organisation et fonctionnement des Commissions de passation des marchés publics.

Décret N° 2014/0004/PM du 16 janvier 2014 fixant les modalités de financement des travaux en régie par le fonds routier.

Décret N° 2014/0611/PM DU 24 mars 2014 fixant les conditions de recours et d'application des approches HIMO.

Décret N° 2014/3863/PM du 21 novembre 2014 portant organisation de la maîtrise d'œuvre technique dans la réalisation des projets d'infrastructure.

Décret N° 2016/0848/PM du 20 Avril 2016 fixant les conditions d'utilisation des produits innovants dans la construction, la réhabilitation, l'entretien des routes.

Décret N° 2018/0002/PM du 05 janvier 2018 fixant les conditions et modalités de passation des marchés publics par voie électronique au Cameroun.

Décret N° 2018/355 du 12 juin 2018 fixant les règles communes applicables aux marchés des Entreprises publiques.

Décret N° 2018/366 du 20 juin 2018 portant code des marchés publics.

Décret N° 2018/4992/PM du 21 juin 2018 fixant les règles régissant le processus de maturation des projets d'investissement public.

ARRETES

Arrêté N° 193 du 03 juin 1947 fixant l'organisation et le fonctionnement de la Direction des travaux publics et des transports.

Arrêté N° 89 du 26 mars 1952 fixant l'organisation et le fonctionnement de la Direction des travaux publics et des transports.

Arrêté N° 289 du 05 mars 1958 promulguant le décret N° 58-15 du 08 janvier 1958 relatif au règlement des marchés de l'Etat et des établissements publics nationaux non soumis aux lois et usages du commerce passés ou exécutés dans les territoires d'outre-mer.

Arrêté N° 243 du 26 juin 1958 portant modification des arrêtés N° 193 du 03 juin 1947 et 89 du 26 mars 1952 fixant l'organisation et le fonctionnement de la Direction des travaux publics et des transports.

Arrêté N° 092/CAB/PM du 05 novembre 2002 fixant les indemnités de session des présidents, membres et secrétaires des Commissions de passation des marchés ainsi que des présidents, membres et rapporteurs des Commissions spécialisées de contrôle des marchés.

Arrêté N° 093/CAB/PM du 05 novembre 2002 fixant les montants de la caution de soumission et les frais d'acquisition des dossiers d'appel d'offres.

Arrêté N° 032/CAB/PM du 28 février 2003 fixant les modalités d'application de la demande de cotation.

Arrêté n° 004/CAB/PM du 30 décembre 2005 relatif à l'application du Code des marchés publics.

Arrêté N° 033/CAB/PM du 13 février 2007 mettant en vigueur les Cahiers des clauses administratives générales (CCAG) applicables aux marchés publics.

Arrêté n° 143/CAB/PM du 29 août 2007 mettant en vigueur les dossiers types d'appel d'offres pour la passation des marchés publics.

Arrêté N° 022/CAB/PM du 02 février 2011 fixant les modalités de recrutement des Consultants individuels.

Arrêté N° 023/CAB/PM du 02 février 2011 fixant les modalités d'application de la demande de cotation.

Arrêté N° 105/CAB/PM du 23 mai 2011 fixant les indemnités de cession des présidents, membres et secrétaires des Commissions de passation des marchés et Sous-commissions d'analyse des offres au sein des Collectivités territoriales décentralisées.

Arrêté conjoint n° 226/MINMAP/MINFI du 06 août 2013 fixant les montants des indemnités de session des présidents, membres et secrétaires des Commissions de passation des marchés, des présidents, membres et rapporteurs des Sous-commissions d'analyse des offres ainsi que des indemnités forfaitaires allouées aux personnels du Ministère des marchés publics impliqués dans la passation, le suivi et le contrôle des marchés publics.

Arrêté N° 016/CAB/PM du 1er février 2016 fixant les modalités de catégorisation des prestataires dans le domaine du bâtiment et des travaux publics.

Arrêté N° 042/CAB/PM du 19 avril 2016 mettant en vigueur le dossier-type d'appel d'offres spécialisé pour la passation des marchés de travaux d'entretien ou de réhabilitation des routes à l'aide des produits innovants ou non.

Arrêté N° 0271/MINMAP/CAB du 27 septembre 2018 instituant et organisant les modalités de rémunération et de paiement basés sur la performance de certains acteurs du système des marchés publics.

Arrêté N° 401/A/MINMAP/CAB du 21 octobre 2019 fixant les seuils de recours à la maîtrise d'œuvre privée et les modalités d'exercice de la maîtrise d'œuvre publique.

CIRCULAIRES

Circulaire N° 006/CAB/PR du 07 octobre 1987 portant application de certaines dispositions du décret N° 86/903 du 18 juillet 1986 portant réglementation des marchés publics.

Circulaire N° 006/CAB/PM du 04 août 2000 relative à l'application de la réglementation des marchés publics.

Circulaire N° 002/CAB/PM du 04 novembre 2002 relative à la procédure de passation des marchés publics.

Circulaire N° 004/CAB/PM du 30 décembre 2005 relative à l'application du code des marchés publics.

Circulaire N° 003/CAB/PM du 18 avril 2008 relative au respect des règles régissant la passation, l'exécution et le contrôle des Marchés Publics.

Circulaire N° 002/CAB/PM du 31 janvier 2011 relative à l'amélioration de la performance du système des marchés publics.

Circulaire N° 003/CAB/PM du 31 janvier 2011 précisant les modalités de gestion des changements des conditions économiques des marchés publics.

INDEX THEMATIQUE

A

Accord de l'OMC sur les marchés publics - 93

Accord préalable - 144

Accords-cadres - 77, 113, 207, 244, 283, 294

Agence de régulation des marchés publics - 70, 79, 146, 265

Ajournement des travaux - 41

Appel d'offres - 216, 287

Appel d'offres avec concours – 200, 225, 288

Appel d'offres en deux étapes - 78, 227

Appel d'offres international - 217, 287

Appel d'offres national - 217, 287

Appel d'offres ouvert - 218, 288

Appel d'offres restreint - 111, 198, 221, 289

Auditeur indépendant - 171

Autorité chargée des marchés publics - 78, 141, 231

B

Bailleurs de fonds - 91

Bonne gouvernance - 87

C

Centrales d'achat - 46, 77

Chambre des comptes de la cour suprême - 173, 267

Chef de service du marché - 166, 263

Code des marchés publics - 101

Collectivité territoriale décentralisée - 45

Comité chargé de l'examen des recours - 165

Comité d'arbitrage et d'examen des recours - 264

Commission centrale de contrôle des marchés - 81, 159

Commission de passation des marchés - 69, 80, 153, 259

Commission de réception - 170

Commission de suivi et de recette technique - 170

Commission nationale anticorruption - 173, 267

Compétence - 122

Conférence d'Abidjan de 1998 - 96

Conférence de Johannesburg de 2004 - 96

Conférence de Paris de 2005 sur l'efficacité de l'aide au développement - 96

Conseil d'administration - 255

Consultants individuels - 76, 241, 296

Contrat administratif - 22

Contrat de partenariat - 51

Contrat écrit - 34

Contrat *intuitu personae* - 36

Contrat onéreux - 38

Contrat synallagmatique - 35

Contrat temporel - 38

Contrôle Supérieur de l'Etat – 172, 267

Coordination de commandes - 77

Cotraitance - 178, 270

D

Définition des besoins - 113

Délégation de services publics - 48

Demande de cotation - 76, 199, 238, 294

Désaccords - 143

E

Entreprises publique - 44, 75

Etablissement public - 44

Etat - 43

Etudes préalables - 63, 150

Exclusion de la commande publique - 109

F

Financement - 150

Force majeure - 40

G

Groupement - 178

Groupement conjoint - 179, 271

Groupement de commandes - 77

Groupement solidaire - 180, 271

I

Impartialité - 115

Ingénieur du marché - 167, 263

L

Loi-type de la CNUDCI sur la passation des marchés – 94

M

Maître d'œuvre - 168, 263

Maître d'ouvrage- 62, 149, 164, 257, 263

Maître d'ouvrage délégué - 62, 80, 152, 164

Mandataire du groupement - 181

Marchés à prix actualisables - 212

Marchés à prix fermes - 211

Marchés à prix forfaitaires - 208

Marchés à prix mixtes - 210
Marchés à prix révisables - 212
Marchés à prix unitaires - 209
Marchés pluriannuels/à tranches - 202, 284
Marchés adaptés - 285
Marchés allotis - 205
Marchés de conception-réalisation - 77, 197
Marchés de fournitures – 41, 193, 199, 280
Marchés de gré à gré - 112, 144, 229, 290
Marchés de prestations intellectuelles – 41, 196, 198, 199, 200, 277
Marchés de services – 41, 194, 280
Marchés de services non quantifiables - 78, 126, 199, 277
Marchés de services quantifiables - 78, 191, 195, 199, 279, 280
Marchés de travaux - 191, 199, 279
Marchés mixtes - 197
Marchés ordinaires - 202, 283
Marché public - 29
Marchés réservés - 77, 285
Mieux disant - 200
Ministère des marchés publics - 65, 170, 264
Moins disant – 200

O

Observateur indépendant - 60, 72, 83, 164
Observatoire national de lutte contre la corruption - 173, 267

P

Plan de passation des marchés - 150
Politiques publiques - 86
Président du conseil d'administration - 256
Principe d'efficience - 120
Principe d'égalité de traitement des candidats - 113
Principe d'intégrité - 123
Principe de concurrence - 127
Principe de juste prix - 131
Principe de liberté d'accès à la commande publique - 105
Principe transparence des procédures - 116
Probité morale - 125
Programme d'action d'Accra (2008) - 97
Prolongation de délai - 41
Publicité – 128

R

Recours – 151

S

Site (des travaux) - 150
Sous-commande - 182, 273

Sous-traitance - 182, 272

Structure interne de gestion administrative des marchés - 77, 153, 258

Subvention – 50

T

Titulaire du marché - 175, 269

Tranche conditionnelle - 204

Tranche ferme – 204

V

Visa préalable - 70

TABLE DES MATIERES

Préface 17

Introduction 21

PREMIERE PARTIE : GENERALITES SUR LES MARCHES PUBLICS CAMEROUNAIS 25

Chapitre I : La notion de marché public 29

Section I : Définition du marché public 29

Section II : Les caractéristiques du marché public 32

§1. Le contrat de marché public est un contrat administratif 32
§2. Le contrat de marché public est un contrat écrit 34
§3. Le contrat de marché public est un contrat synallagmatique 35
§4. Le contrat de marché public est un contrat *intuitu personae* 36
§5. Le contrat de marché public est un contrat onéreux 38
§6. Le contrat de marché public est un contrat temporel 39

Section III : Champ d'application du droit des marchés publics 42
§1. Champ d'application *ratione materiae* 42
§2. Champ d'application *ratione personae* 43

Section IV : Marchés publics et autres contrats publics 47

§1. Les marchés publics se distinguent des délégations de services publics 48
§2. Les marchés publics se distinguent des subventions 50
§3. Les marchés publics se distinguent des contrats de partenariat 51

Chapitre II : évolution du système camerounais des marchés publics 53

Section I : L'héritage colonial 53

Section II : La concentration organique du système des marchés publics ... 55

Section III : La décentralisation du système des marchés publics ... 56

§1 : L'institutionnalisation du système camerounais des marchés publics ... 56

§2 : L'ébauche de centralisation du système ... 58

§3 : La déconcentration organique du système des marchés publics ... 59

Section IV : La codification des marchés publics de 2004 .. 62

§1. La prépondérance des maîtres d'ouvrage et des maîtres d'ouvrage délégués ... 62

§2. Le renforcement des mesures de contrôle ... 63

Section V : Le revirement institutionnel de 2011 ... 65

§1 : La ré-institution d'un ministère charge des marchés publics ... 65

§2 : La redistribution des rôles des acteurs des marchés publics ... 67

§3. Le réaménagement des dispositifs de contrôle des marchés publics ... 71

Section VI : La refondation du système des marchés publics de 2018 ... 74

§1. Le réaménagement du champ d'application des règles des marchés publics ... 74

§2. La redistribution des rôles des différents acteurs du système des marchés publics ... 79

§3. le réaménagement des dispositifs de contrôle de l'exécution des marchés publics ... 82

Chapitre III : Les fondements du droit des marchés publics camerounais ... 85

Section I : La mise en application des politiques publiques... 86

Section II : les exigences de bonne gouvernance ... 87

Section III : Les contraintes des bailleurs de fonds ... 91

Chapitre IV : Les sources du droit des marchés publics camerounais 93

Section I : Les sources internationales du droit des marchés publics 93

§1. Les accords et conventions internationaux 93

§2. Les rencontres et forums de concertation et les directives et recommandations des bailleurs de fonds 95

Section II : Les sources nationales du droit des marchés publics 99

§1. La constitution 100

§2. La loi 100

§3. Les règlements 103

Chapitre V : Les principes fondamentaux des marchés publics camerounais 105

Section I : Le principe de liberté d'accès à la commande publique 105

§1. L'interdiction de toute discrimination 107

§2. Les dérogation et atténuation au principe de la liberté d'accès à la commande publique 108

Section II : Le principe d'égalité de traitement des candidats 113

§1. Les conditions de soumission similaires 113

§2. L'impartialité pendant la procédure d'adjudication 115

Section III : Le principe de transparence des procédures..... 116

§1. La transparence au lancement de la consultation 117

§2. La transparence pendant le processus de passation du marché 118

§3. La transparence en aval de la procédure de passation du marché 119

Section IV : Le principe d'efficience 119

§1. La précision dans l'évaluation et la définition des besoins 120

§2. La mise en concurrence effective en vue de susciter des prix et des services concurrentiels 121

§3. Le règlement effectif des prestations 121

Section V : Le principe d'intégrité 122

§1. La compétence des agents publics chargés des marchés publics 124
§2. La probité morale des acteurs du système à travers la prohibition des actes réprouvés 125

Section VI : Le principe de concurrence 127
§1. La fixation des conditions de soumission équitables .. 127
§2. Une large publicité de la consultation 128

Section VII : Le principe de juste prix 131

DEUXIEME PARTIE : LE DROIT COMMUN DES MARCHES PUBLICS CAMEROUNAIS : LE CODE DES MARCHES PUBLICS 133

TITRE I : LES CADRES ORGANIQUES DES MARCHES PUBLICS 137

Chapitre VI : Les organes centraux du système du droit commun des marchés publics camerounais 141

Section I : l'autorité en charge des marchés publics 141
§1. Définition de l'autorité en charge des marchés Publics 141
§2. Les prérogatives de l'autorité en charge des marchés publics 142

Section II : l'agence de régulation des marchés publics 146
§1. Les missions de l'agence de régulation des marchés publics 146
§2. Les obligations de l'agence de régulation des marchés publics 147

Chapitre VII : Les organes de passation des marchés publics 149

Section I : le maître d'ouvrage 149
§1. La conduite des études préalables aux marchés publics 150
§2. L'élaboration du plan de passation des marchés 150
§3. La mise à disposition du site et du financement.......... 150
§4. Le lancement des consultations, l'attribution, la signature et la notification des marchés 151
§5. L'examen des recours des soumissionnaires lésés 151

Section II : Le maître d'ouvrage délégué 152

Section III : La structure interne de gestion administrative des marchés 153

Section IV : Les commissions de passation des marchés..... 153

§1. Les attributions des commissions de passation des marchés 154

§2. Les types et la composition des commissions de passation des marches........ 154

Chapitre VIII : Les organes de contrôle des marchés publics .. 159

Section I : Les organes de contrôle de la passation des marchés publics........ 159

§1. Les commissions centrales de contrôle des marchés... 159

§2. L'observateur indépendant........ 164

§3. Le comité chargé de l'examen des recours 165

Section II : Les organes de contrôle de l'exécution des marchés publics........ 165

§1. Le contrôle interne de l'exécution des marchés publics 165

§2. Le contrôle externe de l'exécution des marchés publics. 170

Chapitre IX : L'exécutant du marché public 175

Section I : L'exécutant principal du marché public : le titulaire du marché........ 175

§1. Le cocontractant de l'administration est l'unique signataire et l'exécutant personnel du marché public 176

§2. L'exécution du marché public par un mandataire ou un ayant-droit du cocontractant de l'administration..... 177

Section II : L'exécution du marché public par plusieurs personnes : la cotraitance........ 178

§1. Les formes de groupement 179

§2. La matérialisation du groupement........ 181

Section III : L'exécution d'une partie du marché par une personne autre que son titulaire : la sous-traitance et la sous-commande 182

§1.L'autorisation écrite du maître d'ouvrage ou du maître d'ouvrage délégué, condition *sine qua non* de recours à la sous-traitance ou à la sous-commande 183

§2.Dans la sous-traitance ou la sous-commande, le cocontractant de l'administration demeure responsable de l'exécution intégrale du marché 185

TITRE II : LES CADRES FORMELS DES MARCHES PUBLICS 187

Chapitre X : Typologie des marchés publics 191

Section I : les différents types de marchés publics 191
§1. Les marchés publics de travaux 191
§2. Les marchés publics de fournitures 193
§3. Les marchés publics de services 194
§4. Les marchés publics de prestations intellectuelles 196
§5. Les marchés publics de conception-réalisation 197
§6. Les marchés publics mixtes 197

Section II : Les particularités liées aux types de marchés 198
§1. Quant au type de consultation 198
§2. Quant aux modes d'évaluation 199
§3. Quant aux conditions d'attribution des marchés 200

Chapitre XI : Les formes de marchés publics 201

Section I : La détermination de la forme des marchés en fonction de leur volume et de la diversité des prestations 202
§1. Les marchés ordinaires 202
§2. Les marchés fractionnés 202

Section II : La détermination de la forme des marchés en fonction du mode d'établissement des prix 207
§1. En fonction du type de prix : marchés à prix forfaitaires, unitaires ou mixtes 208
§2. En fonction de la mutabilité du type de prix : marchés à prix fermes, révisables ou actualisables 211

Chapitre XII : Les modes de passation des marchés publics 215

Section I : La procédure de droit commun : l'appel d'offres ... 216
§1. Appel d'offres national ou international 217
§2. Appel d'offres ouvert, restreint, avec concours ou en deux étapes 218
Section II : Les procédures d'exception 229
§1. La procédure de gré à gré 229
§2. La procédure de demande de cotation 238

§3. La procédure de sélection des consultants individuels ... 241
§4. La procédure de passation des accords-cadres 244

TROISIEME PARTIE : LE REGIME SPECIFIQUE DES MARCHES DES ENTREPRISES PUBLIQUES 247

TITRE I : LES CADRES ORGANIQUES DES MARCHES DES ENTREPRISES PUBLIQUES 251

Chapitre XIII : Les organes de gestion des marchés des entreprises publiques 255

Section I : Le conseil d'administration 255

Section II : Le président du conseil d'administration 256

Section III : Le maître d'ouvrage 257

Section IV : La structure interne de gestion administrative des marchés 258

Section V : La commission interne de passation des marchés 259
§1. Les attributions de la commission interne de passation des marchés 260
§2. La composition de la commission interne de passation des marchés 260

Chapitre XIV : Les organes de contrôle des marchés des entreprises publiques 263

Section I : Le contrôle interne de l'exécution des marchés des entreprises publiques 263
§1. Le contrôle du maître d'ouvrage, du chef de service du marché, de l'ingénieur du marché et du maître d'œuvre . 263
§2. Le comité d'arbitrage et d'examen des recours 264

Section II : Le contrôle externe de l'exécution des marchés des entreprises publiques 264
§1. Le contrôle de l'exécution des marchés des entreprises publiques par le ministère des marchés publics 264
§2. Le contrôle et la régulation des marchés des entreprises publiques par l'agence de régulation des marchés publics 265

§3. Les autres organismes de contrôle externe des marchés des entreprises publiques 267

Chapitre XV : L'exécutant des marchés des entreprises publiques 269

Section I : Le cocontractant de l'entreprise publique est l'exécutant personnel du marché 269

Section II : L'exécution du marché de l'entreprise publique par plusieurs personnes : la cotraitance 270

§1. Les formes de groupement 270

§2. La matérialisation du groupement 271

Section III : L'exécution d'une partie du marché de l'entreprise publique par une personne autre que son titulaire : la sous-traitance ou la sous-commande ... 272

§1. La sous-traitance 272

§2. La sous-commande 273

TITRE II : LES CADRES FORMELS DES MARCHES DES ENTREPRISES PUBLICS 275

Chapitre XVI : Les types de marchés des entreprises publiques 279

Section I : Les marchés de travaux 279

Section II : Les marchés de fournitures 280

Section III : Les marchés de services 280

§1.Les marchés de services quantifiables 280

§2.Les marchés de services non-quantifiables autres que les prestations intellectuelles 281

§3.Les marchés de prestations intellectuelles 281

Chapitre XVII : Les formes de marchés des entreprises publiques 283

Section I : Les marchés ordinaires 283

Section II : Les accords-cadres 283

Section III : Les marchés pluriannuels ou à tranches 284

Section IV : Les marchés réservés 285

Section V : les marchés adaptés 285

Chapitre XVIII : Les procédures de passation des marchés des entreprises publiques 287
Section I : L'appel d'offres 287
§1. Appel d'offres national ou international 287
§2. Appel d'offres ouvert, restreint ou avec concours 288
Section II : La procédure de gré à gré 290
§1. Champ d'application de la procédure de gré à gré 290
§2. Le processus de passation des marchés de gré à gré 291
Section III : La procédure de passation des accords-cadres 294
Section IV : La procédure de demande de cotation 294
§1. Champ d'application de la demande de cotation 294
§2. Les étapes de la procédure de la demande de cotation 295
Section V : La procédure de sélection des consultants Individuels 296
§1. Champ d'application de la procédure de recrutement des consultants individuels 297
§2. Processus de recrutement des consultants individuels 297
Conclusion 299
Bibliographie 303
Réglementation 307
Index thématique 313
Table des matières 317

Structures éditoriales du groupe L'Harmattan

L'Harmattan Italie
Via degli Artisti, 15
10124 Torino
harmattan.italia@gmail.com

L'Harmattan Hongrie
Kossuth l. u. 14-16.
1053 Budapest
harmattan@harmattan.hu

L'Harmattan Sénégal
10 VDN en face Mermoz
BP 45034 Dakar-Fann
senharmattan@gmail.com

L'Harmattan Congo
67, boulevard Denis-Sassou-N'Guesso
BP 2874 Brazzaville
harmattan.congo@yahoo.fr

L'Harmattan Cameroun
TSINGA/FECAFOOT
BP 11486 Yaoundé
inkoukam@gmail.com

L'Harmattan Mali
ACI 2000 - Immeuble Mgr Jean Marie Cisse
Bureau 10
BP 145 Bamako-Mali
mali@harmattan.fr

L'Harmattan Burkina Faso
Achille Somé – tengnule@hotmail.fr

L'Harmattan Togo
Djidjole – Lomé
Maison Amela
face EPP BATOME
ddamela@aol.com

L'Harmattan Guinée
Almamya, rue KA 028 OKB Agency
BP 3470 Conakry
harmattanguinee@yahoo.fr

L'Harmattan Côte d'Ivoire
Résidence Karl – Cité des Arts
Abidjan-Cocody
03 BP 1588 Abidjan
espace_harmattan.ci@hotmail.fr

L'Harmattan RDC
185, avenue Nyangwe
Commune de Lingwala – Kinshasa
matangilamusadila@yahoo.fr

Nos librairies en France

Librairie internationale
16, rue des Écoles
75005 Paris
librairie.internationale@harmattan.fr
01 40 46 79 11
www.librairieharmattan.com

Librairie des savoirs
21, rue des Écoles
75005 Paris
librairie.sh@harmattan.fr
01 46 34 13 71
www.librairieharmattansh.com

Librairie Le Lucernaire
53, rue Notre-Dame-des-Champs
75006 Paris
librairie@lucernaire.fr
01 42 22 67 13

www.ingramcontent.com/pod-product-compliance
Lightning Source LLC
LaVergne TN
LVHW050631051026
849532LV00002B/343